연애와 결혼

연애와 결혼

박인숙 저

동 문 사

책머리에

우리 사회 어디서나 젊은 연인들의 모습을 발견하기란 그리 어려운 일이 아니다. 그들의 모습은 가끔 짜증내고 서로 다툴 때도 있지만, 대부분 행복하고 즐거워 보인다.

서로에게 의미있는 날을 부여해 그들만의 축제를 벌이기도 하며, 타인들에게 자신의 사랑을 과시하기도 한다. 그리고 혼자인 사람들은 누구나 그들처럼 사랑을 하고 싶어 한다. 아니, 엄밀히 말하자면 연애를 하고 싶어 한다.

그러나 글로벌화, 정보화, 4차 산업혁명시대의 도래와 같은 다양한 사회환경의 변화로 인해 수많은 선택의 기로에 놓인 현대의 젊은이들에게 연애, 결혼, 부모됨은 이제 더 이상 필수가 아니며, 선택의 대상이 되었다.

삶의 여정에서 하나의 길을 선택하게 되면 선택하는 순간 다른 기회를 놓아야 하므로 무엇을 선택하느냐는 각자의 삶에서 매우 중요하다. 왜냐하면 어떤 선택을 하느냐에 따라 이후의 삶의 질과 내용은 다르기 때문이다. 연애와 결혼, 부모됨은 가족을 이루는 과정과 연결되므로 개인의 삶에서 차지하는 영향력은 적지 않은 것이다.

이 책은 남녀 간의 사랑과 성, 결혼, 부모됨의 상황에서 고뇌하는 혹은 고민하게 되는 젊은이들에게 좀 더 현명한 생각과 판단을 하기 위한 지침서로서의 역할을 위해 4부 12장으로 구성되었다.

제1부는 연애의 조건이라는 대주제로, 연애를 위한 준비, 남과 여의 성차 발달, 남과

여의 성격 및 사회적 행동의 차이, 남과 여의 사회적 편향이라는 주제로 다루어졌다.

제2부는 연애의 동기라는 대주제 하에 성, 사랑에 대한 이해를 다루었으며, 제3부에서는 연애에서 결혼이라는 범주 하에 이성교제, 배우자 선택, 결혼의 선택으로 구성하였다.

마지막 제4부에서는 결혼의 적응이라는 대전제 하에 부부관계의 적응, 부모되기, 결혼생활의 의사결정과 갈등해결이라는 내용으로 구성하였다.

성인이 된 젊은이들은 아름다운 사랑을 꿈꾸며 사랑하는 사람을 찾으려 하고, 그와 함께 행복한 미래를 약속한다. 그러나 급속히 변화하는 우리 사회의 현실은 젊은이들에게 이러한 기대를 매우 걱정스럽게 만들고 있다. 이러한 맥락에서 그들과 함께 고민을 공유하고 토로해보고, 이를 위한 지혜로운 생각을 보태기 위해 이 책을 집필하게 되었다.

이 책이 출간되기까지 지지와 격려를 보태주셨던 동문사의 유재영 상무님과 동문사 직원 여러분께 진심으로 감사드린다.

2020년 2월

박인숙

CONTENTS

차례

제3부 연애에서 결혼으로 | 189

제4부 결혼의 적응 | 271

제1부

연애의 조건

1장
연애의 준비

연애를 위한 첫 번째 준비작업은 자신이 어떤 사람인지를 아는 것이다. 연애라는 깊이 있는 관계는 긍정적인 자아개념을 확립하는 사람만이 건강하고 친밀하게 발달시킬 수 있다. 연애는 자기정체감 확립과 타인에 대한 신뢰감을 기초로 하기 때문이다. 그러나 우리는 스스로 어떤 사람인지 생각할 기회를 갖지 못한 채 끊임없이 남과 비교당하고 평가받으면서 살고 있다.

그러다 보니 나는 어떤 존재인지, 무엇을 할 수 있는지, 어떻게 살아야 하는지를 모르고 방황하는 자아의 문제를 가진 사람들이 많다. 자신을 객관적으로 보려고 노력하고 자신의 단점과 장점을 온전히 인정하는 사람은 긍정적 자아개념을 가진다. 자신을 믿고 하고자 하는 일을 스스로 선택하고 어려움을 극복할 의지로 수행함으로써 성공적인 경험을 할 확률이 매우 높다.

이 장에서는 자기에 대한 정확한 이해를 위한 자아개념, 자아존중감, 자아분석, 자기수용과 자기개방, 자아실현에 대해 다뤄보도록 하겠다.

1. 자아개념

1) 자아개념의 의미

자아개념은 자신에 대해 가지는 지각이나 신념, 태도를 의미한다. 이것은 내면의 일관성을 유지하고 경험을 해석하고, 미래의 성취에 대한 기대수준을 결정하는 인간행동의 중요한 변인이다. 그 이유는 자신에 대해 지니고 있는 생각과 신념인 자아개념에 따라 다른 사람을 대하는 태도가 달라지기 때문에 자아개념은 인간관계에 매우 중요한 영향을 준다. 자아개념은 다음과 같은 특성을 지니고 있다(송관재 외, 2013).

첫째, 자아개념은 계속적으로 변화한다. 사회기준에 따라 자아개념은 만들어지고, 변화하는 상황에 따라 다른 자아개념을 갖게 된다. 또한 성장하면서 경험이 누적되고 타인과의 지속적인 상호작용 속에 점차 다른 자아를 발견하게 되기도 한다. 즉, 자아개념은 상황의 변화와 새로운 자신의 발견과 함께 지속적으로 변화한다고 할 수 있다.

둘째, 자아개념은 타인의 영상 속에서 형성된다. 주위 사람들이 나를 어떻게 보아주는가에 대한 나의 관점이 내가 나를 평가하는 중요한 기준이 된다. 특히 자아개념에 영향을 주는 사람들은 나 스스로 중요하게 여기며 영향력이 있다고 생각하는 사람들이다.

셋째, 자아개념은 행동에 중요한 영향을 미친다. 스스로 만들어 낸 자아개념은 자신이 하는 행동에 직접적인 영향을 주어 생각한 대로 행동하면서 그 행동은 다시 자신의 사고를 정당화시키고 특정한 성격을 가진 사람으로 구체화 해간다.

바람직한 인간관계 형성을 위해 긍정적인 자아개념을 형성하는 것은 중요하다(김혜숙 외, 2008). 긍정적 자아개념은 자기 자신을 의미있는 존재로 인식하고 자신감을 갖게 하는 반면에 부정적 자아개념은 자기 자신을 보잘 것 없는 존재로 인식하고 대인관계도 부정적으로 만들기 때문이다. 자아개념의 긍정적 발달은 한 사람의 인생을 성공적으로 이끌 수 있을 뿐 아니라 긍정적 자아개념을 갖고 있는 사람이 많을수록 그 사회는 성공적인 사회가 될 것이다. 긍정적 자아개념을 향상시키기 위해서는 자기 자신을 타인과 비교해서 우월하거나 열등하다고 느기지 않고 자기 모습을 있는 그대로 인정해야 한다. 타인과 비교하기보다는 자신의 과거와 현재, 현재와 오늘을 비교하도록 한다. 또한 문제상황에서 새로운 시각을 가지도록 해야 할 것이다. 새로운 생각은 새로운 행동을 이끌어 낼 수 있는데, 이때 긍정적 자기대화를 하는 것도 좋은 방법이 될 것이다.

'난 할 수 있다'라는 긍정적 자기대화는 자신감을 높이고 행동 전반에 긍정적 영향을 주게 된다.

2) 자아개념의 기능

자아개념이 인간관계에 미치는 영향은 매우 의미가 있다. 건강한 자아개념은 대인관계에서 오는 스트레스에 대한 대처능력을 높여주고 의사소통에 자신감을 갖게 해준다. 그리고 긍정적 부모-자녀, 부부, 연인, 친구관계에 중요한 기여를 한다.

자아개념의 기능에 대한 학자들의 주장을 살펴보면 다음과 같다.

첫째, 경험을 선택적으로 지각하게 하는 여과수용 기능이다. 자아개념을 타인과의 상호작용과 경험을 여과함으로써 인간관계에 영향을 미친다. 자신의 자아개념 틀에 맞추어 경험을 선택하고 각색한다. 즉, 우리가 세상을 정확하게 보려면 자신을 정확히 이해하는 것이 가장 우선시 되어야 할 것이다.

둘째, 자성예언 기능이다. 말이 씨가 된다는 속담이 있듯이 우리가 믿고 생각한 것이 현실로 이루어져 내가 예언한 것처럼 되는 현상을 자성예언 또는 피그말리온 효과라고 한다. 스스로 잘할 수 있다고 믿고, 주변에서 잘할 것이라고 기대하는 경우 생각한 대로 결과가 나오게 되는 것이다. 일상생활에서도 긍정적인 사고와 언어는 긍정적인 결과를 가져오고, 부정적인 사고와 언어는 부정적인 결과를 낳게 되는 경우가 많다. 즉, 자신에 대해 스스로 만들어 낸 개념 또는 이미지가 곧 행동화되어 나타날 수 있다는 증거이다.

3) 자아개념의 구조

자아개념은 다측면적인 구조를 다음과 같이 제시할 수 있다(권석만, 2006).

첫째, 현재의 나에 대한 정보를 포함하는 현실적 자아(real self)이다. 둘째, 이상적으로 되기를 바라는 나의 모습인 이상적 자아(ideal self)이다. 셋째, 부모와 같이 중요한 사람들에 의해 기대되는 나의 모습인 의무적 자기(ought self)이다. 넷째, 앞으로 노력하면 가능하다고 보는 나의 모습인 가능한 자기(possible self)이다(표 1-1).

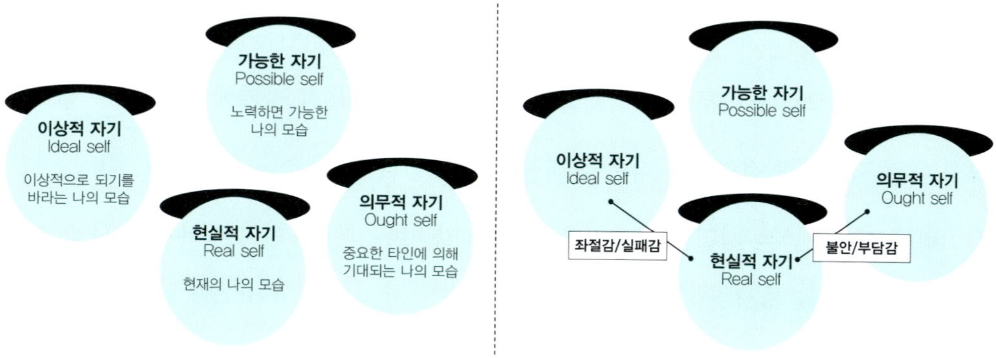

그림 1-1 자아개념의 구조

자아개념의 평가는 이러한 여러 측면들과의 비교를 통해서 이루어진다. 첫째, 우리는 현실적 자기와 이상적 자기를 비교한다. 예를 들면, 주변 사람들과 비교하여 현실적 자기가 우월하다 하더라도 자신의 이상적 자기에 훨씬 못미칠 때는 불만족감을 느끼게 되는 것이다. 즉, 자기 자신에 대한 만족감은 현실적 자기뿐만 아니라 이상적 자기의 수준에 의해 결정되는 것이다.

또 다른 비교는 현실적 자기와 의무적 자기의 비교이다. 이 괴리가 크면 불안과 부담감을 느끼게 된다. 부모나 주변 사람들의 기대수준이 높고 현실적 자기가 그것에 미치지 못하게 되면 심한 부담감을 느끼게 된다. 자신이 생각하는 이상적 자기와 현실적 자기 간에 차이가 없다 하더라도 주변 사람들이 기대하는 의무적 자기가 높은 사람은 불안을 느끼게 된다.

마지막으로 가능한 자기의 중요성이다. 현재는 현실적 자기에 불만족할 뿐만 아니라 이상적 자기나 의무적 자기와 괴리가 있다 하더라도, 자신이 노력하면 그러한 기준에 도달할 수 있다는 자신감과 효능감이 있으면 불안과 불만은 일시적이게 되므로 압박감이 덜할 수 있다. 그러나 아무리 노력해도 이상적 자기나 의무적 자기에 도달할 수 없다고 느낄 때는 좌절감과 절망감이 더욱 심해질 수밖에 없다.

이렇듯 자아개념은 개인의 자존감과 행동에 강력한 영향을 미치며 복잡한 구조를 지니고 있는 것으로 알려져 있다. 그러나 대부분의 사람들은 자기 자신에 대해 막연한 생각을 지닐 뿐 구체적이고 체계적으로 자아개념을 자각하는 경우는 드물다. 이처럼 자아개념은 특별한 노력을 기울이지 않으면 잘 자각되지 않지만, 연인과의 관계 등 여타의 인간관계에 적지 않은 영향을 미치게 된다.

2. 자아존중감

1) 자아존중감의 개념

자아존중감(self-esteem)은 개인의 발달적 변화와 적응에서 중요한 역할을 수행하며, 개인의 만족감에 영향을 끼치는 심리적 변인으로서, 제임스(William James, 1890)는 나 자신의 능력을 평가하는 것으로 한 개인에 대한 가치감은 자신 안에 내재해 있는 잠재적 능력에서 실제 얻게 되는 성취의 비율로 결정된다고 하면서, 최초로 자아존중감이라는 개념을 사용하면서 시작되었다.

제임스의 입장을 지지하는 로젠버그(Rosenberg, 1965)는 자아의 다양한 요소들이 나름대로의 원리에 따라 적절한 조합을 이루고 복잡한 방식으로 상호연관되어 있는 조직으로서 부분들의 단순한 집합이 아닌 총체적 자아가치감이라고 정의하였고, 쿠퍼스미스(Coopersmith, 1967)는 자아존중감을 자기 자신에 의해서 만들어 가는 평가적 차원이라고 보고, 자신의 능력, 중요성, 성공, 가치 등에 대하여 스스로 어느 정도 믿고 있는지를 나타낸다고 하였다. 다시 말해 개인이 자기 자신에 대해 알고 있는 태도에서 나타나는 자신에 대한 가치의 판단이라고 하였다.

한편 에릭슨(Erikson, 1950)은 아동기(6-12세)를 근면성 대 열등감의 시기로 규정하면서, 자아존중감 발달의 결정적 시기로 보았다. 이 시기의 어린이는 기초적인 인지적 기술과 사회적 기술을 습득하게 되며, 만약 순조롭게 근면성이 발달하지 못하고 실패를 하게 되면 소외감, 부적절감과 열등감을 갖게 된다고 하였다. 에릭슨의 이론을 토대로 쿠퍼스미스(1981)는 아동을 대상으로 자아존중감 검사를 실시하였는데, 아동의 자아존중감이 초등학교 시기에 이르면 어떻게 변화하는가를 단계적으로 조사·분석하였다. 연구결과 초등학교 4학년과 5학년 아동들은 자기 자신에 대하여 적절감과 부적절감에 큰 관심을 나타내고 있으며, 이와 관련지어 자기존중 또는 자기비하를 하고 있다고 하였다.

맥(Mack, 1983) 또한 자아존중감의 성취는 아동기와 청소년기 발달의 중심 과제 중의 하나이며, 특히 어린 아동들에게는 생존을 위해서 필수적인 것으로까지 간주되고 있다고 하였다.

이와 같이 아동기에 있어 자아존중감이 차지하는 위치는 매우 크며, 아동의 행동특성에 영향을 주어 다른 사람에 대한 태도나 자기의 행동양식을 결정지으므로 사회적 적응과 관계가 깊다고 볼 수 있다.

앞에서 언급한 바와 같이 자아존중감이란 '개인이 자신의 성격, 능력, 행동에 대해 긍정적인 가치를 두는 주관적인 자기평가로서, 주변 인물과 환경과의 경험, 실제적 성취와 연관되는 종합적인 자아평가'라 할 수 있다.

2) 자아존중감의 발달 요인

하터(Harter, 1985; 성영혜 외, 2001에서 재인용)에 의하면 긍정적인 자아가치를 추구하는데 가장 큰 영향을 미치는 발달요인은 아동이 중요하다고 생각되는 사람들(significant others)인 부모와 학급 친구, 그 다음은 친한 친구와 교사가 얼마나 자기를 긍정적으로 평가해 주느냐이다. 아동은 신체적인 용모의 특성을 다른 어떤 영역에서의 유능함보다도 우선적으로 중요하게 생각하고 있었고, 그 다음은 사회적 수용이며, 학업이나 운동 분야에서의 능력은 그 다음이었다. 자아존중감이 다음의 요인들과 어떤 관계를 가지고 있는지 살펴보기로 한다.

(1) 외모

대부분의 십대들은 자신의 신체적인 모습에 더 많은 관심을 가지고 있다. 자신이 원하는 외모를 가진 청소년들은 대인관계에서 자신감이 있고 보다 적극적이다. 남녀 모두 신체적으로 매력이 없다고 생각하는 청소년들은 자아존중감이 낮은 것으로 나타났다(Berk, 1991).

(2) 양육방식

자아존중감이 높은 아동의 부모들 대부분은 민주적(authoritative)이다. 분명하고 일관성 있는 규칙을 설정하고 자녀에게 어떤 행동을 기대하는지 알게 한다. 자아존중감이 높은 아동은 부모와 친밀한 관계를 유지하고 있는데, 특히 부-자, 모-녀 관계에서 그렇다. 또한 부모들간의 친밀한 관계가 자녀의 긍정적인 자아개념과 관련되어 있다(Bishop, 1989, Etaugh, 1995에서 재인용).

(3) 학업성취도

학령기 동안의 긍정적인 자아개념은 학업성취도와 높은 상관이 있다. 일반적으로 초등학교 2학년 즈음부터 학업성적을 비롯한 교과와 관련되는 모든 성취도를 다른 아이들과 비교하고 그 결과를 자신의 능력을 평가하는 준거로 삼기 시작한다. 다른 사람들과의 비교를 통해 자신의 성취 수준이 바람직하다고 생각되면 학업면에서 긍정적인 자아개념을 갖게 되지만, 그렇지 못한 경우에는 부정적인 자아개념을 갖게 된다. 학습된 무력감을 가진 아동에게는 자신의 실패가 결코 능력이 부족하기 때문이 아니라는 것을 확신시켜 주고, 작은 노력에 의해 성취를 맛볼 수 있도록 과제의 난이도를 낮추어 제시하는 방식으로 도움을 줄 수 있다(Dweck Leggett, 1988; 송명자, 1995 재인용).

(4) 교사

성장과정에 있는 아동들이 당혹스런 상황에 직면하면 아동들은 자신의 능력의 부족함을 느끼는데, 자기 능력을 시도해보도록 교사가 용기를 북돋워 주면서 높은 기대를 하면

학생으로부터 보다 큰 성취를 끌어낼 수 있다. 이것을 피그말리온 효과(Pygmalion effect) 또는 자기충족적 예언(self-fulfilling prophecy; Etaugh, 1995)이라고 한다. 이처럼 교실 상황에서 교사는 아동이 자기 능력을 시험해 보는 과정에서 성취감이나 또래로부터 인정을 받도록 아동의 자아를 증강시킬 수 있게 하는 도움을 줄 수 있다(성영혜 외, 2001).

(5) 또래 관계

유아원이나 유치원을 다니면서 아동의 또래 관계는 보다 친밀하고 세련된다. 이러한 사회적 접촉에서 사회성이 발달하고 또래로부터 인정받으면서 자신감이 생긴다. 결국 또래 관계는 아동의 인지 세계를 넓혀줄 뿐 아니라, 관계 속에서 형성된 자신감은 자아존중감을 향상시키게 된다(성영혜 외, 2001).

초등학교 학생들은 자신들이 만든 규준을 공유하며 집단 내에서 안정된 역할 또는 지위를 갖기 시작한다. 더욱이 초등학생들은 자신을 집단에 동일시하며 소속 또래 집단이 자긍심의 근원이 되기도 한다. 따라서 6~10세의 아동들은 또래 집단과의 상호 작용 속에서 집단 작업의 가치를 발견하며 몰입감과 공유된 목표에 대한 충성을 발달시키고, 사회적 조직이 어떻게 목표를 추구해 가는가를 배우게 된다(Hartup, 1983; Sherif, 1961: 최경숙, 2000에서 재인용). 또래 집단은 타인의 관점에서 자기 자신을 보게 함으로써 아동이 자신에 대한 견해를 형성하는데 도움이 되며, 아동에게 비교의 근거를 제공해준다. 즉, 자신의 능력과 기술에 대한 현실적인 판단을 하게 된다. 아동은 그들 또래의 큰 집단 내에서만 자기가 얼마나 영리하고, 얼마나 운동을 잘하며, 얼마나 잘났는지에 대한 감각을 가질 수 있다(Papalia, 1991).

이상과 같이 아동들의 자아존중감을 발달시키는 데는 선천적인 요인 외에도 주변 환경에 의해 많은 영향을 받는다는 것을 알 수 있다.

3) 자아존중감의 구성요인

자아존중감을 구성하고 있는 구성요소로는 일반적인 자아상을 나타내는 일반적 자아존중감, 친구나 타인과의 관계에서 자신이 보는 관념체계인 사회적 자아존중감, 교사나 동급생과의 관계에서 자신이 느끼는 대로 표현한 학교에서의 자아존중감, 가정생활에서 얼마나 원만한 생활을 누리고 있는가를 나타낸 가정의 자아존중감 등 4개의 요인으로 구분하였으며, 이들 4개의 하위요인을 모두 합하여 전체 자아존중감으로 나타내고 있다. 이는 쿠퍼스미스(1981)의 자존감 척도(Self-Esteem Inventory)의 하위영역을 근간으로 한 것으로 보며, 자아존중감을 단일차원적 개념으로 접근하여 다양한 영역에 걸친 자아평가를 합한 것이 개인의 것을 가장 잘 반영하는 것이라는 주장을 전제로 구성된 것이다. 즉, 비교적 지속적인 성격 특성으로 개인의 경험에 의해서 변화 가능한 요인이라고 말할 수 있다.

쿠퍼스미스(1967)에 의하면 자아존중감이 높은 아동은 활동적이고 표현이 풍부하며 학업에서나 사회적으로 성공적이다. 또한 자신의 판단과 능력에 자신이 있고 지도자적 역할을 한다고 한다. 반면에 자아존중감이 낮은 아동은 움츠러들어 집단에 참가하지 않고 절망적이며 소심할 뿐 아니라, 자신들의 판단과 능력에 대해서도 회의적이다. 비판에 의해 쉽사리 기가 죽고 감정적인 문제에 사로잡히거나 자기중심적이다. 또한 사회적 접촉을 갈망하지만 서투르게 시도하다가 친근하게 되기보다는 오히려 동료집단으로부터 더

멀리 소외되는 수가 많다.

이와 같이 아동기에 있어 자아존중감이 차지하는 위치는 매우 크며, 아동의 행동특성에 영향을 주어 다른 사람에 대한 태도나 자기의 행동양식을 결정지으므로 이 후의 사회적 적응과도 관계가 깊다고 볼 수 있다.

4) 자아존중감 증진 방안

인간관계에서 힘들어하는 사람들의 문제를 살펴보면 공통적으로 낮은 자아존중감을 원인으로 찾을 수 있다. 자아존중감이 높은 사람은 자신에 대한 인식이 분명하고 긍정적으로 평가하기 때문에 외부의 평가에 크게 좌우되지 않지만, 자아존중감이 낮은 사람은 외부적 평가에 예민하고 쉽게 좌절하며, 타인이 나와 다른 의견을 가질 때 수용하지 못한다.

자아존중감을 높이기 위해서는 첫째, 자아를 수용하고 사랑해야 한다. 완벽할 수 없는 한계를 가진 자신의 존재를 인정하고 그것을 사실로 받아들여야 한다. 스스로 자기를 사랑해야 한다는 것을 알면서도 사랑하지 못하는 원인 중 하나는 현재의 자기와 자기가 바라는 이상적 자기가 크게 차이나기 때문이다. 내가 바라는 나와 내가 느끼는 나의 현재 모습을 먼저 솔직하게 인정하고 받아들이는 것이 중요하다. 또한 자신의 장점에 대해 잘 알고 있고 자신의 단점도 인정하고 수용해야한다.

둘째, 자신에게 주어진 상황을 조건 없이 받아들이고 나 이외에 나를 사랑할 자가 없다는 사실을 인식해야 한다. 자신에 대한 사랑의 감정을 갖게 되면 자신에 대한 올바른 태도를 가질 수 있다. 또한 자신이 느끼는 감정, 자신이 생각한 것에 대해 솔직하게 표현할 수 있어야 한다. 자기가 무엇을 원하는지 분명하게 인식하고 있어야 하며, 무엇을 원하고 필요로 하는지 분명하게 의식하고 있어야 한다. 자신의 감정과 생각, 욕구를 숨기고 타인에게 의존하는 것은 자신을 포기하는 것과 같다는 것을 명심해야 한다(이태연 외, 2007).

자신을 수용하고 자신에 대해 자신감 있게 말하게 되면 타인과의 관계도 긍정적으로 바뀌게 된다. 누군가에게 필요한 존재가 되며 솔직하게 사랑을 주고받게 된다. 이런 사회적 관계의 긍정적 변화는 자아존중감을 높이게 될 것이다.

3. 자아분석

나를 돌아보는 작업은 중요하지만 어려운 일이다. 눈으로 볼 수 없을 뿐 아니라 복합적이며 늘 변화하기 때문이다. 내가 어떤 사람인지에 대해 살펴보고 이해하는 것은 긍정적 자아개념을 갖는 데 매우 중요한 과정이다. 자기를 분석하는 방법은 다양하지만, 여기서는 이고그램(egogram)분석을 통해 자신의 내면을 들여다보는 기회를 가지도록 한다.

이고그램은 번(E.Berne)의 교류분석이론을 바탕으로 한 자기 진단방법으로, 교류분석의 기본은 개인의 자아상태의 구조를 분석하는 것에서 출발한다. 자아상태란 현실에 대한 정의, 정보처리 그리고 외부세계에 대한 반응들로 조직되며, 이를 근거로 상호간의 의사소통 교류방식과 각본을 분석하게 된다.

1) 교류분석이론

번(E. Berne)의 교류분석이론은 개인의 인성구조를 부모자아(parent ego: P), 아동자아(child ego: C), 성인자아(adult ego: A)로 구성되었다고 보고, 유아나 성인의 행동을 관찰하면 세 가지 구조 가운데 어떤 자아가 작용하는지 알 수 있다고 하였다.

그는 자아를 부모자아, 성인자아, 아이자아로 구분하였다. 번의 이론은 개인이 상황에 맞도록 자신의 자아상태를 자율적으로 선택할 수 있는 능력을 함양하도록 하는 것이다.

(1) 부모자아

부모자아는 아동이 성장 과정을 통하여 부모나 양육자의 생각이나 행동, 느낌을 내면화한 것으로, 일종의 '가르침을 받은 생활개념'이라 볼 수 있다. 이러한 부모자아상태는 아동에게 행동의 규칙을 가르쳐주고 명령하고 지시하는 것과 같은 비판적 부모자아 기능을 하거나, 아동의 성장을 도와주고 이타적이며 보호적인 양육적 부모자아 기능을 하게 된다.

(2) 아동자아

아동자아는 어린 시절 실제로 느끼고 행동했던 것과 같은 감정이나 행동이 내면화한 것으로, 일종의 '느껴진 생활 개념'을 말한다. 아동자아는 누구에게나 구속받지 않고 자연스럽게 행동하는 자유로운 아동자아와 자신을 예의 바르게 교육하고자 하는 부모에게 순종하는 순응적 아동자아로 나눌 수 있다.

(3) 성인자아

성인자아는 아동자아의 감정적 생활개념과 부모자아의 학습된 생활개념에서 얻은 정보를 근거로 하여 어떤 일을 혼자 해낼 수 있는 능력을 갖추게 됨으로써 형성된 것이다. 출생 후에는 부모자아와 성인자아만을 가지고 있지만 점차 운동능력이 발달해 감에 따라 아동이 목표를 자유롭게 조정해 나가고 자기 스스로 어떤 일을 할 수 있음을 느끼게 되는데, 이것이 성인자아의 초기 형태라 볼 수 있다(정옥분 외, 2007). 성인자아는 부모자아와 아동자아를 중재하고 수집한 정보를 분석하여 이에 근거하여 적절한 해결방법을 탐색하는 능력의 기초가 된다.

이러한 교류분석이론은 아동자아, 성인자아, 부모자아상태 등 각 개인이 지니게 되는 세 개의 자아상태는 적절하게 사용되어야 함을 제시하였다. 즉, 각 개인이 갖게 되는 외부세계에 대한 감정, 사고, 행동 등에 대해 자율적으로 반응할 수 있도록 각 자아상태의 유연성과 유동성이 요구돼야 한다는 것이다.

2) 이고그램(egogram)

교류분석이론에 근거한 이고그램의 핵심은 개개인의 마음상태는 긍정적인 측면과 부정적인 측면이 동시에 있다는 것이다. 이런 자아상태는 자아를 판단하는 절대적인 자료는 아니고 주변 관계와의 상호작용이나 자신의 마음상태에 따라 다르게 나타날 수 있다.

이고그램에서 나타난 자아상태를 분석함으로써 자신의 개성은 무엇이고 자기가 원하는 자아상태는 어떤 것인지에 대해 자기 탐색을 해 보는 계기가 될 것이다. 또한 이고그램분석을 통해 스스로 긍정적 자아상태를 자율적으로 선택하여 활용할 수 있는 능력을 길러줌으로써 보다 긍정적 생활 태도를 보일 수 있도록 하는 것이다(김진영 외, 2000).

4. 자기수용과 자기개방

1) 자기수용

(1) 자기수용의 개념

자기수용이란 자신을 있는 그대로 받아들이는 것을 의미한다. 우리들은 잘하는 것도 많지만, 실수도 자주하고 가끔 자신이 없을 때도 있으며, 때로는 힘든 일에 봉착했을 때 포기하고 싶을 때도 있다. 그러나 이런 내 모습을 있는 그대로 받아들이는 것이 자기수용이다. 내가 실수를 했다고 해서 나 자신 전체가 실수는 아니므로 자기 자신을 부정하지 않는 것이 중요하다.

자기수용을 하기 위해 제일 먼저 해야 하는 것도 나는 약점이 많은 사람이라는 것을 받아들이는 것이다. 자신의 실수 때문에 자신을 비하하지 않아야 한다. 내가 잘못한 것은 비판적으로 분석하여 다음에는 반복되지 않도록 노력하겠지만 그것으로 자신을 깎아내릴 필요는 없다.

자기 자신에 대해 정확한 이해와 더불어 자기 자신을 있는 그대로 사랑하는 자세가 중요하다. 자신의 장점과 더불어 결점까지도 마음 편하게 받아들여야 하는 것이다. 자신의 결점에 대해 지나치게 민감하고 결점을 가진 사람이라는 데 대해 열등의식을 느끼는 것을 부정적 자아개념이라 한다. 부정적 자아개념이 낮은 성취 신경증적 성격의 원인이 된다.

항상 자신을 열등하게 생각하는 사람은 불안해지고, 또한 이를 나타내지 않기 위해 여러 가지 방어기제를 사용하다 보면 정신에너지가 소멸되어 일을 제대로 할 수 없게 되고 내면화된 불안은 부적응 성격이 되게 한다.

로저스(Rogers)와 매슬로우(Maslow)는 자기수용을 개인의 행동변화와 자기성장의 출발점으로 보았으며, 특히 매슬로우는 자기수용을 자아실현인의 중요한 특성으로 보았다.

자기성장을 위해서는 자신을 있는 그대로 인정하고 받아들여야 한다. 인간은 원래가 불완전한 존재이기 때문에 누구나 결점을 가지고 있다. 이미 주어져 있는 것에 대해 미워하고 싫어해도 없어지는 것이기는 커녕 오히려 성격만 비뚤어져 마이너스에다 마이너스를 더 보태는 결과만 낳는다. 또한 자기수용이란 자신의 신체적, 성격적, 인지적 결점을 수용하는 것 뿐만 아니라 자신의 처지, 즉 현실을 그대로 객관적으로 인지하고 이를 수용하는 것까지도 포함된다. 건전한 성격의 소유자는 자신의 현실을 정확히 파악하고 이에 직면하여 거기서부터 생활의 설계를 꾸린다.

(2) 자신과 타인에 대한 심리적 조망

자기수용이 이루어지면 타인에 대한 이해와 수용이 이루어진다. 타인을 어떻게 보고 있느냐 뿐 아니라 자신을 어떻게 보느냐 하는 것도 매우 중요하다. 스스로 자신을 보는 관점에 따라 행동과 태도를 선택하기 때문이다. 자신과 타인에 대한 심리적 자세를 4가지로 조망해 볼 수 있다.

첫째, 자기긍정-타인긍정(I'm OK-You're OK)은 올바른 인간관계를 형성하기 위한 가장 바람직한 관점이다. 이 타입은 정신적으로 매우 건강한 자세로 스스로 노력하고 자신의 문제들은 건설적으로 해결할 수 있으므로 협력과 공존의 여유를 가지고 있다. 자신과 타인에 대해 어떤 신념을 가지고 있는가는 자신의 행동과 삶 전반에 영향을 미치게 되므로 긍정적 자세를 가질 수 있다.

둘째, 자기부정-타인긍정(I'm not OK-You're OK)이다. 이 자세는 자신을 타인과 비교할때 무력감을 느끼게 된다. 자기부정-타인긍정의 자세는 타인의 인정과 승인을 필요로 하는 사람들이다. 타인들이 자기보다 항상 훌륭하다고 긍정하지만 자신에 대해서는 부정하는 태도를 계속하기 때문에 자책, 회피, 소외, 무능력, 자기비하를 갖기 쉽다.

셋째, 자기긍정-타인부정(I'm OK-You're not OK)은 주위에서 일어나는 모든 문제를 타인의 잘못으로 인한 것이라고 생각한다. 타인들은 자신을 늘 속이려고 한다고 의심하고 믿지 않는다. 이들은 평소 이런 이야기를 많이 한다.

"네가 뭘 알아?", "그냥 내 말 들어.", "그건 아니지. 내 말 좀 들어봐", "도대체 세상이 어떻게 되려고 이러는 거야?", "회사 시스템이 이러니 회사가 이 모양이지", "윗사람들이 바뀌어야 해!" 등 공격적이거나 부정적인 말을 많이 한다. 이러한 태도는 독선적이고 배타적이어서 주변 사람들의 의욕을 떨어뜨릴 뿐 아니라 사람을 함께 잃을 수 있다. 또한 자신도 모르게 타인의 입장이 아닌 내 입장에서 자기 생각만 옳다고 이야기하고 잘못을 외부의 탓으로 돌리게 된다. 자신에 대한 긍정성은 좋지만 타인(외부환경)을 바라보고 해석하는 긍정성이 무엇보다 필요하다.

넷째, 자기부정-타인부정(I'm not OK-You're not OK)이다. 이 자세의 사람들은 절망을 쉽게 느끼고 삶의 흥미가 없다. 혼돈되고 무의미한 생활과 시간을 보내기 때문에 다른 사람을 믿지 않는다. 그리고 스스로를 소중하다고 느끼지도 않는다. 이 세상에 존재할 권리가 없다고 생각하는 때도 있기 때문에 인생의 목표도 없으며 어찌 할 방법도 없는 것이다. 그래서 불신하거나 포기하는 경우가 많다. 가장 문제가 되고 있는 인생태도라 할 수 있다.

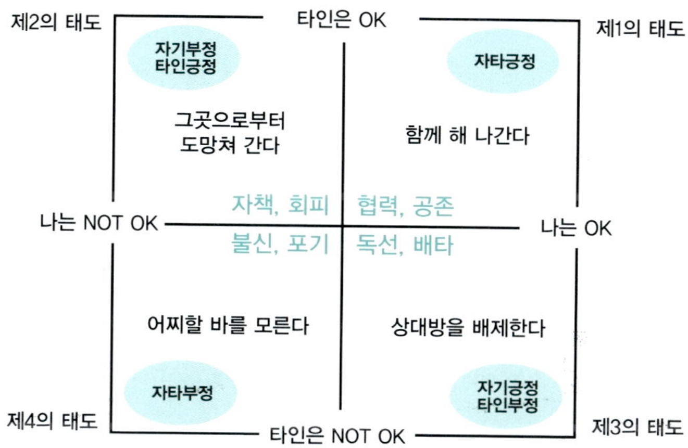

그림 1-2 자아개념의 구조

2) 자기개방

(1) 자기개방의 개념

자기수용과 자기개방은 함께 이루어진다. 즉, '이것이 바로 나다'라고 떳떳하게 생각하는 사람은 자신을 타인에게 솔직하게 개방할 줄 안다. 이러한 의미는 자신뿐 아니라 타인도 수용하고 신뢰할 수 있게 되었음을 나타내는 것이다. 자신과 타인에 대한 올바른 자세를 가졌다면, 자기개방이 가능해지면서 타인과의 교류도 자연스럽고 편안해진다.

자기개방이란 개인적으로 의미 있는 정보를 타인에게 나타내는 것이다. 나와 타인에 대한 감정에 신뢰감이 있을 때 자기개방이 이루어진다. 자기 자신에 대한 개방이 이루어지면서 자기수용이 이루어지기도 하지만, 자기수용이 이루어진 만큼 자기개방이 많아진다. 자기개방이 원활할수록 타인과의 교류가 활발해지며 더욱 더 친밀한 인간관계를 맺을 수 있다.

관계형성에서 자신을 타인에게 내보이는 일(자기개방), 즉 말하기(신뢰, 노출)와 타인을 통해 나의 모습을 비춰보는 나에 대한 피드백(자기수용), 즉 듣기(존중, 수용)가 매우 중요하다.

(2) 조하리의 마음의 창(Johari's window of mind)

루프트(Joseph Luft)와 잉햄(Harry Ingham)은 자신들의 심리학자의 이니셜을 붙여 조하리의 마음의 창(Joseph & Harry = Johari's window of mind)을 개발했다. 자기개방과 자기수용의 관점에서 우리가 어떻게 정보를 주고받는지를 이해하는 데 도움을 주는 검사도구이다.

조하리의 마음의 창은 공개적 영역, 맹목적 영역, 숨겨진 영역, 미지의 영역의 4영역으로 구분된다(권석만, 2006).

첫째, 나도 알고 타인에게도 알려진 나에 관한 정보를 의미하는 공개적 영역, 즉 자신의 이름, 머리 색깔, 자신이 개를 소유하고 있다는 사실을 의미함

둘째, 나는 모르지만 타인은 알고 있는 나에 관한 정보, 즉 개인의 행동습관, 특유의 말버릇을 의미하는 맹목적 영역

셋째, 나는 알고 있지만 타인에게는 알려지지 않은 정보, 즉 나의 비밀이나 약점을 의미하는 숨겨진 영역(감춰진 영역)으로 자신의 비밀, 희망, 욕망, 좋하하는 것과 싫어하는 것을 가리킴

넷째, 나도 모르고 타인도 알지 못하는 나에 관한 정보를 의미하는 미지의 영역

개인마다 마음의 창 모양이 다르다. 개인이 인간관계에서 나타내는 나 자신을 타인에게 내보이는 일, 즉 말하기(자기공개)와 타인이 나에 대해 어떻게 느끼고 있는지를 잘 아는 일, 듣기(자기수용, 피드백) 정도에 따라 마음의 창을 구성하는 4영역의 넓이가 달라진다.

첫째, 유리창형으로 공개적 영역이 가장 넓은 사람이다. 대체로 인간관계가 원만한 사람들이다. 적절하게 자기표현을 잘하고 다른 사람의 타인의 말도 잘 경청하며 타인에게 호감과 친밀감을 주어 인기가 많다. 그러나 지나치게 공개적 영역이 넓은 사람은 말이 많고 경박스런 사람으로 비쳐질 수 있다.

둘째, 황소형으로 맹목의 영역이 가장 넓은 사람이다. 기분이나 의견을 잘 표현하며 나름대로 자신감을 지닌 솔직하고 시원시원하다. 타인의 반응에 무관심, 둔감하여 때로는 독선적인 모습으로 비춰질 수 있다. 타인의 말에 좀 더 진지하게 귀기울이는 노력이 필요하다.

셋째, 올빼미형으로 숨겨진 영역이 가장 넓은 사람이다. 타인에 대해 수용적이며 속이 깊고 신중한 사람들이다. 타인의 말은 잘 경청하지만 자신의 이야기는 잘하지 않는 사람들이다. 현대인에게 가장 많은 유형으로 자기개방을 통해 타인과 좀 더 넓고 깊이 있는 교류가 필요하다.

넷째, 거북형으로 미지의 영역이 가장 넓다. 인간관계에 소극적이며 혼자 있는 것을 좋아하는 사람들이다. 인간관계에 좀 더 적극적이고 긍정적인 태도를 가질 필요가 있다. 인간관계의 개선을 위해 미지의 영역을 줄이고 공개적 영역을 넓히는 것이 바람직하다.

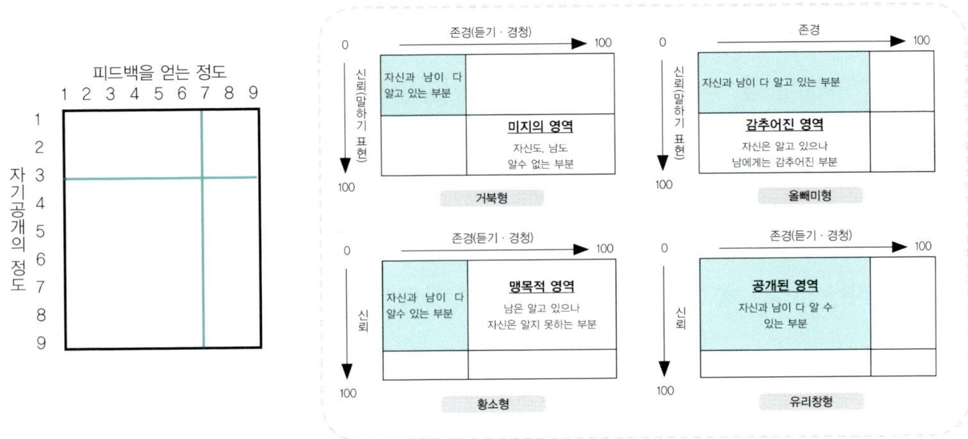

그림 1-3 조하리의 마음의 창(Johari's window of mind)

5. 자기실현

1) 자기실현의 개념

자기실현(self-actualizing)이란 인간이 타고난 무한한 가능성을 현실화하는 과정이다. 자기실현이라는 용어를 심리학적으로 처음 사용한 사람은 골드스테인(Goldstein, 1939)이며, 그는 성격이론 분야에서 자기실현을 현대적인 개념으로 처음 소개했다고 알려지고 있다. 그 후 로저스(Rogers)와 매슬로우(Maslow)가 자기실현에 대한 이론적인 체계를 잡고 발전시켰으나 자기실현에 대한 정의는 학자에 다라 다양하다.

인본주의의 대표적인 학자 로저스는 자기실현을 '자신의 독특한 특성과 잠재력을 개발하여 온전한 자기가 되는 성숙과정'이라고 하였다. 다시 말해 인간의 타고난 본성에는 성숙할 수 있는 방향으로 이끄는 힘이 있는데, 환경에 적응하고 각 개인을 성숙으로 이끄는 그 힘을 실현경향성(actualizing tendency)이라 하였다. 즉, 로저스에 의하면 모든 인간은 자기를 실현하고자 하는 경향성을 가지고 있다.

자기실현이론을 가장 종합적이고 체계적으로 발전시킨 사람은 매슬로우(Maslow)다. 매슬로우(1970)는 자기실현을 '한 개인이 인간으로서 실현할 수 있는 잠재가능성을 최대한 수용하고 표현한 상태'라 보고 자기실현을 한 사람은 정신적으로나 심리적으로 건강한 사람임을 강조했다. 그는 욕구를 결핍욕구와 성장욕구로 나누고 인간의 욕구를 생물학적인 욕구, 안전의 욕구, 소속감과 사랑의 욕구, 자존감의 욕구, 자기실현의 욕구의 5단계로 구분하였다. 앞의 4가지는 인간 삶의 기본적인 욕구이므로 그 욕구를 채우지 못할 경우에는 삶 자체를 유지할 수 없다. 그러나 4가지 욕구가 충족되었다 하더라도 자기실현의 욕구를 현실화하지 못하면 건강한 삶을 살아갈 수 없다(Maslow, 1970).

또한 융(Jung)은 자기실현을 '개성화(individuation)'와 같은 의미로 보았다. 개성화는 온전한 상태의 달성을 지향하는 성격 발달의 과정으로, '자신답게 되는 과정'이다. 융이 말하는 개성화는 '남이 만들어 준 나', '남에게 보이는 나'에서 벗어나서 자기 내면의 욕구와 성향에 대한 진정한 이해를 통해 이루어진다. 따라서 자기실현은 심리발달의 과정으로 이해할 수 있으며, 자기 내면의 욕구와 성향에 대한 이해를 통해 자신에게 주어진 소명을 이루어가는 발달과정이라 볼 수 있다.

이상에서 살펴 본 자기실현의 의미를 종합해 보면 인본주의 학자는 인간이 타고난 무한한 잠재력을 최대한 발휘하거나 개발하는 것을 강조한다.

2) 자기실현의 구성요소

자기실현을 이루기 위해서는 필요한 여러 가지 요소가 있다. 자기실현의 구성요소에 대해 다각적이고 통합적으로 접근한 쇼스트롬(Shostrome, 1976)은 자기실현을 이루기 위한 요소를 크게 시간성과 지향성으로 분류하였다. 시간성은 시간을 얼마나 효율적으로 사용하는가에 대한 것으로, 자기실현을 이루는 사람은 과거에 일어난 일에 대해 죄의식이나 실망, 비난, 분개의 감정을 가지고 있지 않으며, 미래에 대한 이상적인 목표나 계획, 기대 등에 의한 의미없고 분별없는 집중을 많이 하지 않고 현재에 충실한 삶을 산다는 것이다.

지향성은 한 개인의 행동양식이 자신을 향해 있는지 타인을 향해 있는지에 대한 것으로, 자기실현을 이루는 사람은 다음과 같은 지향성의 하위요소를 충족하고 있다.

지향성의 하위요소는 자기실현성, 실존성, 감수성, 자발성, 자기긍정성, 자기수용성, 인간관, 포용성이다. 자기실현을 이루는 사람은 자기지향적인 사람으로서 주로 자신의 내면적인 원리나 동기에 입각해서 행동한다.

3) 자기실현을 위한 전략

자기실현을 위해 필요한 것이 무엇인지에 대해 자기실현을 위한 전략을 들어보면 다음과 같다.

첫째, 자신에 관해 많은 것을 알아야 한다. 더 명확한 자신의 모습을 찾기 위해 자신의 사고, 감정 및 행동에 주의를 기울이고, 타인으로부터의 피드백을 잘 활용하여 자신에 관해 더 많은 것을 알아야 한다.

둘째, 자신이 무엇을 하고 무엇을 믿을 것인가에 관한 목표를 타인이 설정하지 않고 자신이 하는 것이 중요하다. 또한 자신의 개인적 목표와 기준이 어디에서 나왔으며 어디에 바탕을 두고 있는지에 관해 생각해야 한다.

셋째, 현실적인 목표를 세워야 한다. 많은 사람이 자신에게 너무나 많고 무리한 요구를 하는 습관이 있다. 비현실적인 목표를 세우면 그것을 이루기 위해 최선을 다하지만 불가능하다. 실패한 경우라도 자신을 비난하지 않기 위해서는 목표의 비현실성을 인식하는 것이 중요하다.

넷째, 자신의 장점을 인정해 주고 스스로 강조할 수 있어야 한다. 자존감이 낮은 사람은 자신의 성취와 미덕에 별로 만족하지 않는다. 누구나 장점과 단점이 있기 마련이다. 자신이 변화시킬 수 없는 개인적 단점을 수용해야 하며, 변화시킬 수 있는 단점은 고쳐야 한다. 동시에 자신의 장점을 평가하고 그것을 인정할 줄 알아야 한다.

마지막으로 긍정적인 시각으로 타인에게 접근하는 것이 필요하다. 대인관계에서 타인에 대한 긍정적이고 지지적인 접근은 보상적 상호작용을 조장하고 타인이 자신을 수용하도록 하지만, 부정적인 접근은 타인과의 관계를 단절시켜 원만한 대인관계를 이루지 못하게 한다. 타인으로부터 받는 인정, 수용과 진지한 애정은 자존감을 고양한다. 따라서 자신뿐 아니라 대인관계에서의 긍정적이고 지지적인 접근이 필요하다.

잠깐만! 함께해요(1)

■ 조하리의 마음의 창(Johari's window of mind)테스트

■ 아래의 인간관계에서 나타날 수 있는 일반적인 행동양식이 기술되어 있습니다. 각 항목들이 자신의 행동양식을 얼마나 잘 나타내는지를 1에서 10점까지의 점수로 표시해 주십시오.

	그렇지 않다	그저 그렇다	매우 그렇다
1. 나는 잘 몰랐을 경우에 이를 바로 인정한다.	1 2 3 4	5 6 7 8	9 10
2. 나는 다른 사람의 잘못을 지적할 필요가 있을 때에는 직접 말한다.	1 2 3 4	5 6 7 8	9 10
3. 나는 납득하기 힘든 지시를 받을 경우, 지시한 이유를 물어본다.	1 2 3 4	5 6 7 8	9 10
4. 나의 의견에 대해 남들이 어떻게 생각하는지 물어본다.	1 2 3 4	5 6 7 8	9 10
5. 나는 느낌을 솔직하게 표현한다.	1 2 3 4	5 6 7 8	9 10
6. 다른 사람들의 감정을 존중한다.	1 2 3 4	5 6 7 8	9 10
7. 나는 걱정거리가 생길 경우 터놓고 의논한다.	1 2 3 4	5 6 7 8	9 10
8. 나 혼자 이야기를 계속하여 남을 짜증나게 하지 않는다.	1 2 3 4	5 6 7 8	9 10
9. 나는 진심으로 남의 이야기를 들어 준다.	1 2 3 4	5 6 7 8	9 10
10. 나는 아이디어를 권장하고 대화를 독단적으로 끌고 가지 않는다.	1 2 3 4	5 6 7 8	9 10
11. 내 잘못을 숨기거나 남의 탓으로 돌리지 않는다.	1 2 3 4	5 6 7 8	9 10
12. 나는 다른 사람의 충고를 잘 받아들인다.	1 2 3 4	5 6 7 8	9 10
13. 나는 달가운 일이 아닐지라도 남들이 알아야 할 사항이라면 알려준다.	1 2 3 4	5 6 7 8	9 10
14. 남의 의견이 나와 다를 경우, 나의 생각을 말하고 함께 검토해 본다.	1 2 3 4	5 6 7 8	9 10
15. 나는 말하기 거북한 내용을 거리낌없이 말한다.	1 2 3 4	5 6 7 8	9 10
16. 나는 변명을 하지 않고 비판에 귀를 기울인다.	1 2 3 4	5 6 7 8	9 10
17. 나는 있는 그대로를 나타내며 가식이 없는 편이다.	1 2 3 4	5 6 7 8	9 10

18. 나에게 찬성하지 않는다고 남의 마음을 상하게 하지 않는다.	1 2 3 4	5 6 7 8	9 10
19. 나는 다른 사람에게 그들의 생각을 발표하도록 권장한다.	1 2 3 4	5 6 7 8	9 10
20. 나는 확신하는 것을 굽히지 않고 말한다.	1 2 3 4	5 6 7 8	9 10

번호	1	2	5	7	11	13	14	15	17	20	총점(T)
값											
번호	3	4	6	8	9	10	12	16	18	19	총점(L)
값											

출처: 김종운 외(2014). 예비교사를 위한 교직실무. 동문사.

잠깐만! 함께해요(2)

■ 연애 심리테스트

첫번째 - 좋아하는 상대에게 선물을 사줄 때

당신은 좋아하는 이성에게 처음으로 선물을 주려고 합니다. 당신은 어떤 방법으로 선물을 고를 것인가?

이 테스트는 좋아하는 상대방에게 내가 어떤 태도를 취하는지 볼 수 있는 테스트

① 본인이 직접 고른다.
② 상대방에게 물어보고 고른다.
③ 안목있는 친구에게 물어보고 고른다.
④ 요즘 유행하는 비싼 선물로 고른다.

결과

① 상대방에게 고백을 두려워하는 유형
② 내가 이 사람을 정말 좋아하는지 확신하지 못하는 유형
③ 좋아하는 사람 앞에서 안절부절 못하는 유형
④ 좋아하는 사람에게 직설적으로 말하는 유형

두번째 - 전화를 끊을 때 하는 말

당신은 좋아하는 상대와 전화를 하고 있습니다. 마지막으로 전화를 끊을 때 당신이 하는 말은 무엇일까요?

이 테스트는 내가 사랑을 하게 되면 어떤 유형의 연애를 하는지 알 수 있는 테스트

① 잘 자 ② 다음에 봐 ③ 좋은 꿈 꿔 ④ 끊을게~

결과

① 성실하고 책임감이 강한 타입으로, 매우 신중한 사랑을 하는 타입
② 호기심이 많아 화끈한 사랑을 하지만 변덕스러울 수 있다는 단점
③ 명쾌하고 즐거운 사랑을 좋아해 인기가 많은 타입

하지만 좀처럼 속내를 보이지 않아서 상대방이 애가 탈 수 도 있다
④ 로맨틱한 사랑을 좋아하는 타입으로 이성에게 매우 매력적인 타입

세번째 - 내가 급할 때 신은 신발은?

당신은 베란다에 있는 쓰레기를 버리려고 합니다.
그런데 쓰레기를 집어드는 순간, 갑자기 밖에서 쓰레기차의 소리가 들려왔습니다.
급하게 쓰레기를 들고 나온 당신이 신고 있는 신발은 무엇일까요?

이 테스트는 연애를 할 때 내가 어떤 모습이 되는지 보여주는 테스트

① 가족의 신발 ② 좌우 다른 신발 ③ 실내용 슬리퍼 ④ 맨발

결과

① 상대방에게 많이 의지하고 어리광을 부리는 응석받이 스타일
② 연애를 할 때 자신의 뜻대로 되지 않으면 기분이 풀리지 않는 제멋대로 스타일
③ 사랑에 빠지면 오로지 상대방 밖에 보이지 않는 콩깍지 스타일
④ 상대방을 위한 일이라면 뭐든지 할 수 있는 자기희생형 스타일

출처 : 연애 심리테스트 모음 5가지~|작성자 kr_cordina.

네번째 - 고속도로에서 내가 추월한 자동차는 무엇일까?

당신은 지금 고속도로를 달리고 있습니다. 그런데 앞에 달리는 차가 너무 느리게 달리고 있네요. 결국 그 차를 추월하게 된 당신. 당신이 추월한 차는 어떤 것일까?

이 테스트는 연애를 시작한 후 내 모습이 얼마만큼 달라지는 알아볼 수 있는 테스트

① 트럭 ② 스포츠카 ③ 대형 승용차 ④ 경차

결과

① 당신은 새로운 사람을 만나면 무조건 그에게 맞춰주는 타입
그렇기 때문에 사랑을 할 때마다 취미와 패션이 완전히 달라지는 타입
② 당신은 사랑을 시작하면 그 사람만 보는 한결같은 사람. 이 때문에 친구들한테서 많이 달라졌다는 이야기를 들을 수 있음
③ 매사에 잘 흔들리지 않은 당신은 새로운 연애를 하더라도 바뀌는 것이 없음. 연애를 해도 자신을 잃지 않고 들뜨지 않는 타입
④ 연애를 하면 매우 감정적이 되는 타입. 애인과 즐거운 일이 있을 때면 하루종일 행복하고, 안좋은 일이 있으면 하루 종일 우울해지는 타입

다섯번째 - 미지의 땅을 개척할 때 가져갈 것은?

당신은 지금부터 미지의 땅을 개척하려고 합니다. 이때 당신이 꼭 챙겨갈 것은 무엇일까요?

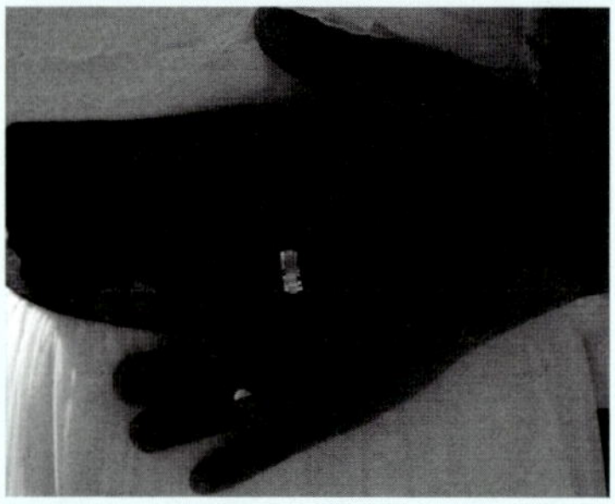

이 테스트는 당신이 연인을 사귈 때 그의 어떤 면에 반하는지 알아보는 테스트

① 성냥 ② 책 ③ 엠피쓰리 ④ 씨앗

결과

① 당신은 그의 정열을 사랑하는 타입
② 당신은 그의 지성을 사랑하는 타입
③ 당신은 그의 유머를 사랑하는 타입
④ 당신은 그의 외모를 사랑하는 타입

출처 : 연애 심리테스트 모음 5가지~|작성자 kr_cordina.

2장
남과 여의 성차 발달

1. 남성과 여성의 심리성적 발달

1) 프로이트의 심리성적 발달모델

프로이트에 의하면 인간에게는 심리 구조를 유지하기 위한 성적 에너지가 있음을 제시하였으며, 이를 인간의 기본적 본능으로 여기는 '리비도'라고 불렀다. 아동발달에 있어 이 리비도의 에너지 투자에는 성장하면서 자연스럽게 일정한 대상과 순서가 정해진다는 내용의 5단계의 심리성적 발달 과정을 제안했다. 이 심리성적 발달은 남녀에게 각기 다르게 작용하는 발달 압력과 이 결과로 형성된 정신병리에 초점을 두고 설명할 수 있겠다.

(1) 1단계: 구강기(Oral stage)

첫 번째 발달단계는 생후 0~1세에 일어나는데, 이 시기에 유아는 어머니로부터 전적으로 모유를 공급받는 시기로서 입을 통해 만족과 상호작용이 일어난다. 그만큼 유아에게 입이라는 생리기관이 중요하다는 의미에서 구강기(oral stage)라고 명명하였다. 이때 일체의 상호작용의 결과, 구강적 만족과 관련된 심리적 특성이 형성된다. 구강기적 주제는 유명하다. 구강기적 만족은 보호자로부터 안전과 먹이를 제공, 보장받는 의존 수동성과 관련되고, 치아가 나기 시작하면서 자기중심적 요구를 나름대로 표현하고 보복하는 구강 공격성의 발달적 기원이기도 하다.

(2) 2단계: 항문기(Anal stage)

두 번째 발달단계로, 유아가 2~3세가 되면 근육 발달이 일어나고 따라서 걷기와 운동 및 이동이 활발해 진다. 그러면 어머니는 유아가 일정한 시간에 원하는 장소에서 대소변을 가릴 수 있도록 학습시키는 배변훈련을 하기 시작한다. 배변훈련 과정에서 항문 기관과 배설물에 대한 유아의 리비도 투자가 집중되는데, 이 시기를 항문기(anal stage)라고 명명하였다. 이 시기에 유아는 이미 사회적 훈련을 학습한 부모로부터 원치 않는 규제를 받고, 그 사회가 바라는 어떤 규칙과 행동을 받아들여야 한다. 따라서 이때는 배변훈련과 관련된 심리적 특징이 형성되는 중요한 시기다. 흔히 개인 대 부모, 개인적 욕구 대사회적 규칙과의 투쟁을 해결해야 하는 시점이기도 하다. 이런 문제들을 성공적으로 해결한 유아는 반동 형성을 통해 그 사회가 요구하는 사회구성원으로서의 행동규범(청결, 규칙, 질서)을 내재화하게 된다.

(3) 3단계: 남근기(Phallic stage)

세 번째 발달단계로, 유아가 4~5세가 되면 외현적으로 생리적 발달과 성별 분화가 일어난다. 이때 남성적 정체성을 대표하는 남성의 성기에 대한 관심이 고조되는데, 유아는 최초의 성적(관심) 대상으로서 이성 부모에게 관심이 생기는 대상추구가 일어난다. 반면, 유아는 동성 부모에 대해 경쟁 상대로서의 적대감을 느끼게 되어 자연스럽게 위협적 아버지상으로부터 지각된 거세불안이 유발된다. 이러한 일련의 갈등(오이디푸스 콤플렉스로 명명)을 동일시를 통해 해결함으로써, 그 결과 부모와 그 사회의 가치, 규범, 성격 등이 유아에게 내재화된다. 이러한 특성은 초자아 구조물의 기초이며 형성의 기원이기도 하다. 이 시기를 남근기(phallic stage)라고 명명하였다.

(4) 4단계: 잠재기(Latent stage)

네 번째 발달단계로, 심리성적 발달보다는 외부 과제에 대한 학습에 에너지를 쏟는 대신에 심리성적 발달은 정지된다는 의미에서 잠재기(latent stage)라고 명명하였다. 격렬한 갈등과 변화가 요구되는 남근기를 지나면, 네 번째 발달단계로서 연령상 취학 시기가 다가오며, 취학 후 외적 과제에 대한 대처와 인지적 학습에 전력을 쏟는 잠재기를 거친다.

(5) 5단계: 성기기(Genital stage)

마지막 다섯 번째 발달단계인 사춘기에 도달하면 이차 성징이 나타나고, 성적 욕구가 활성화되는 성기기(genital stage)에 다다른다. 성기기는 심리성적 발달의 최종 단계로서 성기에 리비도가 집중됨으로써 종족보존의 욕구로부터 활성화된 타인에 대한 리비도 투자가 일어나는 시기가 된다. 이때 개인은 생식이 가능한 이성에게 성적 욕구와 관련된 관심 및 대상추구를 하게 된다. 이 단계를 거쳐야 개인은 비로소 이성애(heterosexuality)가 완성된다. 성기기 단계에서는 자기가 아닌 타인에 대한 리비도 투자가 일어나므로, 이러한 과정을 거쳐 발달한 이성애가 곧 대상애(object love)의 기원인 것이다.

2) 남성과 여성의 심리성적 발달의 비교

프로이트의 발달모델은 전통적인 성 역할이 여전히 지배하던 19세기에 등장한 것이어서 남성중심적 가치관이 고스란히 이론에 반영되어 있음을 볼 수 있다. 따라서 남성의 발달에 초점을 맞추어 개념화하였을 뿐 성차에 대한 세부 지침이 부족하였다. 다만 여아와 남아는 남근기에 성 기관의 차이와 각기 다른 이성 부모에 대한 리비도 투자가 일어나므로 이 점을 고려했을 뿐이다. 따라서 프로이트는 우선 남성 발달을 가정하고, 다음에 여성 발달을 보조적으로 설명하는 방법을 제시하였다.

(1) 남성의 심리성적 발달: 남성 성기의 가치와 우월이 전제

프로이트는 심리성적 발달단계에서 남근기가 성격 발달과 정신병리에 가장 중요하다고 주장했으며, 이것의 성공적인 해결이 잠재기를 거쳐 정상적인 성욕의 단계인 성기기로 발달하는 데 선행조건이라고 생각했다. 남근기는 남성의 성적 기관이 명칭으로 사용되었듯이 남아의 발달과정을 대표한다. 여기에 남성 성기의 가치와 우월이 전제되어 있고, 그것이 남성 자긍심의 근간이라는 의미를 내포하고 있다. 이는 성인인 아버지가 비교의 준거가 되며, 그 이면에는 남성 대 남성의 세대 대결 또는 권력의 우위를 다투는 권력 투쟁이라는 숙명을 바탕에 깔고 있는 오이디푸스 콤플렉스라는 용어로 명명하였다. 오죽하면 아버지를 죽이고 어머니를 차지한 오이디푸스 신화에서 오이디푸스 콤플렉스란 명칭을 따왔겠는가? 다행히 동일시를 통해 일찍부터 아버지와 아들 간의 긴장감을 해결한다고 마무리했지만, 여전히 권위자와의 갈등, 세대 차이, 구세대에 대한 신세대의 불만 등의 현상에서 일반적인 남근기적 주제를 엿볼 수 있다. 더욱이 권력과 성공에 대한 끝없는 열망도 그 바탕에는 경쟁에서 절대 우위를 점하려는 남근기적 불안과 갈등이 깔려 있는 것으로 이해할 수도 있다.

이 시기에 발달적 문제가 있는 남성의 병리적 현상은 다양한 형태로 나타난다. 거세불안의 방어로 해석되는 과장된 남성성의 표출은 방만한 남성적 시위(masculine protest)라고 명명된 행동과 관련되어 있다. 이 용어는 여자처럼 되는 것에 대한 혐오로 볼 수 있는 방어적 행동을 의미하는데, 남성적 시위란 여성의 전형적 특징이라고 귀인시킨 감정과 약함을 거부하고 이의 보상적 형태인 남성적 강인함과 무자비함을 덕목으로 여기는 태도를 가리킨다. 남성에겐 슈퍼맨과 같은 막강 파워에 대한 로망이 깔려 있다는 것은 이미 알려진 사실이다. 일반 남성뿐만 아니라 가끔 청소년 갱 집단에서 나타나는 이상한 하위 문화적 가치에서 이러한 덕목이 대접받고 있음을 볼 수 있다. 오늘날에는 공격성과 비행, 심지어 범죄적 일탈까지 남자가 그러한 행동을 했을 경우 남자다운 행동으로 인정받는 사례가 여러 문화권에서 관찰된다.

■ 남성의 성에 대한 강박적 탐닉: 돈후안 증후군(Don Juan Syndrome)

드물지만 어떤 남성의 경우 성에 대한 강박적 탐닉 혹은 무수히 많은 성적 상대를 갖는 사례도 있는데, 이는 돈후안 증후군(Don Juan Syndrome: 주로 남성에게 발견되는 증후군으로, 여성에게 트라우마가 있거나 여성과의 연인 생활에서 슬픈 이별을 맞이할 때 발생하는 정신질환으로, 수많은 여성들과 교제를 하며 문란한 생활을 하거나 한 여자를 진심으로 사랑하지 못하여 연인 관계를 오래 이어가지 못하는 증상)으로 명명되며 역시 남근기 갈등을 원인으로 갖는 정신병리의 예라고 할 수 있다. 이런 현상의 역동적 원인은 여성에 대한 성적 정복을 통해 거세 불안의 해결을 시도하는 것으로 알려졌다. 카사노바의 심리는 역설적으로 자기의 남성적 매력에 자신이 없는 사람인 것이다. 대부분의 성도착증(sexual perversion: 유아기 또는 소년기의 잘못된 성적 행동으로 형성되어 성인이 되어도 비정상적인 방법으로 성적 만족을 얻게 되는 증상)도 결국 남근기적 고착에 기원을 두고 있는데, 이성애가 가능하기 위해서는 성기기까지 정상적인 발달이 이루어져야 할 것이다.

신이 남녀에게 다른 호르몬을 준 이유

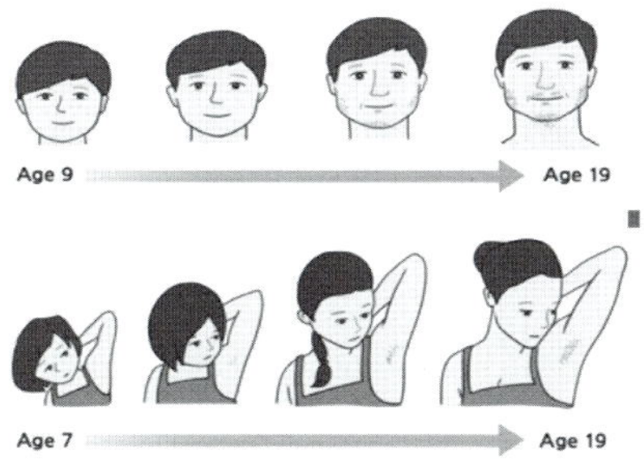

인간의 기본 형태는 여자다. 그런데 임신 6주에 엄마 배 속에 있는 태아가 테스토스테론에 강하게 노출되면 남자가 된다. 이때부터 태아는 남자의 뇌, 남자의 몸으로 발달한다. 2차 성징이 시작되는 사춘기가 되면 남자의 몸에서는 여자에 비해 1000배 이상 많은 테스토스테론이 분비된다. 이때부터 남자와 여자의 신체와 행동은 어마어마하게 차이 나기 시작한다. 이 시기 남자는 '걸어 다니는 폭탄'이라고 할 만큼 호기심과 성욕, 에너지, 폭력성이 넘친다.

체내에서 분비되는 테스토스테론 혈중농도가 높은 남자 중에 범죄자가 많다. 성폭행, 강간범, 폭행범은 특히 그 비율이 높다. 그렇다고 테스토스테론이 반드시 범죄와 관계가 있다는 것은 아니다. 영웅, 스포츠선수, 예술가, CEO, 지치지 않고 일하는 사람도 일반 남성에 비해 테스토스테론이 많이 분비된다. 그렇게 테스토스테론은 성욕은 물론 에너지와 활력, 일적인 성공이나 성취욕에도 영향을 미친다.

남자를 아주 단순하게 둘로 나눠볼 수 있다. 여자와 다른 면이 많은 정도에 따라 남성적이냐 아니냐, 혹은 육식남(동물적인 남자)이냐 초식남(식물적인 남자)이냐 구분할 수 있는데, 그것은 주로 테스토스테론 농도와 관계가 있다. 테스토스테론이 많이 분비되는 남자는 남성답게 행동하기를 선호한다. 되도록 많은 여자를 사귀고 싶어 하고, 좋아하는 여자를 만나면 아주 적극적으로 행동한다. 섹스를 잘하는 걸 남자답다고 생각한다. 일과 사업에도 적극적이고, 많은 사람과 잘 지내려고 한다. 그런데 이런 남자는 여자의 말을 잘 알아듣지 못한다. 행간을 읽지 못하고, 여자와 섬세하게 소통하는 데 서툴다. 약간 독재적이어서 마초라고 불리기도 한다.

반면 테스토스테론 분비가 상대적으로 적은 남자는 좋아하는 여자가 생겨도 사려 깊게 행동하고 그녀의 의견을 존중한다. 여자와 사귀는 것보다는 자신이 좋아하는 취미 생활을 즐긴다. 조용하고 침착하며, 꼼꼼하게 일을 처리 하고, 친절하고 배려를 잘한다. 책임감이 강하고 충직해 자신의 아이와 가족을 잘 돌보고 끝까지 곁을 떠나지 않는다. 일부일처제를 유지하기가 쉽다.

물론 모든 남자가 이분법적으로 구분되는 것은 아니다. 정도의 차이가 있을 뿐 대충 그렇다는 것이다. 그런데 이 두 타입이 잘 섞인 남자를 찾기는 쉽지 않다. 대부분 어느 한쪽에 치우쳐 있다. 즉, 남성스럽고 섹스도 화끈하게 잘하는데 친절하고 배려도 잘하고 소통도 잘되는 남자는 거의 없다는 이야기다. 이런 남자를 찾다가는 평생 남자 구경도 못 하고 생을 마감해야 할 것이다.

출처: http: //shindonga.donga.com/3/all/13/1486287/1.

(2) 여성의 심리성적 발달: 남근부재로 인한 남근 선망

남성과는 달리 여성의 남근기 발달은 애초 프로이트 사전에 없었던 것으로 알려져 있다. 프로이트는 여성에게 남근이 없기 때문에 이러한 비판을 의식해 나중에 여성에게는 남근이 없다는 사실을 스스로 열등한 존재로 지각하고 남성의 남근을 부러워한다는 남근 선망을 이 시기 여아 발달의 핵심 주제로 다루었다.

■ 남근기적 갈등으로 어머니 · 여성에 대한 양가감정 형성

여아 발달의 나머지 과정은 남아와 같다. 즉, 여아는 이성 부모인 아버지에게 리비도를 투자하고 동성 부모인 어머니에게 경쟁심을 느끼며 해결 방법으로 동일시 기제를 사용하는데, 그 결과 어머니의 전반적인 특성이 내면화된다고 보았다. 이때 남아와 달리 여아는 남근기적 갈등에 대한 부분해결로 어머니에 대한 양가감정이 평생 지속된다고 하였다. 그 결과, 여성은 일생 동안 경쟁 상대로서 어머니, 더 넓게는 여성 전반에 대한 양가감정을 갖는다고 한다.

■ 남근기 갈등이 뚜렷한 여성의 히스테리성 성격(histrionic personality)

또한 남근기 갈등이 뚜렷한 여성은 히스테리성 성격(histrionic personality: 남에게 어필하기 위해 자기를 과장되게 표현하는 특성)으로 기술되는데, 그런 여성의 특징으로서 과도한 여성성과 동성 간 경쟁심을 들 수 있다. 이 과도한 여성성은 정확히 표현하면 유아적인 여성성으로 주로 남성으로부터 주의와 애정을 집중적으로 관심 받고 싶어하는 유치한 섹슈얼리티로 표현되며, 또한 동성 간 경쟁심은 다른 여성에 대한 경쟁심 때문에 경쟁 대상인 여성이 가진 배우자나 파트너를 뺏고 싶은 욕구에서 활성화된 소위 삼각 구도에 돌입한다.

그 밖에 남근 선망에 대해 남성과 경쟁하는 사회활동의 참여, 더 병리적으로 경쟁 상대인 남성에 대해 성적으로 정복, 통제하려는 의도로 설명할 수 있다. 영어 표현에 남성을 사사건건 간섭하고 좌지우지하는 여성을 두고 '남성을 거세하는 여성(castrating women)'이라는 심리학적 표현을 쓴다는 점도 짚고 넘어가야 할 만하다.

그러나 프로이트의 심리성적 발달모델은 후대의 심리학자들에게 남근기적 표현에서 시대의 변화에 반하는 점이 많음을 지적받아왔다. 일찍부터 호나이(Horney)와 같은 여성 정신분석학자는 여아의 남근 선망 개념과 여성 성격 발달에 대한 편협한 시각을 시대착오적 남성중심적인 견해라고 비판하였다(Horney, 1967).

2. 남성과 여성의 심리사회적 발달

상술했듯이 프로이트의 발달이론은 주로 아동기에 초점을 맞추고 있다. 그렇다고 성인의 발달이 일어나지 않는다거나 중요하지 않다는 것은 아니다. 인생은 변화와 상대적인 안정의 순환 주기로 생을 마감하기까지 계속 진행하는 것이 사실이다. 변화에 따른 고비는 청소년기에, 혹은 학업이 끝나는 시기에, 혹은 직업을 갖기 전으로 모두 넘기고 그 후 남겨진 대부분의 성인기는 관심을 못 받았기 때문에 그럴 수 있다. 이와 같이 평생 과정으로서 발달은 비교적 늦게 조명된 것이 사실이다. 따라서 인간의 전 생애를 포함한 에릭슨(Erikson)의 심리사회적 발달모델과 성인의 발달과정에 초점을 맞춘 레빈슨(Levinson)의 성인 발달모델을 살펴보고자 한다.

1) 에릭슨의 심리사회적 발달모델

에릭슨은 문화학파의 대표적 학자로서 발달모델에 중요한 요인으로서 환경과의 상호작용을 통한 사회적 발달을 강조하였다. 따라서 그는 인간의 발달단계를 전 생애에 걸친 8단계로 구분하여 각 단계마다 성취해야 할 중요한 발달과제를 제시하였다(Erikson, 1963). 그는 각 단계에서 공통적으로 겪고 해결해야 할 발달과제뿐만 아니라 발달과제를 해결하지 못하거나 좌절될 경우 생기는 반대의 심리적 현상도 같이 제시하였다. 에릭슨의 심리사회적 발달모델의 8단계는 다음과 같다.

(1) 구강 감각기(0~1세) : 신뢰 대 불신

에릭슨의 구강 감각기는 프로이트의 구강기에 해당하는 시기로서, 출생 첫해에 모자관계에서 인간에 대한 신뢰와 세상에 대한 안정감을 획득하는 시기다. 유아는 어머니에게 전적으로 의존할 수밖에 없기 때문에 어머니의 적절한 돌봄이 유아의 생존을 결정하게 된다. 어머니의 돌보기 행동에 유아의 생존이 달려 있는 것이다. 전적으로 중요하고 절대적으로 필요한 어머니와의 관계에서 사람들이 혹은 세상이 생존을 위협하는 위험한 대상인지 아니면 안심하고 믿을 수 있는 대상인지 결정될 수밖에 없다. 그만큼 신뢰감을 형성하는 데는 첫 인간관계인 어머니의 역할이 중요하다. 어머니가 유아를 친밀하게 대하고 지속적으로 일관성 있게 대한다면 신뢰가 형성되지만, 양육 방식에 혼란을 일으키거나 일관성이 없으면 유아는 불신감을 형성하게 된다. 따라서 유아에게 어머니와의 관계는 세상과 인간 전반에 대한 개념 형성의 첫 단추가 되는 셈이다.

(2) 근육 항문기(2~3세) : 자율성 대 수치심, 회의

이 시기는 프로이트 발달모델의 항문기에 해당하는 시기로서, 성취해야 할 긍정적인 과제는 자율성이다. 이 시기의 유아는 신체 발달이 활발하게 진행되고 이동이 가능하며, 전적으로 의존적이었던 모자관계에서 벗어나 신체적 모험과 독립을 시도한다. 이때 부모가 유아를 한 인간으로서 존중해 주고, 유아에게 자신의 삶에 영향을 미치는 활동들을 자유롭게 조절하고 통제할 수 있도록 허용해 줄 때 자율성이 발달한다. 만일 자유롭게 환경을 탐색하고 조절할 수 있는 기회가 좌절되면, 유아는 자신의 능력에 대해 자신의 가능성을 믿을 수 없고 타인의 판단이나 평가에 좌우되는데서 생기는 수치심을 느끼게 된다. 따라서 유아 스스로 시행착오를 통해 성취하는 것이 중요하다. 자율성은 스스로의 힘으로 외부 환경을 탐색하고 모험을 성공적으로 시도했다는 성취감에서 나온다.

(3) 운동 생식기(4~5세) : 주도성 대 죄의식

이 시기는 프로이트 발달모델의 남근기에 상응하는 시기로서, 성취해야 할 긍정적인 과제는 주도성이다. 또래집단과의 사회적 교류가 활발해지는 이 시기의 아이는 새로운 것을 해 보려는 호기심이 많으며, 자기주장과 적극성을 보이게 되는 자연스러운 과정을 밟는다. 이러한 시기에 부모가 만일 아이 스스로 어떤 일을 완수할 수 있도록 하는 기회를 주지 않거나 어떠한 욕구 표현에 대해서 과도하게 벌을 준다면, 아이는 자기욕구나 주장을 적극적으로 표현하는 주도성 발달에 문제가 생기며, 그러한 자신에 대해 스스로가 내리는 비교와 판단인 죄의식을 느끼는 개인으로서 성장하게 된다.

(4) 잠재기(취학기) : 근면성 대 열등감

이 시기는 프로이트의 잠재기에 해당하는 시기로서, 성취해야 할 긍정적인 과제는 근면성이다. 즉, 학교에 들어가 규칙적인 생활을 하게 되며, 그곳에서 부과하는 규범과 학습과제를 따라 해야 하는 근면성이 요구되는 시기다. 공식적인 교육이 시작되는 시기의 아이는 성취 동기가 강하며 규칙의 학습과 학습 성취를 중요시한다. 이때 부모는 아이가 열심히 하고자 하는 일을 격려하고 칭찬해 줌으로써 근면성을 더욱 발달시킬 수 있다. 그러나 아이가 스스로 자기 친구나 가족구성원과 비교하여 부족함을 느끼거나, 부모나 교사로부터 자신을 다른 사람과 비교하는 말을 자주 듣게 되면 열등감에 사로잡힐 수 있다.

(5) 청소년기: 정체성 대 정체성 혼미

이 시기는 심리적 퇴행과 초기 발달시기의 미해결 과제의 재생이 일어나는 시기이므로 정신병리적으로 중요한 단계다. 이 시기에 성취해야 할 긍정적인 과제는 자아정체성이다. 이 시기는 어린이도 어른도 아니면서 성인기에 요구되는 여러 가지 사회적 요구와 역할 변화를 겪게 되는 혼란의 시기다. 이때 청소년은 타인과 자신이 생각하는 성격의 통일과 가치관 형성, 그리고 인생에 대한 신념과 계획을 정립해야 한다. 따라서 대략적인 자신의 인생 계획을 구조화하려고 하며, 의식을 확장하려는 요구가 높아진다.

성장하는 과정에서 획득한 여러 가지 자신에 대한 동일시들이 개인의 고유한 정체성으로 통합되는 동일시감을 지니며, 자기에 대한 가치부여, 자신의 역할을 분명히 인식하는 데서 자아 정체성이 확립된다. 만약 이 시기에 자신에 대한 불분명한 역할, 사회적 규준에 대한 불명료한 인식에 머물러 있으면 역할에 대한 혼미가 초래된다는 것이다. 즉, 나는 누구이며, 무엇을 하고 살아야 할 것인지, 어떤 미래를 꿈꿀지 대략적인 조망이 없이 방향을 잃어버리는 소위 정체성 혼미(identity diffusion)를 겪게 된다.

(6) 청년기: 친밀감 대 고립

이 시기는 공식적인 성인생활이 시작되는 시기로서, 성취해야 할 긍정적인 과제는 친밀감이다. 이 시기의 젊은 성인은 다른 사람, 소속이나 집단을 통해 정서적 의존심을 해결하고 정체성을 확장해 나간다. 따라서 사랑과 일을 선택하고 목표를 추구하고 인생을 구조화해야 한다. 또한 결혼에 의해 가족 단위를 이루고 친밀한 관계를 실현해야 한다. 직업과 지위는 사회적 존재로서 존재감을 확인하는 방법이며, 가족과 마찬가지로 소속감과 친밀감을 느끼게 하는 주요 원천이다. 그러나 각 개인이 친밀한 관계 형성에 실패하고 소속과 역할을 찾지 못하면 고립에 빠진다.

(7) 중년기: 생산성 대 침체

이 시기는 인생의 중반기에 해당하는 시기로서, 성취해야 할 긍정적인 과제는 생산성이다. 각 개인은 일과 직업 그리고 사회에 대한 헌신을 통해 인간으로서의 가치와 자신의 자존감을 유지하는 것을 중요하게 생각한다. 만일 생산성의 과제를 성취하지 못하게 되면 그 개인의 인간관계는 황폐화되고 자신의 활동은 침체되어 '중년의 위기', 즉 인생 무상과 절망의 느낌을 갖게 된다.

(8) 노년기: 자아통합 대 절망

이 시기는 인간이 지금까지의 자신의 노력과 성취에 대해서 반성하는 시기로서, 성취해야 할 긍정적인 과제는 자아통합이다. 자아통합은 자신이 지금까지 살아 온 인생을 돌이켜 보고 '이만하면 만족한다.' 혹은 '후회 없이 살았고 이제 죽어도 여한이 없다.'고 확신할 때 생긴다. 만일 이러한 확신이 결여되어 있다면 개인은 죽음에 대한 두려움과 자기 인생을 되돌릴 수 없는 것에 대한 후회, 그리고 희망했던 것에 대한 끊임없는 미련이 생기고 결국 절망에 빠지게 된다. 절망은 다시 돌이킬 수 없다는 판단에서 나오는 것이다.

이상의 에릭슨의 발달단계를 요약하면 〈표 2-1〉과 같다.

표 2-1 에릭슨의 심리사회적 발달단계

단계(연령)	기본갈등	요약
1단계 구강 감각기 (0~1세)	신뢰 대 불신	• 태어난 첫해의 모자관계에서 인간에 대한 신뢰와 세상에 대한 안정감을 획득하는 시기 • 이를 형성하는 데 첫 인간관계인 어머니의 역할이 중요함
2단계 근육 항문기 (2~3세)	자율성 대 수치심, 회의	• 신체 발달이 활발하게 진행되고 이동이 가능한 시기 • 전적으로 의존적인 모자관계에서 벗어나 신체적 모험과 독립을 시도하는 시기 • 스스로 시행착오를 통해 성취하는 것이 중요함
3단계 운동 생식기 (4~5세)	주도성 대 죄의식	• 또래집단과의 사회적 교류가 활발해지는 시기 • 독립, 자기주장, 적극성을 중요시함
4단계 잠재기(취학기)	근면성 대 열등감	• 공식적인 교육이 시작되는 시기 • 규칙의 학습과 학습 성취를 중요시함
5단계 청소년기	정체성 대 정체성 혼미	• 성격의 통일, 가치관 형성, 인생에 대한 신념과 계획 정립을 중요시함 • 대략적인 인생 계획의 구조화 시기 • 의식 화장의 욕구가 높아짐 • 한 사회가 구조화될수록 경험의 한계와 일탈이 제한됨. 즉, 정체성의 공개적 갈등이 허용되지 않는 반면, 그 반대의 경우 정체성 미해결에 따른 실존적 쟁점이 증가함
6단계 청년기	친밀감 대 고립	• 다른 사람, 소속, 집단을 통해 정서적 의존심의 해결과 정체성을 확장하는 시기 • 사랑, 일, 선택, 목표 추구의 확립 및 구조화를 중요시함
7단계 중년기	생산성 대 침체	• 일, 직업, 사회에 헌신을 통한 인간적 가치 및 자존감 유지를 중요시함
8단계 노년기	자아통합 대 절망	• 인생 전반에 걸친 평가

2) 남성과 여성의 심리사회적 발달의 비교

에릭슨(1963, 1986)의 발달모델에 따라 여성과 남성의 발달 과정을 비교해 보면 청소년기, 청년기, 중년기에 걸쳐 다음과 같이 차이점이 두드러진다.

(1) 심리적/경제적 독립 시점이 여성보다 남성이 상대적으로 지연

첫째, 청소년기의 갈등 쟁점이 다르게 나타난다. 먼저, 여성은 기존 규범에 빠르게 동일시하면서 보다 보수화하는 반면, 남성은 의식확장의 기회가 상대적으로 허용적이어서 이 시기를 길게 경험하기도 한다. 특히 우리나라는 군대 문제나 가족구조 등의 개인 외적 요인 때문에 심리적/경제적 독립 시점이 여성보다 남성이 상대적으로 지연되어 있다. 남성이 군대까지 마치고 취업하려 하면 30세를 바라보는 경우가 비일비재하다. 또한, 가족구조의 특성상 장남에 대한 부모의 기대 때문에 자신이 원하는 인생 설계를 선택하지 못하는 대신, 부모가 정해 준 학교, 전공, 직업을 따라가다 보면 적성, 더 크게는 인생 자체에 흥미를 잃어버리는 현상이 생길 수 있다. 이 점이 청소년기 과제인 정체성 형성에 있어 여성이 일찍 인생목표가 정해지고 빨리 제도화되는 반면, 남성은 문자 그대로 청소년기 졸업이 지연되는 이유다. 우리나라에서 "남성은 군대를 갔다 와야 철이 든다." 또는 "군대에 갔다 와야지 진짜 남자가 된다."는 속설이 바로 이런 점을 표현한 것이다. 청소년기 정체성의 쟁점은 가족과 문화적 기대의 압력(영향력)이 성별에 따라 차별적으로 미친다고 할 수 있다.

(2) 개인적 성취에 대한 남성과 여성의 노력의 차이

두 번째로 청년기 단계 발달과제의 갈등에 대해서 살펴보면, 남성과 여성의 발달 과정의 차이를 다음과 같이 지적할 수 있다. 이 시기가 되면 결혼과 경제적 독립이라는 전환점에 있게 된다. 이를 위해 개인은 취업과 결혼의 중요한 과제를 둔다. 그런데 사랑과 일을 선택함에 있어서 여성은 집합성(친밀감과 소속)이 개별성(개인적 정체성) 발달을 저지하는 변수가 될 수 있으며, 남성의 경우 개별성과 집합성이 분리되어 있다는 점이 중요한 변수다. 즉, 남성은 자신의 개인적인 성취와 친밀의 욕구가 서로 독립적이라 개인적인 성취를 충족하는 데 있어 결혼과 가족이 걸림돌이 될 이유가 없다. 다시 말하면, 남성은 보통 그 두 가지를 동시에 추구한다. 그러나 여성은 개인적 성취를 하는 데 있어서 결혼과 새 가족 형성을 하는 것은 취사선택 사항으로서의 입지를 가질 경우가 많다. 일과 직업적 성취를 추구할 때 여성에게 사랑과 결혼은 걸림돌이 되는 경우가 흔하다. 따라서 이 시기에 남성은 개인적 성취를 하는 데 있어 여성보다 훨씬 자유롭고 지지적이다. 반면에 여성은 상대적으로 문화적 제약을 받게 되며, 그만큼 남성보다 여성이 더 복잡한 조건 속에서 선택해야 하는 상황에 놓이게 된다.

(3) 여성적 정체성과 개인적 정체성 간의 괴리 속에서 정체성 혼란

마지막으로 중년기의 생산성에 관한 쟁점을 살펴보면, 생산성은 크게 생식성(출산과 육아), 생산성(직업과 일에 투자), 창조성(고차 생산성)으로 구성되어 있다(Erikson, 1986). 중세시대까지 여성은 생식성(출산)을 담당하고 남성은 생산성을 담당하는 등 성 역할이 명백하게 분리되어 있었으나, 자본주의 사회 구조로 변화하면서 대부분의 문화권에서 생산성이 그 사회의 최우선 가치가 되었다. 따라서 생식을 담당하는 여성적 역할이 상대적으로 평가절하되면서, 여성은 이제 두 과제를 모두 성취해야 하는 압력에 직면하게 되었다. 이제 더 이상 자녀 출산과 양육만으로 한 개인의 소임을 완수했다고 인정받기 어렵게 된 것이다. 결국 이 시기의 여성은 개인적 정체성의 요구가 증가하면서 여성적 정체성과 개인적 정체성 간의 괴리라는 정체성 혼란이 전 시대와 다르게 증가하게 되었다고 결론지을 수 있다. 이 시기에 변화의 욕구에 있어서도 가해지는 변화의 정도에 있어서도 그 변화에 더 직면해야 하는 쪽은 여성이라는 사실을 지적할 수 있다.

이와 같이 남성과 여성은 여러 단계에 걸쳐 공통적인 발달단계에서 겪는 심리적 갈등의 유형이 차이가 있음을 확인할 수 있다.

3. 인생 주기와 성인 발달

1) 레빈슨의 성인 발달모델

레빈슨(Levinson, 1978, 1993)은 성인의 인생인 20세 이후부터 노년기까지 성인 발달 과정을 사계절에 비유한 인생 주기로 설명하였다. 인간이 청소년기를 벗어나 독립된 존재로서 인생을 내딛는 바로 그 시점부터 죽음의 마지막 단계까지, 인생 주기는 전환과 안정의 주기를 순환하는 구조를 보인다고 보았다. 전환기는 인생 설계를 수정하여 다음 다가오는 삶에 대비해야 하는 시기다. 그리고 안정기는 수정하고 변화시킨 설계하에 새로운 삶을 사는 시기다. 이 인생 구조의 변화에 따라 다음과 같은 6단계의 발달단계로 구분할 수 있다.

1단계는 뿌리 뽑기, 2단계는 분투하는 20대, 3단계는 30대로의 이동, 4단계는 뿌리 내리고 확장하기, 5단계는 최종 기한 10년, 마지막으로 6단계는 새 출발 혹은 은퇴로 구분되어 전환기와 안정기를 순환하는 주기를 제시했다(Conway, 1978).

(1) 1단계: 뿌리 뽑기(18~22세)

1단계는 뿌리 뽑기(18~22세)라고 부를 수 있는 성인으로의 전환기로서 부모로부터 경제적으로 독립하고 정서적으로 분리하여 성인으로서의 삶을 준비하는 과도기다. 이 시기에는 정체성을 확립하려는 노력이 수반된다. 즉, 성인 이전의 자기를 마무리하고 최초로 성인으로서의 자기를 형성하여 성인 세계의 일원으로서 자격을 얻기 위한 선택들을 시작해야 한다. 뿌리 뽑기란 이 시기를 기점으로 이전의 미성년으로서의 인생 방식을 마감해야 한다는 의미에서 명명되었음을 알 수 있다.

(2) 2단계: 분투하는 20대(23~28세)

2단계는 분투하는 20대(23~28세)인 성인 전기의 초보 인생이 구조화되는 시기다. 이 시기는 제1의 안정기로, 개인은 이성을 만나 결혼하여 가정을 형성하고 직업 경력을 쌓기 시작하며, 인생 설계를 구조화하고 꿈을 실현하는 단계를 시작하게 된다. 이 시기에 남성은 인생 설계에 집중하는 동안, 여성은 결혼과 직업 간의 딜레마를 경험하게 된다.

(3) 3단계: 30대로의 이동(29~32세)

3단계는 30대로의 이동(29~32세)인 제1의 전환기를 맞아 선택한 일에 대한 평가의 시기가 다가온다. 개인은 사회적 일원으로서 첫발을 내디뎠지만 지금 이 일을 계속해야 할지 바꿔야 할지 갈림길에 와 있는 시기다. 따라서 전진보다는 답보의 형태이지만, 아직 인생의 방향을 전환할 시간과 에너지가 있다는 점이 낙관적이다. 남녀 모두 20대의 삶을 되돌아보며 자신이 해 온 일들이 적합했는가에 대해 의문을 제기하며, 가벼운 정도에서 심각한 정도까지 위기를 경험하기도 한다.

(4) 4단계: 뿌리 내리고 확장하기(33~38세)

4단계인 뿌리 내리고 확장하기(33~38세)는 성인 전기의 절정인 인생 구조가 형성되는 단계이며, 제2의 안정기로서 성인으로서 투자와 책임을 쏟고 장기 계획과 목표에 매진하는 고도의 활동기다. 또한 꿈을 이루기 위해 한 계단씩 올라가는 시기다. 실제로 생물학적으로도 가장 효율적인 기능을 하는 때이기도 하다. 이때 개인은 결혼을 하여 새로운 가족 단위를 이루고, 어떤 조직에서든 허리의 세대로 활동한다. 레빈슨은 이 과정을 '자기 자신 되기(Becoming One's Own Man)'라 지칭하여 문자 그대로 자신의 인생을 구조화하고 꿈을 이루기 위해 전력투구하는 시기로 보았다.

(5) 5단계: 최종 기한 10년(39~49세)

다음으로 5단계 최종 기한 10년(39~49세)은 중년에 다시 한 번 찾아오는 제2의 전환기다. 인생 구조를 재평가하고 자아와 세상에 대한 탐색에 더욱 관심을 기울이며 다음 시기의 인생 구조를 형성하기 위한 기초로서 꼭 겪어야 할 시기지만, 꼭대기에 올라가서 밑을 내려다 봐야 하는 인생 재평가와 정리의 시기이기도 하다. 제2의 평가 시기이자 불안정한 시기로 제2의 전환기로 비유되기도 한다. 청년은 미래를 조망하고 정체성을 탐색하는 등의 불확실한 정서 반응을 특징으로 하는 반면, 중년기는 과거를 조망하고 정체성을 심사하는 후회와 회한 등의 정서 반응을 특징으로 보인다. 청년기에 겪는 전환은 미래와 희망을 앞에 두고 있지만, 노년기를 남겨 두고 중년기에 겪는 전환은 정점에서 밑으로 내려가는 길을 두고 정리와 포기만 남아 있다는 점을 직면해야 한다. 이 시기의 갈등은 개인의 역할로 볼 때 가족이나 집단에 결정적 영향을 미칠 정도로 위험하다. 만약 가장이 정체성 갈등을 겪느라 가정에 소홀하게 되면 그 집안에 도미노와 같은 여파를 미치게 된다. 자녀의 미래에 영향을 미치고 집단의 의사결정이 흔들릴 정도로 여파가 크기 때문에 이 시기를 중년의 위기라고 명명하였다.

(6) 6단계: 새출발 혹은 은퇴(49세 이후)

마지막으로, 6단계인 새출발 혹은 은퇴(49세 이후)의 시기는 제3의 안정기이며 중년기의 침체를 극복하고 새롭게 남은 인생을 설계하는 시기다. 생물학적으로 노화와 기능의 감퇴를 수용하고 극복한다면 오히려 집중적으로 인생의 말미를 관리할 수 있다. 따라서 심리적으로 생산성이 증가하고 타인과의 경쟁심이 감소하며 이타주의가 증가한다는 장점을 강조하고 싶다. 이 시기는 더 이상 경쟁과 욕심에 휘둘리지 않고 자신의 주관대로 인생 설계를 할 수 있는 마지막 시간이기도 하다.

2) 여성과 남성의 성인 발달의 비교

레빈슨의 발달모델은 우리 사회에서의 성 역할의 차이 때문에 여러 단계에 걸쳐 남녀가 겪는 심리적 발달이 상이한 과정과 갈등을 겪는다는 점을 잘 설명해 주고 있다.

(1) 1, 2단계: 개인적 정체성 지체경향 VS. 개인적 정체성과 가족에 대한 책임감 사이의 갈등

레빈슨의 발달모델에 따르면, 1, 2단계에서 여성은 원가족(basic family)으로부터의 분리는 쉬우나 결혼을 통해 또 다시 집합성을 추구하는 대신, 개인적 정체성 발달은 지체되는 경향을 보일 수 있다. 이에 반해 남성은 1, 2단계에서 가족에 대한 책임감 사이에 갈등을 빈번하게 할 수 있다. 예를 들어, 대학교와 학과를 선택하는 경우에 혹은 진로 선택 시 자신이 원하는 진로보다 부모의 요구 때문에 원치 않는 학과나 진로를 선택하는 경우가 흔하다. 부모의 압력이나 혹은 가족에 대한 책임감을 내용으로 하는 장남 콤플렉스 등으로 개인적 정체성과 가족의 기대로 인한 집합성 간 딜레마를 남성이 더 자주 겪는

표 2-2 레빈슨의 성인 발달단계

단계	연령	특성	과업
1단계	18~22세	뿌리 뽑기	성인으로의 전환기
2단계	23~28세	분투하는 20대	제1의 안정기
3단계	29~32세	30대로의 이동	첫 번째 전환기
4단계	33~38세	뿌리 내리고 확장하기	고도의 활동기, 제2의 안정기
5단계	39~49세	최종 기한 10년	두 번째 전환기
6단계	49세 이후	새 출발 혹은 은퇴	제3의 안정기

다고 말할 수 있다.

(2) 3단계: 남성보다 사회적 압력 가중 VS. 경제적 책임 위한 취업에의 부담감

3단계에서는 여성은 남성보다 사회적으로 더 많은 압력에 직면한다. 이 시기는 대략 대학을 졸업하고 직업을 가져야 하는 시기다. 여성에게는 몇 가지 선택지가 눈앞에 놓여 있다. 예를 들어, 결혼을 선택하여 전업주부가 될 것인지, 아니면 결혼과 취업을 병행할 것인지를 결정해야 한다. 취업을 먼저하고 결혼을 연기하게 되는 경우, 결혼 적령기에 묶이게 되는 딜레마를 겪는다. 전보다 형편이 나아지긴 했지만, 고학력 여성과 전문직 여성 중 골드미스가 많은 현상은 여전히 주변에서 흔히 볼 수 있다. 반면 남성은 대체로 직업 선택과 미래의 목표 추구에 전력투구할 수 있고, 이 측면에서 사회로부터 지지를 많이 받는 것이 사실이다. 하지만 남성들에게는 꼭 취직을 해야 하고, 경제적 책임을 져야 하는 부담감을 져버릴 수가 없다. 그렇다고 여성이라고 해서 이러한 부담감에서 자유로울 수는 없다. 사회분위기상 언제부터인가 맞벌이를 원한다고 대답하는 남성이 압도적으로 많다는 것을 인정해야 할 것이다.

(3) 4단계: 대부분 생식성 담당 VS. 사회적 활동기 돌입

4단계에서 남성은 고도의 사회적 활동기에 접어드는 반면, 여성은 대부분이 생식성을 담당하게 된다. 즉, 자녀를 출산하고 양육함과 동시에 남편을 내조해야 하는 이중고를 겪게 되며, 우리나라의 경우 시댁과의 문제까지 복합적으로 발생한다. 따라서 결혼 만족도가 저하되고, 심할 경우에는 주부 우울증까지 유발하기도 한다. 우리 사회에서는 여성의 경우 중년기보다 30대 고도의 활동기에 더 많은 스트레스를 받고 정신건강의 부정적 지표가 크다고 할 수 있다. 일하는 여성은 육아와 직장 스트레스의 이중고에 시달리며, 전업주부라고 해서 형편이 나은 것도 아니다. 또한, 미혼 여성은 불특정 다수가 주는 스트레스 때문에 불행감을 느낀다. 마찬가지로 이 단계에서 남성의 발달과제가 쉽다고 보는 것은 아니다. 남성의 경우 최소한 이 시기의 과제와 목표가 여성보다 단순하고 구조화되어 있는 것은 분명하여 여성보다 사회적 활동의 측면에서 유리한 점이 많다는 사실을 인정할 수 있다. 분명 공통적인 시기에 비슷한 인생 과제가 주어지지만 남녀는 서로 다른 심리적 과정을 겪는다는 점이 대조적이다.

(4) 5단계: 투쟁적 & 자기주장이 강함 VS. 감수성 증가

5단계에서는 이미 융(Jung)이 중년기의 성격 특성의 역전을 역설한 바 있는데, 남녀 모두 발달시기와 관련된 심리적인 변화를 겪게 되고, 더 결정적으로는 결혼생활과 가족을 뒤흔들 만한 경제적 변화가 닥친다는 점이 중요하다. 중년기에는 앞서 지적하였듯이, 심리적으로 반대적 특성이 활성화될 가능성이 있다. 남성은 여성적으로, 여성은 남성적으로 변화되는 경우가 흔하다. 남성은 감수성이 증가하여 전과 다르게 민감해지는 반면, 여성은 보다 투쟁적이고 주장하는 성격으로 변화하여 부부간 권력 구조가 역전될 수 있다. 남성은 그동안 소홀했던 가족들에게 다가가려 하지만, 이미 아내를 중심으로 한 가족구조에서 소외되어 있음을 발견하게 된다.

직업적 은퇴가 시작되면 사태는 더 악화된다. 서구를 비롯해 후기 산업사회에 돌입한 사회에서는 조기퇴직의 증가 추세로 생존의 위기와 심리적 위기가 동시다발적으로 발생한다. 남성이 경제 위기로 강제 실직하였을 경우 그 후 재적응에 실패할 가능성이 높아진다. 경우에 따라서는 떨어진 위신을 세우고자 배우자를 폭행하게 되고, 알코올 중독에 빠질 수도 있다. 이 때문에 이혼율이 폭증하는 현상을 이미 우리 사회도 1997년 IMF를 기점으로 경제 위기와 대규모 실직을 겪으면서 이혼율이 폭등하다가 한풀 꺾이는 고비를 겪기도 했다.

여성의 경우, 이 시기에 생리적 변화를 겪게 되며 여성적 매력을 상실하고 점점 남성화되어 간다. 젊음과 출산을 여성적 가치로 보는 사회일수록 성적 매력의 상실이 주는 의미나 스트레스가 심할 수 있다. 또한 자녀에 대한 양육의 의무를 달성함으로써 자신의 여성적 정체성을 어느 정도 달성한 후, 생식성 과제에 전력을 쏟느라 이루지 못한 개인적인 꿈, 개인적 정체성의 욕구가 활성화되는 역전의 시기로 설명되기도 한다.

(5) 6단계: 적응과 만족도 증가 VS. 심리적 위축

마지막 6단계에서는 남녀 모두 노화를 겪지만, 역할의 변화가 뚜렷하게 다르게 다가온다. 즉, 이 시기에 부부관계에서의 힘의 역학 구도에서의 변화가 일어나기 마련이다. 경제력을 책임졌던 남성이 그 힘을 잃으면서 노년기에 가족 역학은 모계 중심적인 양상을 띠게 된다. 따라서 여성은 여성적 정체성을 상실한 후에 역설적으로 적응과 만족도가 증가한다고 할 수 있다. 반면 남성은 은퇴 후 사회적 활동이 끝나는 시기를 맞이한다. 따라서 남성은 심리적 위축과 노인기 우울증을 겪게 되며, 스트레스에서 비롯되는 치명적인 성인병을 앓는 경우가 증가할 수 있다. 인생의 제2막이라 하여, 은퇴 후 아버지들의 새로운 선택을 강조하는 책이나 강연이 얼마나 인기가 있는지는 이 시기 남성의 또 다른 위기를 짐작하게 해 준다.

표 2-3 레빈슨의 여성과 남성의 성인 발달 비교

단계	여성발달의 특성	남성발달의 특성
1·2 단계	• 원가족으로부터의 분리 용이 • 개인적 정체성의 지체경향	• 개인적 정체성과 가족에 대한 책임감 사이에서 갈등
3단계	• 남성보다 사회적으로 더 많은 압력에 직면	• 경제적 책임을 위한 취업에의 부담감
4단계	• 대부분 생식성을 담당	• 고도의 사회적 활동기에 접어듦
5단계	• 보다 투쟁적이고 자신의 주장이 강함	• 심리적 변화로 감수성 증가
6단계	• 여성적 정체성을 상실한 후에 역설적으로 적응과 만족도 증가	• 심리적 위축과 노인기 우울증을 겪게 됨

결국 자본주의 사회의 특징인 생산성에 가치를 두는 문화적 환경의 영향으로 인해 성인기 여성과 남성의 발달은 상이한 과제와 갈등을 겪는다. 특히 우리나라의 경우 1990년대 후반에 시작된 경제 위기와 계속된 경제 사정의 악화에 따라 성인기 발달에 예측 불허의 변수가 개입된다고 할 수 있다. 남성과 여성 모두 전환기에 가중된 스트레스를 겪는 현실임을 유의해야 할 것이다. 더구나 통계적으로 평균수명이 남녀 모두 길어지고 있다는 새로운 변수가 나타났다. 향후 성인 발달에서 제2막의 중요성은 더욱 두드러질 것이므로 이 시기가 올 가능성을 염두에 두고 대비해야 할 것이다.

뇌에도 남성·여성 있다?… "아직 해명되지 않아"

뇌에도 성차가 있다는 연구 중 가장 유명한 연구는 1982년 미국 콜롬비아 대학의 연구진이 발표한 연구로, 여성이 우뇌와 좌뇌를 연결하는 뇌량이 남성보다 두껍다는 내용이다. 이 연구는 '여성은 좌·우뇌가 잘 연결돼 있어 멀티 태스킹에 유리하다'는 내용으로 확대 해석되곤 한다. 하지만 최근에는 이 차이를 부정하는 논문들도 많이 나온다. 1997년 캐나다 앨버타 대학의 연구진은 '뇌량의 성차는 신화일까, 실제일까'라는 제목의 논문을 발표했다. 1980년 이후 이뤄진 49개의 연구데이터를 해석한 결과 연구진은 뇌량의 크기나 모양엔 성차가 없다고 결론 내렸다.

미국 로잘랜드 프랭클린대학에서도 2016년 복수의 연구 데이터에서 6000명의 MRI 사진을 분석한 결과 성차는 명확하지 않다고 결론을 내렸다.
사토 와타루(佐藤弥) 교토대 교수도 뇌파와 MRI를 이용해 무의식 중에 나오는 얼굴 표정과 감정의 관계를 조사하면서 동시에 성차도 비교해봤다. 호불호를 판단하는 데 영향을 주는 뇌의 편도체 크기와 타인의 얼굴표정을 무의식 중에 따라하는 비율 등을 수십명을 대상으로 다양하게 조사했지만 대부분의 경우 성차는 확인할 수 없었다.

사토 교수는 "성차에서 명확한 차이는 나오지 않았고 개인차가 훨씬 컸다"며 "성차는 보다 복잡한 문제라고 생각한다"고 말했다. 다만 입체블록을 머릿속에서 회전시키는 문제에 있어서는 남성의 성적이 좋다고 알려져 있어, 시각에 관한 신경 네트워크 활동에는 성차가 있다는 연구도 있다. 하지만 신문은 "지금까지도 뇌의 성차는 명확하게 알려지지 않은 부분이 많다"고 전했다.

출처: 뉴스핌(2018.03.09.) 발췌.

잠깐만! 함께해요

자아존중감 테스트

■ 아래 문항들은 여러분이 자신을 어떻게 보느냐 하는 자신에 대한 생각을 나타내는 문항입니다. 여러분의 생각을 잘 나타내 주는 난에 ○표를 해 주시기 바랍니다.

그렇지 않다.	보통이다.	대체로 그렇다.	항상 그렇다.
1	2	3	4

문 항	1	2	3	4
1. 나는 내가 다른 사람들처럼 가치 있는 사람이라고 생각한다.				
2. 나는 좋은 성품을 가졌다고 생각한다.				
*3. 나는 대체적으로 실패한 사람이라는 느낌이 든다.				
4. 나는 대부분의 다른 사람들과 같이 일을 잘 할 수가 있다.				
*5. 나는 자랑할 것이 별로 없다.				
6. 나는 내 자신에 대하여 긍정적인 태도를 가지고 있다.				
7. 나는 내 자신에 대하여 대체로 만족한다.				
8. 나는 내 자신을 좀더 존경할 수 있으면 좋겠다.				
*9. 나는 가끔 내 자신이 쓸모없는 사람이라는 느낌이 든다.				
*10. 나는 때때로 내가 좋지않은 사람이라고 생각한다.				

출처: 현정미(2013). 청소년이 인식한 자아존중감, 가족건강성과 성취동기와의 관계. 전남대학교 교육대학원 석사학위논문.

■결과 해석

-문항 1, 2, 4, 6, 7 8 번에 대한 응답은, 그렇지 않다=1, 보통이다=2, 대체로 그렇다=3, 항상 그렇다 =4로 점수를 부여하고

-*표시 문항 3, 5, 9, 10번에 대한 응답은 그렇지 않다=4, 보통이다=3, 대체로 그렇다=2, 항상 그렇다 =1로 점수를 부여한다(역채점문항).

-점수 범위는 10점에서 40점까지이며 점수가 높을수록 자아존중감이 높은 것을 의미한다.

-20점 미만이면 낮은 자아존중감으로 판단할 수 있으므로 자아존중감 제고에 관심가질 것.

3장
남과 여의 성격 및 사회적 행동의 차이

인간은 사회적 존재로서 타인과 다양한 관계를 맺으며 생활한다. 사회적 환경에서 개인은 타인의 시선을 의식하고 사회적 규범에 맞게 자신의 생각과 행동을 만들어간다. 만약 여성과 남성이 동일한 사회적 상황에 처해 있다면, 그들은 어떻게 행동할까? 어느 사회나 여성과 남성이 특정 사회적 맥락에서 어떻게 행동해야 하는지에 대한 규범이 있다면, 이러한 규범은 여성과 남성의 차이나 성 역할과 관련된 다양한 고정관념을 반영한다. 이처럼 여성과 남성에게 요구되는 규범적 행동은 다를 수 있기 때문에, 만약 남성과 여성 모두 성 고정관념과 일관된 방향으로 행동을 표출한다면 여성의 행동은 남성의 행동과 상당히 다를 것으로 예측할 수 있다.

사회적 상황에서 발생하는 남녀의 행동 차이를 탐색하는 것은 다양한 상황에서 자신과 이성의 행동을 이해하고 설명하는 데 중요한 토대가 된다. 이 장에서는 남녀의 성격 특성, 정서 및 사회 행동에서의 성차를 개관하고, 이러한 차이가 발생하는 이유에 관한 주요 관점들을 소개한다.

1. 남녀의 기질 및 성격

성격(personality)은 타인과 구분되는 개인의 인지, 정서, 행동 경향성의 집합이다. 개인의 성격은 비교적 일관되고 안정적이지만, 성격을 구성하는 특성(trait)들의 조합이나 상황 맥락에 따라서 다르게 나타나기도 한다(Mischel, 1984; Mischel & Shoda, 1995). 반면, 기질(temperament)은 개인이 생득적으로 지닌 유전적 및 생물학적 경향성을 말하며, 생애주기나 상황에 걸쳐 안정적이고 일관되게 관찰된다.

이러한 기질이나 성격에 따라서 사람들이 동일한 상황을 해석하고 행동하는 양상은 달라진다. 성실한 사람과 게으른 사람은 과제 제출일이 일주일 남았다는 동일한 상황을 서로 다르게 해석하고 행동할 것이다. 또한 사람들은 기질이나 성격에 따라 자신에게 적합한 상황을 선택하고 조형하기도 한다. 게으른 사람에 비해서 성실한 사람은 회식자리에서 일찍 일어난다거나 주말에 자기계발을 위해 노력할 가능성이 크다. 이렇듯 어떤 사람의 성격을 잘 알고 있다면 그 사람이 특정 상황에서 어떻게 행동할지 예측할 수 있다고 믿기 때문에, 많은 사람이 자신이나 타인의 성격에 대해 관심을 갖는다. 이러한 사례를 들어보면 기업이나 은행, 병원, 학교, 군대 등과 같은 현장 조직에서는 특정 직무를 수행하기에 적합한 성격을 지닌 사람들을 채용하기 위해서 다양한 성격검사를 활용한다.

만약 남성과 여성이 성격 특성이나 기질에 명백한 차이가 있다면, 이는 남성과 여성이 세상을 이해하고 행동하는 방식 그리고 그들이 선택하는 사회적 상황이 다를 수 있음을 의미한다. 또한 특정 역할이나 업무 수행에 있어서 남성과 여성 중 누가 더 적합한지 예측하는 데도 활용할 수 있다. 그렇다면 남성과 여성의 기질이나 성격에 차이가 있는지, 만약 있다면 그러한 차이는 왜 발생하는지 알아보자.

1) 기질

(1) 기질의 정의 및 분류

기질은 개인이 특정 방식으로 생각하고 느끼고 행동하는 성향을 의미한다. 기질은 사람들이 무엇을 생각하고 느끼며 행동하는지 뿐만 아니라 '어떻게' 생각하고 느끼고 행동하는 지에도 영향을 미친다(Buss, 1995). 예를 들어, 정열적인 사람과 수줍음이 많은 사람은 사고, 감정 및 행동 방식에서 차이를 보인다. 기질을 측정하고 분류하는 다양한 방식 가운데, 연구자들이 자주 사용하는 방식은 로스바트(Rothbart, 2004)가 제안한 3요인 모형이다. 이 모형은 기질을 ① 정열성/외향성(surgency/extraversion), ② 부정적 정서(negative affect), ③ 의식적 통제(effortful control)로 분류한다.

첫 번째, 정열성/외향성은 긍정적 기대, 충동성, 높은 활동 수준, 자극 추구 경향을 포함하는 요인으로, 이 요인에서 점수가 높은 아동들은 행복하고, 활동적이고, 말하는 것을 즐기며 자극을 추구하는 성향이 있다. 정열성/외향성이 높은 경우, 수줍음이나 낮은 자존감으로 문제를 겪을 가능성이 낮지만 지나치게 행동이 앞서 문제가 발생할 가능성이 있다.

두 번째, 부정적 정서는 공포, 좌절감, 슬픔, 불편함, 분노 등의 정서를 쉽게 경험하는 성향을 말하며, 공포는 개인의 내면적인 문제들과 관련성이 높은 반면, 분노는 개인 외부의 문제들을 야기할 가능성이 있다. 마지막으로 의식적 통제는 주의를 집중하고 계획을 세우고 실행하며 행동을 조절하는 정도를 반영한다. 의식적 통제가 높은 아동은 쉽게 산만해지지 않으며, 성실하고 공격성이 낮다.

(2) 기질에서의 성차

기질은 주로 유전 및 생물학적 특징에 토대를 두고 있기 때문에, 주로 생애 초기 유아나 아동들을 대상으로 연구가 이루어졌다. 이와 관련된 연구를 살펴보면 3개월부터 13세까지의 남녀 아이들이 경험하는 정서와 행동 경향성에 차이가 있는지 살펴본 결과, 남아가 여아에 비해서 정열적/외향적인 기질이 있었고, 여아가 남아에 비해 의식적 통제 경향이 높았다. 그러나 남녀 아이들이 부정적 정서를 경험하는 정도에는 차이가 없었다(Else-Quest, Hyde, Goldsmith, & Van Hulle, 2006).

2) 성격

(1) 성격 5요인

성격은 다양한 시간과 상황에 걸쳐 어느 정도 안정적이며, 다른 사람과 구별되는 특징적인 사고, 감정, 및 행동의 양식이다. 그러나 성격의 하부구조와 내용을 규정하고 해명해 주는 모델은 매우 다양하고 사회에 따라 계속 변화되어 가고 있다. 성격의 초기 연구에서 카텔(Cattell, 1943)은 16개의 성격 요인을 제안했으며, 이후 많은 연구를 통해 5요인의 모형이 확고하게 자리 잡았다(Goldberg, 1990; McCrae & Costa, 1987). 특히 맥크레와 코스타(McCrae & Costa, 1987)는 다양한 측정 방법에 걸쳐 안정적으로 나타나는 요인들을 토대로, 사람들의 성격을 개방성(Openness), 성실성(Conscientiousness), 외향성(Extraversion), 친화성(Agreeableness), 신경과민성(Neuroticism)이라는 5가지 차원으로 구조화했다. 심리학에서는 이 5가지 차원으로 구성된 모형을 통상 성격 5요인 모형 또는 Big5로 부른다(Goldberg, 1981). 각 차원에서 높은 점수를 받은 사람들은 경험에 대한 개방성, 성실성, 외향성, 친화성, 신경과민성의 성향이 있는 반면, 낮은 점수를 받은 사람들은 호기심 결여, 무책임성, 내향성, 불쾌함, 정서적 안정 성향이 있는 것으로 해석한다(Costa, McCrae, & Dye, 1991).

차원	개방성 (Openness)	성실성 (Conscien-tiousness)	외향성 (Extraversion)	친화성 (Agreeable-ness)	신경과민성 (Neuroticism)
특성	상상 미학 감성 행위 아이디어 가치	능력 질서 책임감 성취추구 절제 숙고	따뜻함 사교성 자신감 활기 자극추구 긍정적 정서	신뢰 정직 이타성 순종 겸손 부드러움	불안 적대감 우울 자의식 충동성 스트레스민감성

(2) 성격 5요인에서의 성차

남성과 여성의 성격에 차이가 있는지는 오랫동안 지속된 논쟁거리다. 성격 5요인 모형에서 성차를 다룬 연구들은 일부 성격 특성에서 일관된 성차를 보고했다. 예를 들어, 여성이 남성에 비해 높은 수준의 신경과민성 성격을 보이는데(Costa, Terracciano, & McCrae, 2001; Feingold, 1994; Lynn & Martin, 1997), 신경과민성은 불안, 우울 등 부정적 정서와 자의식, 충동성, 상처받기 쉬움과 같은 세부적인 특성들을 포함한다. 또한 친화성 차원에서도 여성이 남성보다 높은 점수를 보인다(Budaev, 1999; Costa et al., 2001; Feingold, 1994). 친화성은 상냥하고 겸손하며 신뢰할 만하고 이타적인 특성을 포함한다. 이렇듯 여성이 남성에 비해 높은 친화성과 신경성을 보이는 것은 여성이 남성에 비해 대인관계를 중요하게 생각하는 성격 특성을 지니고 있기 때문으로 해석된다.

이와 달리 일관된 성차를 관찰하기 어려운 차원들도 있다. 외향성의 경우, 여성이 남성에 비해 외향성이 다소 높은 것으로 확인되었으며, 성실성이나 개방성은 연구에 따라서 여성 또는 남성이 다소 우세한 경향이 있었으나 그 차이가 매우 적기 때문에 분명한 성차가 있다고 보기는 어렵다(Costa et al., 2001; Feingold, 1994). 이처럼 혼재된 결과가 나타나는 것은 각 차원을 구성하는 세부 특성에 성차가 존재하기 때문이라는 주장도 제기되었다(Costa et al., 2001). 예를 들어, 외향성의 세부 특성인 따뜻함, 사교성은 여성이 우세하지만 적극성, 흥미 추구는 남성이 우세하다. 경험에 대한 개방성에서도, 경험에 대한 미학과 느낌에 대한 개방성은 여성이 남성보다 높지만 상상과 아이디어에 대한 개방성은 남성이 여성에 비해 높다.

그렇다면 여성과 남성의 성격 차이는 왜 발생하는 것일까? 연구자들은 '진화론적 관점'과 '사회적 역할 이론(social role theory) 관점'을 바탕으로 성격의 남녀 차이를 설명하였다. 진화론적 관점에서는 여성과 남성의 성격 차이가 생득적인 기질의 차이에서 발생한다고 주장한다(Baron-Cohen, 2003; Geary, 1998). 즉, 진화 과정에서 남성과 여성이 적응해야 하는 환경이나 해결해야 하는 과제가 서로 달랐기 때문에 각기 다른 성격이 형성되었다고 본다. 예를 들어, 여성은 관계나 양육과 관련된 성격 특성을 보유하는 것이 생존에 도움이 되는 반면, 남성은 적극적이고 진취적인 성격 특성을 보유하는 것이 더 적응적이었다. 그러나 진화론적 관점은 성격에서의 남녀 차이가 문화에 따라서 달리 나타나는 이유에 대해서는 충분한 설명을 제공하지 못한다. 예를 들어, 미국에서 실시된 연구(Costa et al., 2001; Feingold, 1994)에서 관찰된 신경성 차원의 성차는 일본이나 남아프리카에는 관찰되지 않았다(Costa et al., 2001). 이는 성격에서의 성차가 문화에 따라 달라질 수 있으며, 특히 사회적 학습에 의해서 영향을 받을 수 있음을 시사한다. 여성이 남성보다 신경이 예민하고 마음이 약하다는 결과는 미국 사회의 고정관념과 일치하는 것이기 때문이다.

이처럼 문화에 따라 성격의 성차가 달리 나타나는 것은 사회적 역할 이론의 관점으로 설명할 수 있다. 이 관점에 따르면, 문화마다 남성과 여성에게 각각 적합하다고 간주되는 사고 및 행동 규범이 존재하며, 대부분의 성차는 이러한 남성과 여성의 사회적 역할에 관한 사회화 과정에서 발생한다(Eagly, 1987; Ruble & Martin, 1998). 이와 더불어 남성과 여성이 각자의 규범에 적합한 역할을 실제로 수행하게 됨으로써 각 성별 내에서 성격 특성은 더욱 유사해지는 반면, 성별 간의 성격 차이는 더욱 커진다(Eagly & Wood, 1999; Wood & Eagly, 2002). 또한 사회적 역할 이론에서는 남녀평등 문화가 정착된 사회에서는 그렇지 않은 사회에 비해 성격에서 남녀 차이가 적을 것으로 예측한다.

여자 목수, 남자 미용사…직업에 성별은 없어요

영화 '주토피아'에서 주디는 운동 능력이 떨어지는 토끼로 경찰이 될 수 없다는 편견에 맞서, 수석으로 경찰학교를 졸업해 최초의 토끼 경찰관이 된답니다.

여러분은 '여자가 잘하는 일과 남자가 잘하는 일이 따로 있다'는 말을 어떻게 생각하세요? 학자들은 '남자와 여자의 생김새가 다르듯이 남녀가 각기 잘하는 영역도 당연히 따로 있지 않을까' 하는 의문을 계속 연구 대상으로 삼아 왔어요. 전통적으로 공간 감각이 필요한 목수, 재단사, 버스 기사 등은 주로 남자 직업, 다른 사람에게 공감하는 능력이 필요한 교사나 간호사는 주로 여자가 잘하는 직업이라는 거예요. 하지만 최근에는 남자 요리사, 남자 미용사, 남자 간호사 그리고 여자 군인, 여자 의사, 여자 운전기사 등 남자 직업과 여자 직업의 경계가 점차 없어지고 있지요. 이런 현상은 우리의 뇌와 관련이 있답니다.

출처: 조선일보(2019.05.18.) 발췌.

2. 남과 여의 정서: 남녀의 정서경험과 정서표현

사람들은 흔히 여성이 남성보다 정서적이라고 생각한다. 그렇다면, 정서적이라는 것은 여성이 남성에 비해 정서표현을 많이 한다는 것인가, 아니면 정서를 많이 경험한다는 것인가에 대한 물음이 제기된다. 정서표현이라는 의미는 개인의 정서를 겉으로 드러내 보이는 것을 뜻한다(Kring, Smith, & Neale, 1994). 정서표현에 관한 연구에서는 여성이 남성에 비해 정서표현을 많이 한다는 결과가 지배적이다. 즉, 남성에 비해 여성이 표현하는 정서의 강도가 높고, 여성이 남성보다 정서를 자주 표현하는 것이다.

이러한 남녀 정서표현의 차이가 실제로 남녀가 경험하는 정서의 차이를 의미하는 것일까? 정서경험, 생리적 반응 및 행동적 표현은 서로 상응하는 면이 있기 때문에, 여성이 남성에 비해 정서표현을 많이 하는 것은 실제로 여성이 남성보다 정서경험을 많이 하는 것으로 해석할 수 있다. 그러나 다른 한편으로 정서경험과 정서표현은 서로 독립적일 가능성이 있다. 정서경험에 비해서 정서표현은 언제, 어떻게 정서를 표현하는 것이 적절한지에 관한 사회 문화적 규범의 영향을 크게 받는다. 즉, 사회화 과정에서 여성들은 남성들에 비해 정서표현이 허용되거나 상대와의 관계를 긴밀하게 하기 위해 특정 정서를 표현하는 것을 당연하게 여기고 있다. 반면에, 남성들은 자신의 정서를 감추거나 통제하도록 사회화되었다(Cervantes & Callanan, 1998; Fivush, 1989). 그런데 성장 과정에서 사람들은 정서경험과 정서표현이 반드시 서로 일치해야 할 필요는 없음을 알게 되고 정서경험은 정서표현에 비해 사적으로 발생하기 때문에 정서표현과 관련된 사회 문화적 규범이 남녀의 정서경험에까지 강력한 영향을 미치지 않을 수 있다. 따라서 남성과 여성이 정서표현에서는 차이를 보이더라도, 정서경험 자체에 차이가 있는지는 분명하지 않다. 이러한 관점과 일관되게, 정서경험에 관한 대부분의 연구에서는 성차와 관련하여 혼재된 결과가 나타나, 여성이 남성에 비해 정서경험을 더 많이 한다는 결과와 둘 간의 유의미한 차이가 없다는 결과가 공존한다.

1) 정서표현에서의 남녀 차이

사람들은 앞서 살펴본 것과 같이 여성이 남성에 비해 정서를 더 많이 표현한다. 그러나 이러한 정서표현의 남녀 차이는 발달시기(발달단계)나 사회적 상황(대인관계 맥락)에 따라 달라진다.

(1) 발달단계

사회발달이론에 따르면, 연령이 증가함에 따라 정서표현에서의 성차가 크게 나타나는데, 이는 남성과 여성이 성 역할 기대를 인식하고 그와 일관된 방향으로 사회화되기 때문이다(Brody & Hall, 2008). 생물/성숙(biological/maturational) 이론에서도 남녀가 청소년기를 거치면서 호르몬과 생물학적 차이가 발현되기 때문에 연령이 증가함에 따라 정서표현에서 성차가 크게 나타난다고 주장한다. 이러한 주장들과 일관되게, 벅(Buck, 2007)은 4세에서 6세로 연령이 증가함에 따라 정서표현의 성차가 증가함을 발견했는데, 이는 여아들은 변화가 없었지만 남아들의 정서표현이 감소했기 때문에 발생한 결과였다. 또한 정서들을 구분하여 정서표현에 성차가 존재하는지 연구한 결과에서도(Chaplin & Aldao, 2013) 연령에 따른 차이가 발견되었다. 이들은 정서를 긍정정서, 부정정서로 구분하여 성차를 확인하였는데, 남녀의 차이는 연령이 증가할수록 크게 나타났다. 즉, 영아기 때는 남아와 여아가 표현하는 정서 간에 차이가 없었지만, 유아기, 아동기를 거쳐 청소년기에 이르면 남학생들에 비해 여학생들이 높은 수준의 긍정정서, 부정정서를 표현하는 경향이 있었다. 이는 연령의 증가에 따른 성 역할 사회화에 일부 기인한 것으로 볼 수 있다.

(2) 대인관계 맥락

벅 등(2007)에 따르면 사람들은 타인이나 사회적 자극이 존재할 경우 사회화된 정서표현 규칙을 따를 가능성이 크다. 특히 자신의 정서표현에 따라서 다른 사람들이 자신을 수용하거나 거부할 수 있기 때문에, 타인의 존재는 사회적으로 공유된 정서표현 규칙을 따르도록 하는 중요한 요인이다. 정서표현에서 성차의 크기가 사회적 맥락에 따라 달리 나타난다는 연구(Chaplin & Aldao, 2013)는 이러한 관점을 지지하는 증거로 해석된다. 연구에 따르면 아이가 혼자이거나 부모와 함께인 경우에는 편안하게 정서를 표현할 수 있기 때문에 정서표현에서 성차가 발견되지 않는다. 그러나 다른 성인이나 친구들과 함께 있는 상황에서는 사회적인 표현 규칙에 따라 행동하게 되면서 성차가 나타난다. 구체적으로, 다른 성인과 함께인 상황에서는 여아가 남아에 비해 긍정정서를 표현하는 경향이 있고, 친구들과 함께인 상황에서는 남아가 여아에 비해 부정정서를 표현하는 경향이 있다. 이 결과는 성 고정관념과 일관된 것으로, 상황맥락이 정서표현에서의 성차를 유발하거나 감소시키는 중요한 변수임을 나타내준다.

연구결과들을 종합해 보면, 남녀의 정서경험에 대한 결과들이 아직 혼재하지만 여성이 남성에 비해 다양한 상황이나 환경을 자유롭게 표현하는 것을 알 수 있다. 그리고 이러한 성차는 사회화 기간이 길어지거나 성 역할 기대가 높은 상황에서 더욱 뚜렷하게 관찰된다. 이 관점에 따르면, 사회화의 결과로 남녀는 자신의 성별에 적합한 정서표현 방식을 발전시키며, 정서표현 방식은 성 고정관념과 상당 부분 일치한다.

3. 남과 여의 사회적 행동

1) 공격성

흔히 사람들은 여성이 남성에 비해 덜 공격적이라고 생각한다. 공격성에 성차가 실제로 존재하는지와 다르게, 여성이 공격적이지 않다는 일반적인 믿음은 몇 가지 부작용을 초래할 수 있다. 만약 여성들이 자신을 약하고 비공격적이라고 믿는다면, 남성들의 공격성에 대항해 자신을 방어할 수 없다고 생각할 수 있다. 또한 공격성을 인정받은 일부 남성은 그들의 공격적인 성향을 조절하려는 노력을 하지 않을지도 모른다. 따라서 공격성에 관한 성 고정관념은 남성과 여성 모두에게 문제를 일으킬 가능성이 있다. 여기에서는 공격성에 관한 성차를 다룬 심리학 연구의 주요 결과를 살펴보고자 한다.

(1) 직접적/신체적 공격

공격성은 대상에게 심리적/신체적 피해를 입히고, 대인관계 및 집단에서 갈등을 심화시키는 것은 물론 공격자 자신의 정신건강에도 부정적 영향을 미친다. 공격성은 타인에게 해를 입히려는 의도를 지니고 행하는 신체적/언어적 행동을 의미하며, 전통적으로 여성보다는 남성의 특성으로 간주되었다. 공격성의 중요한 지표 가운데 하나인 범죄율의 경우 여성 범죄자의 비율이 다소 증가하기는 했지만(2007년 15.5%에서 2017년 16.3%), 여전히 남성 범죄자의 비율이 76.7%로 높게 나타났다. 미국에서도 거의 모든 범죄 영역에서 남성 범죄자가 여성 범죄자보다 많다(Anderson & Bushman, 2002). 이는 남성이 여성보다 공격적이라는 일반의 믿음을 뒷받침해주고 있다.

맥코비와 잭클린(Maccoby & Jacklin, 1974)은 공격성에서 발견되는 성차는 범문화적이라고 주장하였다. 이들에 따르면, 신체 폭력 및 언어 폭력 모두에서 남성이 여성보다 공격적이다. 또한 나이가 들면서 전체적으로 공격성향이 줄어들기는 하지만, 공격성에서의 성차는 2세부터 대학생에 이르기까지 안정적으로 나타났다. 공격성에 관한 연구에서 아처(Archer, 2004)는 관찰자나 측정 방법에 따라 성차의 크기가 다르긴 하지만 남성이 여성보다 전반적으로 공격성이 높은 것으로 나타났다고 한다.

(2) 간접적/관계적 공격

여러 연구에서 살펴보았듯이 직접적인 신체 및 언어 공격을 수반하는 행동에서는 전반적으로 남성이 여성보다 높은 공격성을 보인다. 그러나 남녀의 공격성을 다른 각도에서 조명해 보면 흥미로운 결과가 관찰되는데, 이는 남성들은 일반적으로 신체 공격이나 직접적인 공격행동을 하는 반면에, 여성들은 자신에게 허용되는 간접적이고 관계적인 방법으로 공격성을 표현하는 경향이 있기 때문이다. 그럼에도 불구하고, 흔히 공격성은 남성의 특성으로 간주되기 때문에, 공격성을 평가할 때도 여성보다는 남성들이 보이는 공격행동에 초점을 두는 편향이 존재한다(Ostrov, Crick, & Keating, 2005).

(3) 공격성의 성차를 조절하는 변인

여성이 남성보다 관계적 공격성이 높다는 일부 증거가 있기는 하지만, 전반적으로 남성이 여성보다 공격적이라는 결론은 여전히 타당한 것으로 보인다. 이와 더불어, 공격성의 성차에 영향을 미치는 중요한 상황적 맥락을 이해하는 것도 중요하다.

■ 진화론적 관점: 사냥과 싸움을 책임졌던 남성이 공격성에서 발달 보여

하이드(Hyde, 1984)는 자연적인 상황에서 남성은 여성보다 전반적으로 공격적이지만, 공격성을 자극하는 실험실 상황에서는 여성의 공격성이 상대적으로 잘 드러난다고 주장한다.

이러한 결과에 대해, 진화론적 관점에서는 여성과 남성은 자신의 유전인자를 세대에 걸쳐 존속시키기 위해 서로 다른 성 선택(sexual selection)과 생식 전략을 채택하는데, 그 결과 공격성에 성차가 발생하는 것이라고 주장한다. 왜냐하면 남성들은 자신의 유전자가 생존할 기회를 최대화하기 위해서 가능한 한 많은 여성을 임신시키려 하는 반면, 여성들은 임신과 양육에 많은 시간과 노력이 수반되기 때문에 가장 좋은 짝을 선택하려는 경향이 있다(Kenrick & Trost, 1996). 이 관점에서 보면 남성은 짝짓기에서 경쟁 상대가 많기 때문에 공격적이고 자기주장적인 행동 전략을 선택한 반면, 여성은 가장 좋은 유전자를 가진 남성을 찾을 때까지 소극적이고 수동적으로 행동하는 전략을 선택한 것으로 이해된다. 이와 더불어, 진화론자들은 여성은 아기를 낳고 돌보아야 했기 때문에 양육적인 태도와 행동이 우세하게 나타나고, 남성들은 사냥과 싸움을 책임졌기 때문에 공격성이 발달한 것이라고 설명한다.

■ 사회/문화적 관점: 성별에 따른 역할과 기대가 성차 발생

반면에, 사회/문화적 관점에서는 사회화 과정에서 성별에 따라 다른 역할과 기대를 부여받고 학습한 결과로 성차가 발생한다고 가정한다. 전통적으로 공격성은 부정적이든 긍정적이든 남성의 특성으로 간주되었다. 무기 생산 및 사냥은 남성의 역할이었으며, 따라서 이러한 역할을 잘 수행하기 위해서 남성들은 더욱 공격적으로 행동하게 되었을 것이다. 남성이 여성보다 진취적이고 자기주장이 강하며 직업적 성공을 거두는 것도 남성이 여성에 비해 사회/문화적으로 공격성을 더 강하게 부여받고 학습한 결과라고 볼 수 있다. 남녀에게 부여된 성 역할은 무엇이 각 성에 적절한 행동인지를 규정하며, 개인으로 하여금 사회 및 타인의 기대에 자신을 맞추도록 영향을 미친다. 예를 들어, 여성이 공격성을 드러낼 경우 여성으로서 적절하지 못한 행동이라는 평가와 제지를 받지만, 남성의 똑같은 행동에 대해서는 보다 허용적이다. 이러한 맥락에서 볼 때 공격성에서의 성차는 남녀가 근본적으로 다르기 때문이라기보다는 사회/문화적으로 서로 다르게 취급받게 된 결과로 나타나는 것이다.

공격성의 성차에 관한 연구 결과를 살펴보면, 전반적으로 남성이 여성보다 공격적이라는 점은 분명해 보인다. 한 가지 주목할 점은 대부분의 연구에서 공격성에 대한 정의가 남성적 특성으로 기술되고 있다는 점이다. 공격성에 관한 현대적 정의에서는 언어적 공격 및 수동적이고 간접적인 공격도 모두 공격성에 포함한다는 점을 고려할 때, 공격성에 대한 더 많은 연구가 필요하다 하겠다.

2) 대인관계

(1) 의사소통

공격성과 마찬가지로, 남녀의 의사소통 방식에도 차이가 존재한다. 일부 연구에 따르면 남성과 여성은 서로 다른 과정을 거쳐 성장하고 상이한 의사소통 양식을 발달시키며, 그 결과 여성은 관계나 친밀성을 나타내는 언어를 주로 사용하고, 반면에 남성들은 지위와 독립을 표상하는 언어를 주로 사용한다. 그러나 또 다른 연구에서는 의사소통이 이루어지는 사회적 상황이 중요한 역할을 한다고 주장한다(Edwards & Hamilton, 2004). 여기에서는 언어 사용량, 언어 표현의 관점에서 남녀 의사소통 방식에 차이를 살펴보겠다.

■ 언어 사용량

"여자 셋이 모이면 접시가 깨진다"라는 표현에서 볼 수 있듯이 여성들은 수다스럽다는 고정관념을 가지고 있다. 그러나 실제 연구 결과를 보면 남성과 여성의 언어 사용량이 다르지 않거나 오히려 남성들이 더 많다는 연구가 제시되었다. 대학생들이 친구와 나누는 대화나 과거 경험에 대한 구술 또는 글쓰기를 분석했을 때 남녀 간에 유의한 차이가 없었고, 토크쇼에서 인터뷰하는 남성과 여성을 분석했을 때도 언어 사용량에 남녀 차이가 발견되지 않았다. 초등학생과 대학생들이 수업 시간이나 일상에서 나누는 대화를 분석했을 때에는 오히려 남성이 여성보다 말이 많았다. 이와 유사하게, 언어 사용에 관한 56개 연구를 분석한 결과 61%의 연구에서 남성이 여성보다 언어사용량이 많은 것으로 나타났다. 그렇다면 왜 사람들은 여성이 더 수다스럽다는 인식을 갖고 있을까? 이는 성 역할 고정관념의 영향으로 해석되는데, 일반적으로 사람들은 여성은 조용하게 있을 것으로 기대하기 때문에 조금만 말을 해도 말이 많다는 인상을 받기 쉽다. 이러한 연구에서 여성이 대화 시간의 1/3을 초과하는 경우 남녀 평가자 모두 그 여성이 말이 많은 사람이라고 인식했다(Anthenstaedt, Haas, & Schwab, 2004; Mehl, Vazire, Ramirez-Esparza, Slatcher, & Pennebaker, 2007).

■ 언어 표현

언어 표현에서도 흥미로운 성차가 보고되었다. 예를 들어, 남성은 여성에 비해 비속어를 다양하게, 그리고 자주 사용하는 반면에, 여성은 남성에 비해 주저하는 표현이나 자신 없는 표현을 많이 한다. 즉, 여성이 남성보다 자주 상대방의 의견을 묻거나(예: "오늘 영화 정말 재미있었지?") 명확하지 않은 표현을 쓴다는 것이다(예: "글쎄." "그럴까?").

그러나 언어 표현에서 성차는 사회적 상황에 따라 달리 나타나는 것이라는 주장도 있다. 여성들이 동성과 대화하는 경우에는 주저하는 표현을 거의 사용하지 않지만, 이성과 대화할 때는 남성들에 비해 자주 주저하는 언어 표현을 사용한다. 또한 자신 없는 언어 표현에 관한 상황에서도, 실험실 연구에서는 여성들이 남성들에 비해 자신 없는 언어 표현을 많이 사용했지만, 현장 연구에서는 분명한 성차가 발견되지 않았다. 이러한 결과는 언어 표현에서 남성과 여성의 차이는 우리가 생각하는 것처럼 크지 않으며, 사회적 상황이 중요한 영향을 미친다는 것을 시사한다(Newman, Groom, Handelman, & Pennebaker, 2008).

(2) 갈등 해결 및 협상

사람들과 관계를 맺는 방식에서 여아는 협동과 친밀성을 중요하게 생각하는 반면, 남아는 다른 아이들과 어울리기보다는 경쟁적이며 사회적 지위를 중요하게 여긴다. 자원을 분배하는 방식에서도 여아는 다른 아이들과 균등하게 나눠 가지는 협동적 방식을 선호하지만, 남아는 자신이 더 많은 자원을 가져가는 경쟁적인 방식을 선호한다. 이러한 차이는 성인 남녀에서도 동일하게 나타나, 여성은 호혜적이고 친밀한 인간관계를 발전시키는 데 가치를 두는 반면, 남성은 세력과 경쟁에 가치를 둔다(Knight & Chao, 1989). 이러한 남성과 여성의 특징이 갈등 해결이나 협상에서 어떻게 나타나는지 알아보자.

■ 갈등 해결

갈등은 타인과의 관계에서 양립할 수 없는 욕구나 기회, 목표 등에 직면했을 때 발생한다(Rahim, 2010). 갈등은 개인 내부에 존재하는 접근 경향성과 회피 경향성의 충돌로 발생할 수도 있고, 집단 내 또는 집단 간에 발생하는 갈등도 있다. 특히 집단 간 갈등의 경우, 특정 집단에 대한 고정관념으로 갈등이 심화되기도 한다.

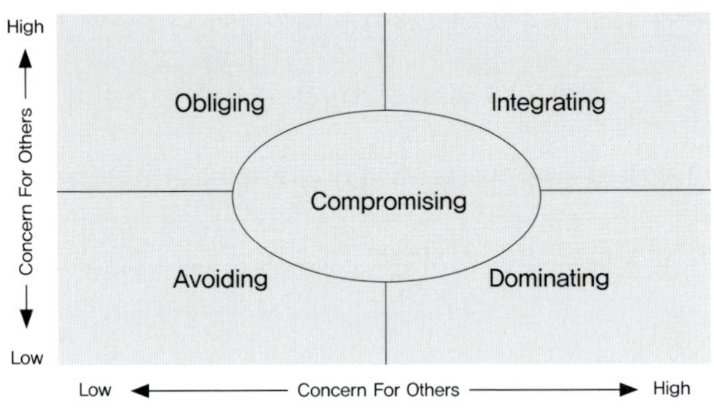

출처: Rahim, M. A.(2010). Managing conflict in organizations(4th ed.)New Brunswick, NJ: Transaction.

그림 3-1 Rahim의 갈등관리 스타일

그러나 대인관계나 집단에서 발생하는 갈등이 모두 부정적인 기능만 하는 것은 아니다. 예를 들어, 집단이 목표를 달성하는 과정에서 집단의 과제 수행과 관련하여 발생하는 인지적 갈등은 집단의 수행에 도움이 된다. 또한 의사결정 과정에서 발생하는 갈등은 민주적 의사결정이 이루어지도록 하는 순기능이 있다. 따라서 갈등의 존재 그 자체보다는 갈등을 효과적으로 관리하는 것이 중요하다. 실제로 조직 내 갈등 관리가 조직 효과성에 중요한 영향을 미치며, 작업장에서 발생하는 개인 간 갈등을 효과적으로 관리하는 조직이 우수한 성과를 낸다.

갈등 관리에 관한 심리학 연구에서는 다양한 갈등 관리 방식에 초점을 두고, 효과적인 갈등 관리 방식을 탐색해 왔다. 보편적으로 활용되고 있는 갈등 관리 유형은 라임(Rahim, 2010)이 제안한 것으로, 타인에 대한 관심과 자기에 대한 관심의 2차원에 따라서 5가지 갈등 관리 유형으로 구분된다(그림 3-1 참고). 이 가운데 타인에 대한 관심과 자기에 대한 관심이 모두 낮은 회피(avoiding)는 가장 비효과적인 갈등 관리 유형인 반면, 타인에 대한 관심과 자신에 대한 관심이 모두 높은 통합(integrating)은 가장 효과적인 갈등 관리 유형으로 간주된다. 반면에 순응(obliging)이나 지배(dominating)는 어느 한쪽만 만족하는 경우이고, 중간에 위치하는 타협(compromising)은 양쪽 다 어느 정도 만족은 하지만 높은 수준의 만족에는 이르지 못하는 타협점에 불과하므로 효과성도 중간 수준이다.

이러한 갈등 관리 유형이나 갈등 해결 방식에 성차가 있을까? 대부분의 연구 결과 갈등 관리에서 남녀의 차이가 없다는 결과가 보고되었다. 예를 들어, 한 연구(Antonioni, 1998)에서는 남성과 여성의 갈등 관리 유형에서 성차가 나타났지만, 성격 특성의 효과를 통계적으로 제거하고 난 후에는 남녀 차이가 유의하지 않았다. 일반인을 대상으로 한 시나리오 연구나 실제 여성 리더와 동료 남성 리더들의 갈등 관리 행동을 비교했을 때도 성별에 따른 차이는 발견되지 않았다(Sutschek, 2001).

■ 협상

협상은 이해관계가 있는 개인들이 서로의 차이를 해결하고 상호 동의에 이르는 과정을 의미한다. 전통적으로 협상은 구매나 계약 등과 밀접한 관련이 있는 것으로 생각되어 왔으나, 최근에는 조직에서 발생하는 불만사항이나 업무와 관련된 절차에 이르기까지 다양한 갈등 장면에 적용되는 광의의 개념으로 사용한다(Stuhlmacher & Walters, 1999). 이러한 협상에서 남성과 여성의 협상 방식(style) 및 협상 결과에 어떤 차이가 있는지 살펴보자.

남녀 행동에 관한 성 고정관념으로 비추어보면, 남성은 협상 시 강경하고 경쟁적인 방식을 채택하는 반면, 여성은 협력적이며 수용적인 방식으로 협상하리라고 기대할 수 있다. 이와 일관되게, 협상에서 여성이 남성보다 덜 논쟁적이고 쉽게 설득되었고, 그 결과 여성은 남성에 비해 성공적인 협상을 이뤄내지 못했다(Kray, Thompson, & Galinsky, 2001).

그러나 어떤 방식이 더 효과적인 결과를 이끌어 내는지는 협상 상황에 따라서 달라질 수 있다. 성차를 다룬 다수의 협상 연구들은 한정적인 자원의 배분을 놓고 경쟁을 벌이는 분배적 협상(distributive bargaining)에 초점을 두었다. 분배적 협상에서 특정 협상자의 이득은 상대 협상자의 손실을 가져온다. 반면, 통합적 협상(integrative bargaining)에서 자원은 서로의 노력을 통해 증대시킬 수 있는 것으로, 상호 간의 이익을 도모할 수 있는 해결책을 찾는 것이 가능하다. 이 경우, 다수의 연구에서 협력적인 협상 방식이 무조건 협상 당사자에게 불리한 결과를 초래하는 것은 아니라고 하였다. 오히려 통합적 협상이나 문제해결 과정에서는 자신의 주장을 펼치면서도 상대방과 협력적인 태도를 견지하는 것이 중요하다. 뿐만 아니라 협력적인 태도는 협상 과정에서 인내를 유발하고, 협상 결과가 만족스럽고 공정하다고 지각하도록 한다. 많은 협상 연구에서 보고된 성차를 분석한 결과, 분배적 협상에서는 남성이 여성보다 이익을 차지할 가능성이 컸음을 보였으며, 통합적 협상에서는 여성이 남성보다 이익을 차지할 가능성이 컸음을 보였다.

(3) 도움행동

동일한 상황에서 어떤 사람들은 자신의 이익을 위해 이기적으로 행동하는 반면, 다른 사람들은 타인의 이익과 복지를 고려하여 이타적인 행동을 보인다. 도움행동은 이타적 동기가 발현된 행동으로, 대가를 바라지 않고 타인의 복지 및 이익을 위해 의도적으로 타인을 돕는 행위를 말한다. 타인을 돕는 친사회적 행위는 개인의 안녕과 공동체의 발전 및 복지에 매우 중요하다. 그렇다면 도움행동에서 남성과 여성은 어떤 차이를 보이는가? 도움행동에서의 성차에 관해 쉽게 결론을 내리기 어렵다.

남녀의 도움행동에 관한 어글리와 크롤리(Eagly & Crowley, 1986)의 연구 결과, 남성이 여성보다 도움행동을 많이 하며, 여성이 남성보다 도움을 많이 받는 것으로 나타났다. 그러나 이러한 성차는 도움 행동이 발생하는 상황 맥락에 따라서 효과 크기가 달랐다. 예를 들어, 타인이 도움행동을 관찰할 수 있는 상황에서는 남성이 여성에 비해 도움행동을 많이 하지만, 관찰자가 없는 상황에서는 남성과 여성의 도움행동 빈도에 차이가 없었다.

또한, 도움행동 과제에 따라 성차의 크기 및 방향에 큰 차이가 있었다. 즉, 낯선 사람을 차에 태워주거나 자동차 타이어를 갈아 끼워 주는 것처럼 지각된 위험요소가 높은 과제에서는 남성이 여성보다 도움행동을 특히 많이 했다. 반면에 타인을 달래거나 격려해 주는 행동, 고민하는 아이를 도와주는 것과 같은 과제에서는 여성이 남성보다 도움행동을 많이 하는 것으로 나타났다. 이 결과는 해당 과제에 여성적 역할이 강하게 연합되어 있기 때문으로 해석할 수 있다.

그렇다면 다른 사람의 행복을 위해 자신의 목숨을 걸어야 하는 극단적인 상황에서는 어떠한가? 베커와 이글리(Becker & Eagly, 2004)는 다른 사람의 목숨을 구하기 위해 생명의 위협을 감수한 사람들에게 주어지는 카네기 영웅 메달 수령자들의 성별을 조사했다. 그 결과 여성은 단 9%에 불과했다. 반면에 타인을 돕기 위해 상당 수준의 고통이나 잠재적인 위험을 견뎌야 하는 신장 기부에서는 기부자 중 57%가 여성이었다. 또한 나치의 유대인 대학살 기간에 위험을 무릅쓰고 유대인을 도운 비유대인 중 61%가 여성이었다. 이 결과는 도움행동에 대해서 지각된 위험이 높더라도 사회적 맥락이나 상황에 따라서 여성도 극단적인 수준의 도움행동을 하며, 도움행위와 연합된 성 역할이 도움행동을 유발하는 데 중요한 요인임을 시사한다.

한 가지 주목할 점은, 기존 연구에서는 주로 낯선 상황에서 낯선 사람에게 도움을 주는 상황을 주로 다루었고, 측정된 도움행동도 일회적이었다는 점이다. 따라서 이러한 상황에서는 남성들의 도움행동이 여성들에 비해 민감하게 측정되었을 가능성이 있다. 여성의 도움행동은 가족이나 친밀 관계의 사람들에게 정서적 지지와 지원을 제공하는 방식으로 장기간에 걸쳐 발생하는 경향이 있기 때문이다.

3) 동조

동조란 사회적 압력의 결과로 타인의 태도와 행동을 따르는 행위로, 주로 다수나 집단의 압력에 의해 한 개인이 영향을 받는 상황에서 발생한다. 역사적으로 대부분의 사회에서 여성들은 어릴 때부터 타인과의 관계에서 조화를 추구하고, 다른 사람과 협동하며 그들을 지지하는 방향으로 행동하는 것이 일반적이었다. 반면에 남성은 자기주장적이고 경쟁적이며 독립적으로 행동하도록 격려받았다(Eysenck, 2002). 이는 여성이 남성에 비해 동조 경향성이 강하다는 것을 의미한다.

동조를 연구하는 전형적인 방법은 애쉬(Asch, 1956)의 패러다임에 토대를 둔다. 애쉬는 대학생 참가자들에게 길이가 서로 다른 선분들을 보여주고, 표적 자극과 길이가 동일한 선분을 선택하도록 하는 과제를 실시했다. 이때 타인들(실험협조자)은 의도적으로 오답을 제시하고, 참가자들에게 공개적으로 자신의 답을 말하도록 함으로써 동조압력을 유발했다. 이 상황에서 피험자가 자신의 판단대로 정답을 말하는지, 아니면 타인의 반응에 동조하여 오답을 말하는지가 동조 여부로 측정되었다. 이를 활용한 다른 연구들에서는 흡연에 반대하는 사람이 흡연하는 친구들과 함께 있거나 다른 사람이 담배에 불을 붙이는 상황에서 함께 담배를 피우는지를 관찰하기도 한다.

그림 3-2 Asch의 동조현상 실험

〈실험에 제시된 과제〉

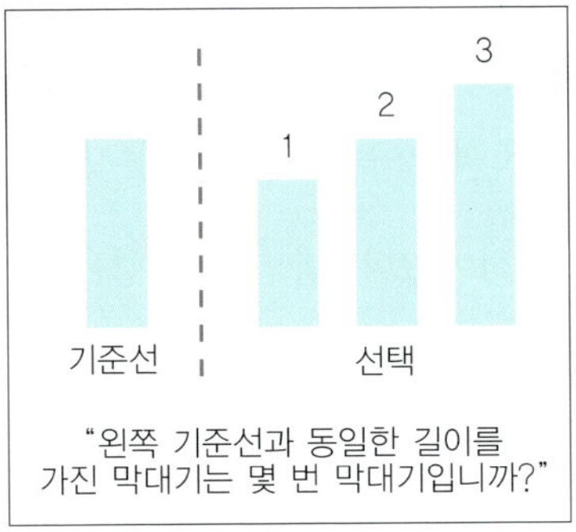

〈실험방법〉

① 둘러앉은 순서대로 답을 제시하도록 함.

② 진짜 실험 참가자는 대답을 제일 끝에 하도록 유도함.

③ 앞의 가짜 실험 참가자들이 모두 동일한 오답(예, 1번 막대기입니다)을 말하도록 함.

④ 실험 참가자의 반응을 알아봄.

출처: https: //www.shjcareer.com/691.

이러한 방법론을 적용한 연구들에 대한 메타분석(Eagly, 1987) 결과, 비록 크기는 작지만 여성이 남성보다 타인의 영향을 크게 받는다는 결과가 일관되게 나타났다. 또한 동조에서의 성차는 타인이 존재하는 경우 더 크게 나타났는데, 이는 여성보다는 남성의 행동 변화에 기인한 것이었다. 즉, 남성의 경우 사적 상황보다는 공적 상황에서 동조를 덜 보였다. 이는 타인의 영향을 받지 않고 독립적으로 행동하는 것이 남성에게 요구되는 역할 규범이므로, 공적 상황에서는 덜 동조적인 태도를 보인 것으로 해석된다. 따라서 동조 행동에서의 성차 역시 상황변인의 영향을 배제하기 어렵다.

여성이 남성보다 전반적으로 동조 경향성이 강하다는 결과는 어떻게 이해할 수 있을까? 전통적으로 여성과 관련된 성 역할 고정관념은 여성에게 타인과의 조화를 중요하게 여기고 타인에게 동조함으로써 집단에서 문제를 일으키지 않는 방향의 행동을 유발할 가능성이 있다. 또한 동조에서의 성차는 여성의 낮은 지위를 반영하는 것으로도 볼 수 있다. 통상 지위가 높은 사람은 지위가 낮은 사람에게 요구와 명령을 내놓고, 지위가 낮은 사람은 그에 따르는 것이 자연스러운 것으로 간주된다. 대부분의 사회에서 여성은 남성에 비해 전반적으로 낮은 위치에 있으며, 여성의 동조 행위는 이러한 사회적 지위의 차이를 반영하는 것일 수 있다. 특히 동조 연구가 주로 남성 연구자들에 의해서 수행되었다는 점에서, 참가자인 여성의 동조 행동이 강하게 유발되었을 가능성도 있다. 성 역할을 연구하는 학자들은 연구자가 여성에 대해 지니고 있는 고정관념이 연구의 모든 과정에 영향을 미칠 수 있으며, 그에 따라 동조와 관련된 성 고정관념이 연구 결과에 영향을 미치지 않도록 주의가 필요하다고 주장한다(Eagly, 1987).

뇌는 적성에 맞게 찰흙처럼 발전 가능

사람의 뇌는 환경에 알맞게 변화하고 발달해요. 이것을 바로 뇌의 가소성(brain plasticity)이라고 불러요. 뇌가 플라스틱이나 찰흙처럼 변형이 가능하다는 뜻이지요. 이전에는 학자들이 뇌의 부위마다 각각 담당하는 기능이 있고, 뇌가 잘 변하지 않는다고 주장했어요. 그러나 최근에는 여러 연구를 통해 상황에 따라 뇌가 변할 수 있다고 밝혀지고 있어요. 실제로 우리 뇌의 회백질(gray matter·뇌에서 신경세포가 모여 있어 회색으로 보이는 부분)은 학습이나 훈련 등에 따라 증가한다고 해요. 일부 능력을 잃은 뇌가 환경 변화에 굉장히 잘 적응한다는 연구도 있어요. 3세 때 시력을 잃은 남자아이 '벤'은 아주 작은 소리도 들을 수 있도록 뇌 훈련을 받았어요. 그 결과 벤은 사람이 많이 다니는 거리에서도 스케이트보드를 타고 다닐 수 있게 되었대요.

이렇게 뇌세포는 우리가 어떤 행동을 하고, 어떤 생각을 하느냐에 따라 끊임없이 변화해요. 어린 시절부터 유연하게 발달해온 우리들의 뇌는 인생 내내 닥쳐오는 수많은 상황 속에서 끊임없이 변화하게 되는 거예요. 그리고 그 과정이 남자 뇌와 여자 뇌의 차이보다도 더 중요해요. 우리 뇌는 변화하기 때문에 남자도 여성적인 분야에서 성공할 수 있고, 여자도 남성적인 분야에서 성공할 수 있답니다.

특히 최근에 태어난 아이들은 '디지털 네이티브(digital natives·어린 시기부터 디지털 기기에 적응한 세대)'라고 불리며 뇌의 가소성이 이전 세대보다도 더 뛰어난 것으로 알려져 있어요. 디지털 세대에게는 성별에 따른 직업 구분이 더욱 의미가 없어졌다고 할 수 있지요.

부모가 성 편견 없는 생각 심어줘야 아이가 스스로에 대한 신념 갖게 돼

자녀의 진로 결정에서 무엇보다 중요한 것은 부모의 사고방식과 행동이에요. 특히나 부모가 가진 성별에 따른 고정관념이 아이들의 진로에 영향을 줘요. 부모가 성 편견 없는 생각을 가지고 성 편견 없는 언어를 사용하면, 아이들의 자기효능감(self-efficacy·자기 자신이 그 일을 잘 할 수 있을 것이라고 믿는 신념)이 올라갈 수 있답니다.

출처: 조선일보(2019.05.18.)에서 발췌.

잠깐만! 함께해요

히포크라테스의 기질 테스트

▶ 기질(氣質: temperament): 타고난 성품의 결합체, 유전학적으로 국민성, 인종, 성별, 그 외 어떤 유전 적인 요인에 의해 형성

▶ 성격(性格: character): 앞에 말한 기질 + 어렸을 때의 훈련, 교육,근본적 태도, 신앙, 원칙 등이 가미되어 형성. 곧 닦이고 훈련된 기질

▶ 인격(人格: personality): 다른 사람을 대할 때 표면에 나타나는 태도.

네 가지 형태의 기질: 히포크라테스는 인간의 체내에 있는 네 가지 체액 - 혈액, 황색담즙, 흑색담즙, 가래 - 에 비유하여 네 가지 기질의 이름을 정하였는데 다혈질, 담즙질, 우울질, 점액질이라고 하였다. 이 네 가지 형태의 기질에 대해 발표하고 연구하는 일은 자칫하면 위험한 공부가 된다. 친구들에 대해 분석적인 태도로 나아가려 하고 "그 아이는 어떤 타입의 아이지?" 하는 생각을 가지기 쉽기 때문이다. 이것은 참으로 비도덕적이고 위험한 일이다. 우리의 연구는 오로지 자기 자신을 분석하는 데에만 사용되어야 하고, 다른 사람의 단점과 약점을 이해하는 데에 사용되어서는 안 될 것이다.

★각각의 번호에 따라 네 개의 단어가 나타납니다. 당신을 가장 잘 나타낸다고 생각하는 단어 왼쪽에 표시를 하며 40번까지 모두 마치세요. 하나도 빠뜨리지 말고 답해야 합니다. 어느 단어가 가장, 잘 나타내는지 잘 모르겠으면 당신의 배우자나 친구에게 물어 보거나, 당신의 어렸을 때 모습을 떠올리며 생각해 보세요.

강점

		다혈질		담즙질		우울질		점액질
1		생동감 있는		모험적인		분석적인		융통성 있는
2		쾌활한		설득력이 있는		끈기 있는		평온한
3		사교적인		의자가 강한		희생적인		순응하는
4		매력적인		경쟁심이 있는		이해심이 많은		감정을 억제하는
5		참신한		능력이 비상한		존중하는		삼가는
6		신나는		독자적인		민감한		수용하는
7		장려하는		긍정적인		계획하는		참을성이 있는

8		충동적인		확신하는		계획을 따르는		과묵한
9		낙천적인		솔직한		질서 있는		포용력 있는
10		재담이 있는		주관이 뚜렷한		신실한		응답하는
11		즐거운		겁없는		섬세한		외교적인
12		명랑한		자신감 있는		문화적인		안정된
13		고무하는		독립적인		이상적인		거슬리지 않는
14		표현하는		단호한		몰두하는		정색하고 농담하는
15		쉽게 어울리는		행동가		음악을 좋아하는		중재하는
16		말하기 좋아하는		성취하는		사려 깊은		관대한
17		열정적인		책임을 지는		충성스러운		듣는 자
18		무대형의		지도력이 있는		조직적인		만족한
19		인기 있는		생산적인		완벽을 추구하는		편안한
20		활기 있는		담대한		예의 바른		중도적인
합계								

약점

		다혈질		담즙질		우울질		점액질
1		허세를 부리는		권세를 부리는		숫기 없는		무표정한
2		규율이 없는		동정심이 없는		용서하지 않는		열정이 없는
3		증언 부언하는		거스르는		분을 품는		상관하지 않는
4		건망증이 있는		노골적인		까다로운		두려워하는
5		중간에 끼어드는		성급한		자신감이 없는		결단력이 없는
6		예측할 수 없는		애정 표현이 없는		인기 없는		관계하지 않는
7		되는 대로 하는		완고한		불만스러운		망설이는
8		방임하는		교만한		염세적인		단조로운
9		쉽게 분노하는		논쟁을 좋아하는		자신을 격리하는		목표가 없는

10	피상적인	자만하는	부정적인	안일한
11	칭찬을 바라는	일벌레	뒤로 물러서는	염려하는
12	말이 많은	무례한	과민한	소심한
13	무질서한	지배하는	낙담한	확신이 없는
14	일관성이 없는	관대하지 못한	내성적인	무관심한
15	어지르는	조종하는	우울한	중얼거리는
16	과시하는	고집 센	회의적인	느린
17	시끄러운	주장하는	외로운	게으른
18	산만한	성미가 급한	의심많은	나태한
19	침착하지 못한	경솔한	앙심이 깊은	마지못해 하는
20	변덕스러운	약삭빠른	비판적인	타협하는
합계				
총계				

출처: https: //m.blog.naver.com/microtools/221368353415.

강점과 약점의 체크된 수를 파악하여 합계란에 표시합니다. 강점과 약점의 수를 합하여 총계란에 표시합니다. 처음부터 순서대로 다혈질, 담즙질, 우울질, 점액질 순으로 되어 있으며 가장 많은 수가 있는 곳이 당신의 주된 기질입니다. 다음으로 많은 부분이 당신의 부 기질입니다.

대부분 두 가지 부분이 다른 두 가지 부분보다 많이 나옵니다. 많이 나온 두 가지 기질을 혼합하여 당신의 기질을 부릅니다. 다혈질이 가장 많이 나오고, 점액질이 다음으로 많이 나왔다면 다혈점액입니다. 담즙질이 가장 많이 나오고, 우울질이 다음으로 많이 나왔다면 담즙.우울입니다.

<외성적 성격 6가지>

1) 다혈담즙질: 유쾌한 지도자 or 열정적 영업사원

각각 외향적 성격이 두 가지가 섞였으므로 아주 강한 성격. 활동성, 흥분함. 운동경기자이지 관람자는 아닙니다. 운동선수가 안 되면 응원단장 정도이며 대인관계에 관련된 분야를 주로 잘 함. 다양하고 활동적인 일을 잘하며 스포츠를 즐김. 일 처리를 잘함. 일을 즐기면서 하는 타입. 필요 이상 말이 많아 손해를 봄. 말로 인해 남에게 피해. 자기 과시가 심함. 단체에서 적응이 어려움. 쉽게 분노함에 비해 후회가 빠름. - 이런 사람은 이타심을 키워주고, 침묵하는 법, 끝을 잘 맺는 법, 자제력을 키워줘야 함.

다혈질의 무절제함과 담즙질의 고집이 결합되어 제멋대로임. 의지가 약함

2) 다혈우울질: 팔방미인형 / 섬세한 사람

감정의 기복이 심함. 울다가 금세 웃는 성격. 다른 사람의 슬픔을 진정으로 이해함. 다혈질의 활동성과 우울질의 천재성이 결합되어 만능임. 이야기를 할 때 체계적이면서도 쉽고 재미있게 잘 설명함. 이성에게 매력적. 연극인. 음악인으로 성공가능. 천연덕스런 거짓말쟁이 기질. 잘못되면 사기성이 농후함. 사회적 활동가. 완벽주의자. 친구들에게 좋은 평판. 타인에 대한 비판적 자세. 두뇌회전. 기억력이 빠름. - 자제력 훈련. 자기보다 못한 사람을 이해하고 사랑해야 함. 자기도취가 심함. 쉽게 화를 내고 뒷일을 걱정함. 충동적으로 결정함. 다른 사람에게 인정받기를 원함. 자연스러운 기질결합이 아니므로 사회적 가면을 쓰는 경우가 많음

3) 다혈점액질: 인기인 / 환영받는 사람

문제를 별로 일으키지 않고 애정이 많고 재미있는 사람. 동물애호가. 사랑이 풍부함. 자제력 부족. 사람들이 쉽게 좋아함. 근심걱정이 없음 다혈질의 충동적 성향을 점액질이 보완하여 상냥하고 태평함. 가정적이며, 다른 사람에게 상처를 주지 않음. 풍부한 유머로 즐거운 분위기를 만듦. 지구력 부족. 공부에 집중 못함. 좋아하는 분야에만 집착함. 음식절제를 못해 체중과다 가능성. - 자제력 훈련. 꾸준한 반복 교육 필요. 성취의욕이 약함 . 훈련이 부족함. 자기 주도적인 삶보다 환경과 상황에 지배됨. 상황에 심각성을 잘 느끼지 못함

4) 담즙다혈질: 타고난 카리스마 / 유능한 법관형

외향적 활동. 결단력과 강한 의지(황소고집). 독립심. 자기만족. 근면성. 열린 마음. 멋대로의 성격. 말대꾸를 잘함. 분명한 목적을 가짐 . 사람들의 이목을 끌어당김 두려움을 모르며 다른 사람의 동기를 부여하는 데 탁월함. 의지가 강하고 친구를 쉽게 사귐. 정에 이끌리지 않아 객관적인 판단을 함. 틀린 것에 대한 자기합리화가 강함. 공부에 관심이 적음. - 권위에 굴복하고 남을 존중하는 마음, 하나님의 뜻에 굴복하는 자세가 필요함. 사람을 잘 이용함. 적개심이 강하고 분을 풀지못함. 주변사람들에게 폭언으로 가장 상처를 잘 줌. 자신의 취미와 능력이 같지 않은 사람은 무시하고 배척함

5) 담즙우울질: 타고난 전사 / 언변력이 뛰어난 사람

활동적. 생산적. 날카로운 정신. 애정부족. 독립심이 강함. 화를 내고, 고집이 세며 건방지고, 빈정대는 성격임. 반항할 때는 본의 아닌 말을 잘함. 할 수 없는데도 할 수 있다고 고집을 부림. 비밀스런 사생활. 복수심. 자학적인 경향. - 공손함과 예절교육이 필요. 강한의지와 결단력이 필요함. 영리하며 분석적이며 단호함. 담즙질의 실행력이 우울질의 변덕을 극복하여 부지런하고 유능함. 논쟁에 뛰어나며 섬세하여, 중요한 것을 잘 파악함. 아주 작은 것까지 정확히 잘 기억함. 공격적 언변이 강함(그것을 즐김). 잘 빈정댐 . 말로 상대를 비참하게 만들며 존경을 받지만, 독재자성향이 강함

6) 담즙점액질: 성실함의 달인 / 신중한 계획가

절도 있는 기질. 뜨거움 + 차가움. 외향적이나 개방적이지 못함. 침착하고 조직적임. 계획을 시작하면 철저히 끝내는 성격. 서서히 타오르는 내적 증오심. 남을 곤란에 처하게 함(지능적으로 괴롭힘). - 실수에 대한 책임감과 사과하는 법 필요. 외향적 기질 중 가장 차분하다. 매우 신중함. 장기적인 계획도

잘 달성시키며 조직적으로 일처리를 잘함. 다른 사람의 기분을 상하지 않게 하면서 일을 추진시키는 데 탁월함. 유순하면서도 능력적임. 자신의 실수를 인정하지 않음. 고집의 최고봉이기도 함. 말의 가시를 유머로 덮어 의중을 잘 헤아리지 못하게 함. 직장에서는 열심이지만 집에서는 게으르다.

<내성적 성격 6가지>

1) 우울다혈질: 감성적 예술가 / 인간적인 사람

다혈우울질의 강도가 바뀐 것으로 내향적 성향 . 울다 갑자기 웃는 능력. 천부적 재능을 가지고 있음. 특히 감성이 풍부하여 예술적 성향이 강함. 다른 사람이 보지 못하는 섬세한 부분까지 탐색할 수 있으며 그것을 이끌어낼 수 있는 능력이 있음. 천성적으로 불안정. 과장된 죄의식. 지능지수 높음. 창조력(미술, 음악, 과학) 재능이 많은데도 자신을 과소평가함. 자기 연민(자기비판)에 강함. 운동 잘 못함. 반사회적. 기분에 심하게 좌우되는 경향을 가짐. 우울해지거나 슬퍼지면 극도의 자기연민, 좌절감에 빠지게 됨. 거부당하는 것에 민감하며 상처를 잘 받고 자신의 능력을 남을 위해서 씀 - 신앙으로 감사하는 생활 권장. 긍정적인 교제, 단체생활 필요. 감춰진 보석 같은 사람으로 소질 개발이 필요하다.

2) 우울담즙질: 완벽주의자 / 능률적 지도자

옹기장이 손에 있는 한 덩어리 점토와 같음. 긍정적으론 무한한 발전가능성. 부정적으론 무한한 퇴보가능성. 번잡한 성격. 요구가 많고 소유욕이 강함. 불평. 이기적. 독선적. 결단력 부족. 남과 나누기 싫어함. 적대감. 자신을 스스로 비판해도 남의 비판을 수용 못함. 작은 일을 크게 떠벌임. 공부는 잘함. 완전주의자나 꼼꼼하지 않음. - 칭찬 계속해 주고 자신감 개발, 감사하는 버릇, 잠재력 개발 필요. 매우철저하며 완전함을 추구한다. 다른 사람의 두 배 이상을 준비하기 때문에 유능하며 강한 지도력을 가지고 있다. 겉치레보다 능률을 중요시 여기기 때문에 모든 일을 효율적으로 처리한다. 오케스트라의 지휘자나 단체의 설립자 등에서 효과적 능력을 발휘한다.
싫어하는 사람과 같이 있는 것을 매우 싫어한다. 기분이나 생각이 말로 드러나며 적대감과 부정적 성향이 강하다. 스스로 만족하지 못한다.

3) 우울점액질: 탁월한 전문가 / 겸손한 천재

천재성. 노력에 비해 좋은 성적. 조용하고 느긋함으로 다른 틀에 맞추는 것 싫어함. 집착이 강함. 자기중심적. 이기적. 자의식이 강함. 당황을 잘함. 사회성 부족. 사랑하는 법. 용납하는 법. 경건한 훈련 필요. 분석적 성격의 우울질과 편안함의 점액질이 복합되어 보통사람들과 잘 어울린다. 다른 우울질과 달리 적대감이 적어 쉽게 친해질 수 있으며, 혼자 있는 환경과 일도 탁월하게 수행한다. 천재성을 지녔지만 교만하지 않고 겸손하다. 쉽게 상처받고 낙심한다. 한번 상처나 분을 품으면 앙심으로 변한다. 두려움이나 걱정, 낮은 자존감으로 능력을 다 발휘하지 못할 수 있다.

4) 점액다혈질: 원만한 인생을 추구하는 사람 / 외교적 수완이 뛰어난 사람

키우기 힘이 들지 않는 성격. 12가지 기질 중 가장 사람들과 원만하게 지낼 수 있다. 모든 사람과 잘 어울림. 가장 평범하지만 편하며, 신뢰할 수 있으며, 사려가 깊고 정이 많다. 모든 일에 협조적이며, 장난을 좋아하고 유머감각이 뛰어나다. 특별한 환경이 주어지지 않는 한 평화로운 삶을 유지해나간다.

결단력 부족 자제력 부족. 꾸물거림. 어질러 놓음. 잠재력 개발에 게으름. 고집이 세고, 이기적임. 인색함. 수줍음. 부끄러움을 잘 탐. 너무 순하고 의지가 약하다. 많은 노력이 필요한 일에는 포기를 잘한다. 빈둥거리기를 좋아하고, 불안정한 것을 싫어해서 도전을 꺼린다.

- 관용, 잠재력 개발. 할 수 있음을 강조한다.

5) 점액담즙질: 좋은 상담가 / 뛰어난 잠재력의 소유자

점액질중 가장 활동적이며 실무활동에 뛰어나다. 다른 사람의 말에 귀 기울여 듣고 진심으로 관심을 가진다. 점액담즙질의 충고는 실제적이며 유용하고 신뢰할 수 있다. 두려움이 많음. 불안정. 목표지향 중심적. 자발적. 이기심. 고집. 양보 안 함. 어릴 때 습관을 늙도록 지님. 수집가 기질. 어떤 것에 몰두하는 성격(TV중독증 등). 수동성 때문에 호기심을 억누르며 자기 개발을 안 함. 열정이 없다. 완고하며 고집이 세다. 소리내어 싸우지 않지만 침묵과 동요하지 않음으로 표현한다. 나이가 들수록 소극적이며 이기적으로 변하여 현재 삶에 안주하려 한다.

- 자제력, 창조력을 키워주고 동기 부여해 줘야 한다.

6) 점액우울질: 성실한 후원자 / 헌신적인 사람

최고로 내성적임. 조용한 성격. 고집이 있으나 반항하지 않는 성격. 가장 섬세하고 친절하며 온유하다. 일을 할 때에 단정하며 조직적이며 정확하고 믿을 만하다. 다른 사람을 난처하게 하지 않으며 항상 합당하게 행동하고 간단하게 말한다. 인내심이 강하여 복잡하고 세부적이며 인내심이 필요한 일을 탁월하게 처리한다

엄청난 꾸물거림. 계획에는 오랜 시간이 걸리나 실천력이 없음. 직업을 구하기 어려움. 부인이 이 성격인 경우는 집안일을 귀찮아하므로 가족이 고통 받음. 겁이 많고 불안정함. 참여를 꺼리기 때문에 협력하는 것을 거부한다. 내적의욕이 없기 때문에 자신이 만들어놓은 한계점을 넘어서지 않으려 한다. 수동적이며, 두려움이나 이기심 등의 정체성 결여가 반복해서 나타난다.

- 시간 내에 맡은 일을 책임감 있게 마치는 습관, 자존심을 키우고 자기능력을 개발해야 한다.

4장

남과 여의 사회적 편향

우리가 세상을 이해하는 방법에는 유사한 공통 특성을 가진 사물이나 사람끼리 범주로 묶어서 간편하고 쉽게 이해하려는 경향이 있다. 성, 인종, 직업, 출신 지역, 혈액형, 체형 등에 따라 범주를 나누고 그 범주 집단에 속한 사람은 어떤 특성을 지녔을 것이라는 지식에 바탕을 둔 특정한 신념과 기대를 갖게 마련인데, 이것이 바로 고정관념(stereotypes)이다. 이처럼 공통된 특성에 대한 신념과 기대는 그 범주의 사람들을 판단하고 교류하는 데까지도 영향 미칠 수 있다.

이 장에서 다루게 될 남녀 고정관념(gender stereotypes, 성 고정관념)역시 '생물학적 성(sex)'을 기준으로 남자(male)와 여자(female)로 구분하는 범주화 과정의 하나라고 볼 수 있다. 남녀 고정관념은 사람들이 성을 기준으로 남자와 여자로 범주를 나누고, 각 성별로 다른 특성을 지녔을 것이라 믿고 있는 신념 또는 기대를 말한다(Kite, Deaux & Haines, 2008). 어느 사회에서나 남자와 여자가 지니는 특성에 대해서 그 사회구성원들은 비슷한 생각을 공유한다. 남녀의 전형적 특성에 관한 기대는 성격 특성일 수도 있고, 성역할 기대일 수도 있다. 말하자면 그 문화나 사회에서 바람직한 것으로 기대하는 남녀의 행동양식 혹은 남녀에게 어울리는 직업, 신체적 특징 등에 관한 것일 수도 있다.

남녀 고정관념은 편견 및 차별 등과 연관된 개념이라 할 수 있다. 성별을 포함한 특정 집단의 구성원들에 대한 편향적 태도는 인지적 · 정서적 · 행동적 요소를 포함하고 있다(김혜숙, 1999). 이 중에서 편향적 태도의 인지적 요소는 남녀 고정관념이며, 편견은 정서적 요소, 차별은 행동적 요소를 의미한다. 이런 의미에서 편견(prejudice)은 특정 범주 집단 사람들에 대한 정서적 반응과 태도를 말하고, 대개 부정적인 평가와 감정으로 나타난다(Whitley & Kite, 2010). 그러나 간혹 편견은 긍정적인 평가와 감정을 포함하는 경우가 있다. 예를 들면, 사람들은 여성이 따뜻하고 이타적인 특성을 지니고 있다고 믿고 있기 때문에 긍정적인 평가로 보이지만, 이런 이유로 여성이 직장이나 사회적 역할수행에서 제약을 받는다는 역설적인 현상을 만들어내기도 한다. 차별(discrimination)은 특정 범주 집단에 대해서 편향된 대우와 행동을 나타내는 것을 의미한다. 즉, 어떤 기업의 CEO가 여성 리더십에 관한 고정관념과 편견을 가졌다면, 임원 승진에서 여성을 배제하거나 보조적인 업무에 배치하는 등의 차별을 보일 수 있다.

따라서 이 장에서는 이러한 남녀 편향의 기원이 되는 사회문화적 요소에 초점을 두고 역사, 종교, 언어 그리고 미디어 속에서 여성이 어떻게 표상화되고 있는지 살펴볼 것이다. 다음으로 이러한 남녀 편향의 시각에서 우리 사회의 시대별 변화해온 여성의 지위에 대해 전개해 보고자 한다.

1. 문화 속의 남녀 편향

오랜 역사를 걸쳐서 대부분의 문화권에서 여성과 남성은 동등한 대우를 받지 못하였다. 보봐르(Beauvoir)가 주장했던 것처럼 많은 영역에서 여성은 '제2의 성(the second sex)'으로 취급받고 있다. 여성은 종교, 언어 그리고 미디어 속에서조차도 남성에 비해 열등하거나 비가시적인 존재로 취급받고 있는 사례를 흔히 찾아볼 수 있다. 또한 여성과 남성 모두 나름의 긍정적 특성과 부정적 특성들이 있겠으나 여성에 대한 긍정적 묘사는 매우 제한된 영역의 특성에 치우쳐 있고, 일반적으로 부정적 특성이 더욱 부각되는 편향들이 보인다. 다음의 내용을 통해 여성과 남성에 관한 남녀 편향(bias)들이 어떻게 생겨나게 되었는지 그 기원과 요인에 대해 생각해 볼 수 있겠다(곽금주 외, 2015).

1) 역사 속의 남녀편향

역사 속에서 여성을 찾아보기란 쉽지 않다. 이와 같이 역사 속에서 여성은 마치 투명인간인 듯이 취급되고 있음을 엿볼 수 있다. 여성주의 사학자들은 인류의 절반을 구성하고 있는 여성의 역사에 대해 거의 아는 것이 없다는 비판을 내놓고 있다(Matlin, 2012). 선사 인류의 삶에 관심을 둔 고고학자들은 남성의 활동이었던 사냥도구에 주로 초점을 두고, 여성이 채집과 곡물로 대부분 식량을 공급하였음에도 이런 활동에 대해서는 거의 기록이 없는 실정이었다. 17세기 유럽사회의 경우, '곡식재배', '가금류 돌보기', '생산품 시장에 내다 팔기' 등의 일은 주로 여성이 담당해 왔다. 중세 초기, 일부 지역에서는 여성이 전투에 참여했다는 역사기록도 발견되었지만, 고고학자들은 이에 대해서는 부각시키지 않았다고 한다(Whitley & Kite, 2010). 위즈너(Wiesner, 2000)는 역사 교과서에서 여성이 누락된 이유를 다음과 같이 언급하였다.

첫째, 여성은 대개 가정과 가족을 돌보는 일을 주로 맡아왔으므로 역사적인 주목을 거의 받을 수가 없었다. 둘째, 남성예술가들은 그림, 조각, 건축물 등의 작품이 많아 보존이 잘 된 반면에 여성 예술가들의 업적은 음악, 무용, 자수나 바느질 같은 수공예품일 때가 많아 보존이 어려웠으며, 시대적 배경으로 인해 익명의 예술작품 활동에 머무는 수밖에 없는 경우가 많았다. 셋째, 여성은 예술가로서의 격려나 지원을 받지 못하였을 뿐 아니라 거의 기회가 주어지지 않았다는 것이다.

역사 속의 여성 인물을 찾으려는 노력은 이제 막 시작하는 단계에 있다. 이러한 트렌드는 우리나라도 크게 다르지 않다. 초·중등학교의 역사 교과서에 등장하는 여성 인물의 부재에 관해 언급한 최근의 연구를 보면, 우리나라 초등학교 교과서에 실린 역사적 실존인물 중 여성 인물의 비율이 8.9%에 불과한 것으로 나타났다(정해숙·최윤정·구정화, 2010). 이마저도 2007년 이전 교과과정에 비해 여성 인물의 등장이 2배 이상 증가한 것으로 보면, 역사 교과서에서 여성차별적 편향을 바로잡으려면 여전히 가야 할 길이 멀다는 사실을 쉽게 짐작할 수 있다.

2) 철학 속에서의 남녀 편향

철학은 인간의 인식 영역에서부터 우주의 근본원리를 탐구하는 것에 이르기까지를 포함하고 있는 종합학문의 성격을 지니고 있다. 고대로부터 근세기에 이르기까지 철학자들이 이룩한 사유의 결과는 수많은 학문영역에 커다란 영향을 미쳤다. 그 중 이들 철학자들이 가졌던 사유 속 남성과 여성의 모습은 어떤 모습이었을까?

고대 그리스의 철학자 아리스토텔레스(B.C. 384~322)는 '여성은 완전한 이성적 존재가 될 수 없다'고 믿었다. 여성은 남성에 비해 질투가 많고 거짓말을 할 가능성이 높은 존재라고 여겼다고 한다. 한편 계몽주의 철학자 루소(Rousseau, 1712~1778)는 여성이 남성을 기쁘게 해 주거나 남성에게 도움이 될 수 있어야 한다고 주장함으로써 적어도 여성의 성 역할에 대해서는 계몽주의자답지 못한 태도를 보여준다(Matlin, 2012).

존 스튜어트 밀(John Stuart Mill, 1806~1873)은 20세기 이전 철학자 중 유일하게 여성주의자들의 관심을 가장 많이 받은 인물일 것이다. 밀은 그의 아내 해리엇 테일러 밀(Harriet Taylor Mill)에게 깊은 영향을 받았으며, 그의 철학적 사상 역시 그의 아내 영향이 적지 않은 것으로 알려졌다. 특히 밀의 저서 중 〈여성의 예속(The Subjection of Women)〉은 최근에 더욱 관심을 받고 있다. 밀은 여성의 참정권을 위해 노력하였으며, 재산권이나 직업선택의 자유가 허용되어야 한다고 믿었다. 그는 당시 매우 드문 여성주의적 시각을 가졌으며, 더 나아가 영국의회 활동을 통해 여성의 참정권을 위한 실질적 노력을 기울이기도 하였다. 그러나 대부분 철학 교재는 밀의 여성주의적 사상에 대해 거의 다루지 않는 편향적 시각을 보이고 있다(Matlin, 2012).

3) 종교와 신화 속에서의 남녀 편향

종교와 신화 속에서도 역시 여성에 대한 불평등적인 편향들이 존재한다. 성서 속 아담은 하나님과 닮은 모습으로 창조되었지만, 이브는 아담의 갈비뼈로 만들어졌다. 말하자면 하나님의 천지창조에 있어서 여성은 남성의 부차적인 성일 뿐이었다(Bem, 2008). 게다가 남성을 유혹에 빠트려 원죄를 범하게 한 부정적 이미지로 여성이 묘사된다. 모세의 오경이나 신약성서 모두에서 역시 여성이 남성에 비해 비가시적이기는 마찬가지이다. 예컨대, "여자는 교회에서 침묵해야 한다. 말하도록 허락되지 않았음이니, 율법에서 이르는 것과 같이 오로지 복종할 지어다", "만일 무엇을 배우려거든 집에서 자기 남편에게 물으라. 여자가 교회에서 말하는 것은 부끄러운 것이니라"라는 구절로 여성의 말 많음을 경계하고 있고 남편에게 종속된 여성의 삶을 정당화하는 남녀 편향을 보여 준다.

남녀에 대한 편향적 시각은 다른 종교에서도 유사하게 나타난다. 이슬람교에서 선지자들의 가르침은 남녀가 동등하다고 했지만, 그 후계자들은 여성에게 많은 제약을 부과해 왔다. 일부 이슬람권 국가 가운데에는 여성이 정조나 순결을 잃었다는 이유로, 부모가 원하는 사람과 결혼하지 않는다는 이유로 또는 집안의 명예를 더럽혔다는 이유로 가족으로부터 살해되는 소위 명예살인이 현재에도 자행되고 있다(New York Times, 2015).

동양의 음양사상은 음양의 조화가 우주의 진리라고 보고, 유사성에 따라 만물을 음(陰)인 것과 양(陽)인 것으로 분류한다. 음은 '어두운 것', '낮은 것', '천한 것', '차가운 것', '정지한 것', '유순한 것'으로 분류되고, 양은 '밝은 것', '높은 것', '고귀한 것', '뜨거운 것', '움직이는 것', '강한 것'으로 분류된다. 남성과 하늘, 군주는 양으로 분류하고, 여성은 땅, 신하 등과 같이 음으로 비유된다(김혜숙, 2014). 동양에서는 이러한 분류가 자연의 본질적인 도리인 것처럼 받아들여지고 있지만 최근의 학자들은 이러한 관점에 비판적 주장을 내놓고 있다. 예를 들면, 여자가 본성적으로 유순하고 비천하기 때문이 아니라 음의 범주에 포함시킴으로써 같은 범주에 있는 것끼리 그 연관성이 있으므로 받아들여져서 비천함과 열등함을 면할 수 없게 된 것이라는(김혜숙, 2014) 주장이 있다.

이처럼 여성에게 부여된 대부분의 이미지는 남성을 표준으로 삼은 것이며, 남성중심주의적인 사회규범을 정당화하는 의미로 만들어졌을 가능성이 크다. 궁극적으로 남성이 표준적인 '제1의 성'이고, 여성은 보조적인 '제2의 성'임을 나타내는 것이다(곽금주 외, 2015).

4) 남녀 편향의 미디어

미디어에서의 남녀 편향은 사용되는 언어, 드라마, 광고, 예능, 정치, 문화 등 대부분의 분야에서 여성은 남성보다 가시적이지 않거나 남녀 고정관념 속성을 고착화시키는 경향을 보인다(한희정 역, 2006). 우리 주변의 한 광고카피를 보면 미디어가 우리 사회의 남녀 고정관념을 어떤 방식으로 유지 확대시키는지를 엿볼 수 있다. "전구를 갈때는 아빠! 컴퓨터를 고칠 때는 오빠, 타이어를 바꿀 때는 누구?" 이 광고 카피에서 우리는 가정에서 전기나 전자제품, 자동차 수리 같은 활동은 남성의 역할이라는 것을 은연 중에 강화하고 있음을 알 수 있다.

미디어의 성차별은 이처럼 남녀 고정관념을 확대하고 재생산하는 것으로부터 남성에 비해 여성을 차별적으로 대하는 것이 다양했다. 우리 사회뿐만 아니라 미국의 경우를 보더라도 주요 매체나 신문, 잡지 등에 등재되는 글 중 여성기고가의 글은 10~28%에 불과하고(Ashkinnaze, 2005), 황금시간대에 출연하는 배우의 60~70%가 남성이다. 또한 전체

스포츠 방영 프로그램에서 여성 선수가 출연하는 비율은 단지 6%에 불과하며, 여성 방송중계자 역시 매우 드물다는 분석들이 있다(Hall, 2008).

미디어에서의 남녀 고정관념의 재생산 기능 또한 문제로 지적될 수 있다. 미디어에서의 여성의 이미지는 육아나 돌봄과 같은 가정 내 가사노동자로서의 제한된 역할에 편중되어 있다. 미디어에서의 편향된 여성 이미지의 재현은 미국을 비롯, 유럽, 중동, 아시아, 아프리카 등을 망라하는 범세계적인 문제이지만, 한국에서도 크게 다르지 않은 것으로 나타나고 있다(Matlin, 2012).

또한 미디어에서의 여성은 남성에 비해 비교적 외모 중심적이거나 선정적인 방식으로 묘사될 때가 더 많다. 여성 정치인 묘사에서 남성 정치인들과 달리 헤어스타일, 의상, 외모관련 표현이 더 자주 언급되는 경향이 있고, 스포츠 해설 등에서는 남자 선수들의 경우 '기술, 능력, 체력' 등을 강조하는 묘사가 많은 반면에, 여자 선수들에 대해서는 '외모'나 '여성성'을 강조하는 표현으로 '꽃미모, 요정, 우아한' 등의 수식어를 많이 사용하는 것으로 나타났다. 우리는 미디어를 통해 세상을 보고 이해한다는 점에서 현대인의 삶에서 미디어와 분리해서 생각하기란 불가능하다. 미디어가 단순히 현실을 재현하는데서 그치지 않고 남녀 편향을 통해 확대 재생산할 수 있다는 점에서 미디어가 갖는 위험성이 크다는 것이다.

한편 미디어가 사람들의 인지수행에도 영향을 미친다는 연구결과도 있다. 연구에 의하면(Hall, 2008) 두 집단 학생들에게 성중립적인 라디오 광고와 남녀 고정관념적 광고를 각각 청취시킨 후 남녀 고정관념 특성 목록을 읽게 하였다. 그 결과, 남녀 고정관념적 특성을 광고를 청취한 학생들이 성중립적인 광고를 청취한 학생들보다 남녀 고정관념적 특성 목록의 내용을 더 많이 회상하였다. 이러한 결과들은 미디어가 단순한 현실의 반영이 아니라, 미디어 속에 투영된 현실이 확대 재생산의 결과로 나타날 수 있다는 것을 잘 보여준다.

2. 남녀 고정관념, 편견 그리고 성차별

1) 남녀 고정관념의 내용

남녀 고정관념의 내용은 일상에서 찾아볼 수 있는데, 크게 두 가지로 구분할 수 있다(곽금주 외, 2015). 하나는 남녀고정관념을 구성하고 있는 요인이며, 다른 하나는 남녀 성격특성에 관한 남녀 고정관념 목록으로 제시할 수 있다.

우선 남녀 고정관념을 제시하고 있는 구성요인은 4가지로 성격특성, 행동, 신체적 특징, 직업과 관련된 내용으로 이루어져 있다. 이들 요소는 상호 독립적이지만 남성과 여성에 관한 한 가지 요소의 고정관념적 정보가 주어지면, 그것이 다른 요소의 고정관념적 정보의 추론에 영향을 준다고 한다. 예를 들면, 어떤 사람의 직업에 대한 정보를 주면 우리는 그 사람의 행동이 어떨 것이라고 판단할 수 있게 된다는 것이다. 이와 반대로 그 사람의 행동을 보면 직업적 고정관념을 떠올릴 수 있게 된다. 또한 성별을 나타내는 신체적 특징을 보고도 그 사람의 성격적 특성, 성역할 행동, 직업 등에 관한 고정관념적 판단을 할 수 있을 것이다(Deaux & Lewis, 1984).

다른 하나는 여성과 남성의 성격특성에 관한 남녀 고정관념 목록이다(Cota, Reid & Dion,

1991). 사람들이 생각하는 여성과 남성의 성격 특성을 추측해 보고, 제시된 목록과 비교해 보자(표 4-1참조). 대부분의 특성이 추측한 분류목록과 일치한다는 것을 발견할 수 있을 것이다. 이론가들은 대인 간의 관계적 특성을 분류할 때 '친화성'과 '주도성'이라는 용어를 등장시켰다. '친화성'은 타인과의 관계를 중시하는 것을 의미하고, '주도성'은 대인관계에서 자기 자신의 관심을 중요시한다는 것을 의미한다. 친화적 특성을 여성적인 것으로, 주도적 특성을 남성적인 것으로 지각하는 고정관념에 과거 · 현재 · 미래에 걸쳐 어떤 변화가 있는지 살펴보는 것은 매우 흥미로운 주제다. 즉, 여성의 권익신장이 향상되면 여성의 친화적 특성은 낮게, 주도적 특성은 높게 보는 경향으로의 변화가 있는지 살펴보는 것은 매우 흥미로운 주제다. 이에 대한 연구결과(Matlin, 2012)에서 2000년대 이후 여성

표 4-1 남성과 여성의 성격 특성에 관한 남녀 고정관념 목록

남성의 성격 특성	여성의 성격 특성
① 자신감 있는(self-confident)	① 변덕스러운(fickle)
② 탐욕스러운(greedy)	② 온화한(gentle)
③ 경쟁적인(competitive)	③ 다정한(kind)
④ 활동적인(active)	④ 따뜻한(warm)
⑤ 유능한(capable)	⑤ 신경이 과민한(nervous)
⑥ 시끄러운(loud)	⑥ 감성적인(emotional)
⑦ 으스대는(show-off)	⑦ 수다스러운(talkative)
⑧ 용감한(courageous)	⑧ 동정적인(compassionate)
⑨ 창의적인(inventive)	⑨ 참을성 있는(patient)
⑩ 강한(powerful)	⑩ 얌전한(modest)

출처: Matlin(2012) 재인용.

은 '주도성'이 점차 높게 나타나는 경향으로의 변화가 있었다는 것이다. 이와 관련한 연구에서 미국, 독일, 칠레, 브라질의 대학생을 대상으로 2050년의 성역할이 어떠할 것인가에 대해 질문한 결과, 현재의 여성보다 2050년대의 여성이 주도적인 성역할을 더 많이 수행할 것으로 추정하였다는 것이다. 하지만 유사한 다른 연구(Diekman & Goodfriend, 2006)에서는 남성의 친화적 성역할은 현재에 비해 미래에도 변화가 없을 것이라는 것으로 나타났다. 즉, 여성의 성역할은 여성의 권익신장이나 사회흐름에 따라 변화에 대한 추론이 되지만, 반면에 남성의 성역할은 시대의 흐름과 상관없이 변화가 없을 것이라고 보는 맥락에서 남성과 여성에 관한 고정관념의 차이를 느낄 수 있다.

남녀 고정관념은 현실적 경험에 바탕을 둔 것일 수도 있지만, 지나친 단순화로 부정확하고 그릇된 신념일 때가 많다. 남녀 고정관념의 위험성은 현실의 경험을 이해하는 것에서 더 나아가 특정 기준을 제시하거나 규제적 속성을 가진다는 것이다. '남자는 힘이 세고 자신감이 있고 독립심이 있다.', '여자는 온화하고 섬세하고 친절하다.'고 하는 것은 성별 집단 구성원의 특성에 관한 기술적(descriptive) 내용을 담고 있지만, 이러한 내용 속에는 그 집단 구성원의 행동, 능력, 선호에 대한 일반적인 기준을 모두 내포하고 있기 때문이다. 그런데 남성이 나약한 모습을 보이거나 여성이 섬세하지 못하다는 것은 남성과 여성에 관한 일반적 기준과 기대에서 벗어나는 것이기 때문에 심리적 불편과 함께 여러 가지 사회적 압력과 비난을 받을 수 있다. 또한 남녀 고정관념의 이러한 사회적 기준과 규범에 어긋나는 것이 때로는 편견과 차별로 이어지는 요인이 될 수 있다(Whitley & Kite, 2010).

2) 편견에서 성차별주의로

편견(prejudice)은 편향적 태도의 정서적 영역의 한 요소로 특정 집단과 구성원에 대한 감정적 반응이나 평가를 의미하는데, 문제가 되는 것은 감정 반응이나 평가가 부정적일 때가 대부분이다. 한편 차별(discrimination)은 편향적 태도의 행동적 요소로서 특정 집단이나 그 구성원이라는 이유로 불평등하거나 불공정한 대우 또는 부정적이거나 해로운 구체적인 행동을 하는 것이다. 최근 우리 사회에서 남녀 편향은 고정관념, 편견, 차별이 독립적이라기보다 서로 혼합된 개념에 가깝다. 본 교재에서 논의하는 성차별주의(sexism)라는 개념은 성별에 근거한 편견과 차별을 지칭할 때 쓰이는 개념이다.

현대사회에서는 자유주의적 가치관이 어느 때보다 확산되고 대부분의 사회에서는 평등주의적 규범이 사회 질서를 유지하는 근본적 토대를 이루고 있다. 과거와 달리 여성의 사회적 진출과 활동이 늘어나고 가정영역에 국한되었던 여성의 역할이 시대변화에 따라 다양하게 바뀌어 가고 있음은 부인하기 어려울 것이다. 이러한 추세는 여성의 성역할에 대한 신념과 태도에서도 많은 변화를 일으키고 있다. 오늘날의 성차별주의를 이해하는 데는 세 가지 유형이 있는데, 즉 노골적 성차별주의, 은밀한 성차별주의 및 교묘한 성차별주의 개념을 제시하고 있다.

여기에서 '노골적 성차별주의(overt sexism)'는 명백하고 가시적이며 관찰 가능한 형태로 이루어지는 여성에 대한 불평등하고 차별적인 대우를 말하며, '은밀한 성차별주의(covert sexism)'는 고의성이 있는 성차별로서, 숨겨지거나 비밀스러운 방식으로 여성과 남성을 차별적으로 대우하는 것을 의미한다. 그리고 '교묘한 성차별주의(subtle sexism)'는 여성에 대한 차별적 대우를 나타내지만, 규범적으로는 어긋나지 않고 특별히 눈에 띄지 않기 때문에 명확하게 성차별이라고 규정하기도 모호한 형태를 띤다. 교묘한 성차별주의가 비가시적이라는 점에서 은밀한 성차별주의와는 유사하지만 의도적이지 않다는 점에서 이것과 구별된다. 교묘한 성차별주의는 실제로도 성평등적 가치를 옹호하거나 성평등한 성역할 태도를 취할 수 있지만, 스스로는 자각하지 못하고 의도하지 않게 여성을 차별적으로 대우한다.

또한 여성에 대한 평가를 호의적으로 하느냐 혹은 부정적으로 하느냐에 대한 '양가적 성차별주의(ambivalent sexism)'라는 개념을 제시할 수 있다. 즉, 여성에 대한 사람들의 태도는 일방적으로 비호의적 편견만으로 이루어진 것이 아니라 호의적 편견까지도 모두 포함하며, 여성에 대해 한편으로는 경멸과 질투의 적대적 감정이, 다른 한편으로는 애정과 보호의 온정적 감정이 뒤섞인 양가적 형태의 감정을 지닌다는 것이다.

이와 같이 양가적 성차별주의는 적대적 성차별주의와 온정적 성차별주의라는 2가지 구성요소로 이루어진 개념이다. 적대적 성차별주의(hostile sexism, HS)는 '남성에 비해 여성은 유능하지 못하고 열등하므로 그 본분에 맞게 남성의 우월한 지위와 권위를 받아들여야 한다'는 생각에 바탕을 둔 것으로 주로 이에 도전하거나 남성의 고유영역을 침범하는 전문직 여성 또는 페미니스트에 대한 거부감 및 반감을 포함하고 있다. 온정적 성차별주의(benevolent sexism, BS)는 '여성은 섬세하고 따뜻하며 순수성을 지닌 존재이므로 특별히 보호하고 돌보아야 한다'는 생각에 바탕을 둔 것으로 주로 '가정주부'나 '전통적으로 여성의 일로 분류되는 직종의 여성'에 대한 호의적 감정을 포함한다.

이처럼 여성에 대한 남성의 태도는 한편으로 적대적이면서 다른 한편으로는 온정적 태도를 동시에 가지는 경향을 보인다. 일반적으로 여성은 적대적 성차별주의(HS)를 보이는 남성보다 온정적 성차별주의(BS)를 보이는 남성에 대해 더 호감을 보인다(Jost & Kay, 2005). 이는 적대적 성차별주의(HS)가 여성에 대한 반감과 거부감을 드러내는 노골적 성차별주의와 유사하기 때문으로 보인다. 그러나 온정적 성차별주의(BS)가 겉보기에는 여성에게 호의적 태도를 취하는 것으로 보일지라도 보다 은밀하고 교묘한 성차별적 태도일 수 있음을 배제할 수 없을 것이다.

사회구조적으로 남성에 비해 열등한 여성의 지위를 그대로 유지시키고 이를 정당화하려는 입장에서 보면, 적대적 성차별주의(HS)는 남성의 기득권에 도전하는 비전통적인 성역할을 보이는 여성집단(전문직 여성, 레즈비언, 페미니스트)에 대한 처벌적 의미를 지니는 반면에 온정적 성차별주의(BS)는 전통적인 성역할을 고수하는 여성집단(가정주부, 현모양처 등)에 대한 보상적 태도라 할 수 있다(정해숙 · 최윤정 · 구정화, 2010; Jost & Kay, 2005).

결국 우월한 남성의 지위와 열등한 여성의 지위를 갖는 현 사회체제를 유지하고 정당화하는 데 있어서 적대적 성차별주의(HS)는 '채찍'의 의미인 반면에, 온정적 성차별주의(BS)는 '당근'의 의미인 셈인 것이다. 이러한 이론에 입각하여 글릭과 피스케(Glick & Fiske, 1996)는 적대적 성차별주의(HS)와 온정적 성차별주의(BS)를 측정할 수 있는 22개 문항의 양가적 성차별주의 척도(ambivalent sexism inventory, ASI)를 개발하고, 세계 19개국 15,000명의 남성과 여성을 대상으로 조사를 실시하여 타당성을 검증하였다.

표 4-2 한국형 양가적 성차별주의 척도의 문항 예

구분	문항내용	전혀 그렇지 않다	별로 그렇지 않다	그런 편이다	매우 그렇다
적대적 성차별주의 (HS)	① 여자들에게 큰일을 맡기면 남자에게 맡길 보다 더 불안하다				
	② 여자들은 자신이 여자임을 내세워 남자들을 이용하려고 한다				
	③ 남자는 우리 사회를 위해 할 일이 많은 만큼 여자들보다 더 많은 권한을 주어야 한다.				
온정적 성차별주의 (BS)	① 신체상의 위험부담이 큰일은 여자보다 남자가 하는 것이 마땅하다				
	② 남자가 성공하기 위해서는 여자의 순수한 사랑과 희생이 필요하다				
	③ 여자들은 남자보다 꼼꼼하고 세심하여 가사일과 자녀들을 더 잘 돌본다.				

한편 우리나라에서는 이를 토대로 24개의 문항(HS 12문항, BS 12문항)으로 이루어진 한국형 양가적 성차별주의(KASI)를 개발하였다. 이 연구에서 남성과 여성을 비교한 결과, 적대적 성차별주의(HS)에서는 이것이 여성에 대한 부정적 평가를 명시적으로 드러내기 때문에 여성 응답자가 남성 응답자에 비해 낮은 점수 분포를 보였다. 그러나 온정적 성차별주의(BS)에서는 표면적으로 여성에 대해 호의적인 것으로 인식되기 때문에 여성 응답자의 점수가 남성 응답자에 비해 일관되게 높은 것으로 나타났다(곽금주 외, 2015).

3. 시대별 남녀관의 변화

1) 상고시대 및 삼국시대의 여성의 지위

상고시대는 모가장제도(母家長制度)의 흔적을 많이 찾아볼 수 있다. 예를 들어, 고대인이 숭앙하던 신 중에 고구려 동명왕인 주몽의 어머니 유화(柳花) 부인이나 신라의 전설 속 여주인공인 선도성모(仙桃聖母)와 같은 여신이 있었을 뿐 아니라 그 봉사의 성직을 맡은 이도 역시 여성이었음을 보면, 삼국시대까지도 여성 중심의 사회적 유풍이 남아 있었고 여성의 사회적 지위가 상당하였음을 알 수 있다. 오늘날에 와서는 무당에 대한 시선은 그다지 긍정적이지 않지만 신라 초기에는 왕녀도 신궁의 수호를 삼았고, 고구려에서도 여성으로 하여금 국사(國祠)의 신탁을 청하게 하였던 것을 보아도 알 수 있다.

여권사회의 흔적은 미신과 습속(習俗)을 통해 남아 있었다. 고구려에서는 약혼만 되면 여가(女家)에서 사위를 맞이하기 위해서 집 뒤에 조그마한 새 집을 세워 혼인날 저녁에 신랑은 신부의 집으로 가서 그 문 밖에 꿇어앉아 자기의 이름을 세 번 부르고 방에 들어가게 해 달라고 빌어서 여성의 집에 허락을 얻은 뒤에야 비로소 부부의 관계를 맺게 되었는데, 첫 아이를 낳을 때까지는 신랑이 신부의 집에 동거하다가 아이를 낳아 길러 가지고서야 신랑의 집으로 신부를 데리고 갔다. 이것은 여성 중심 시대에 남성이 여성의 집에 들어가 동거하던 유습이 남성 중심 시대에 와서도 남아 있었던 것이다.

신라는 삼국을 통합한 이후 유교정치이념을 내세워 왕권을 강화하고 통치체제와 제도들을 개편하면서 새로운 사회로의 변화를 모색하였다. 유교이념에서는 남성과 여성을 차별적으로 인식하고 남녀의 역할을 구분하는 관념에서 여성의 부덕과 도리를 강조하였다. 따라서 여성의 정치사회적 활동에 대해 부정적인 인식을 보이게 된다.

그러나 부여국에서는 사통한 남녀는 용서 없이 사형에 처하였고 질투하는 부인에 대한 형벌이 혹독하여 죽인 뒤에도 그 시체를 산 위에 버렸다는 것을 보면 성적 관계에 있어 법률적 제재가 여성에게만 편중된 것이 고대에 시작되었음을 짐작할 수 있다.

조상들의 전통 생활 모습에서 나타난 성 역할

◇ 우리 조상들의 전통적인 생활 모습의 특징

효와 예절을 중요시하였음.
여자보다는 남자를 우선시하였음.
남자와 여자의 역할이 엄격히 구분되었음.
집안의 재산은 남자에게 주었음.

◇ 조상들의 전통 생활 모습에서 나타난 성 역할

남자는 밖에서 일을 하고, 여자는 집안일을 하였음.
공부를 할 때도 남녀가 배우는 과목이 달랐음.
남자만 벼슬에 나갈 수 있었음.
모든 생활은 남자가 우선시되었고, 여자는 사회생활의 모든 면에서 차별을 받았음.

◇옛날의 성차별

공부: 여자는 공부를 할 수 있는 기회가 적었음.
생활: 남자 중심의 생활을 하여 집안의 중요한 일은 남자가 결정하였음.
식사: 남자는 남자들끼리, 여자는 여자들끼리 따로 식사를 하였음.
일자리: 여자는 직업을 구할 때 제약이 많았고, 사회생활을 할 때 기회가 공평하게 주어지지 않았음.

출처: http: //study.zum.com/book/15158.

2) 고려시대

고려시대 여성의 지위 역시 비교적 높았던 것으로 기록되었다. 그러한 이유로 서류부가혼, 재혼의 자유로움, 내외법이 없어 성적인 억압 없이 자유로운 일상생활을 할 수 있었으며, 절부(節婦: 수절하는 부인)와 의부(義夫: 아내가 죽은 뒤 재혼하지 않고 혼자 사는 남편)도 표창 대상이어서 여성에게만 일방적으로 정절이 강요된 것이 아니었다.

서류부가혼은 처가에서 결혼식을 올린 뒤 아이를 낳고 살다가 아이가 장성한 후 시집으로 가는 제도로서 사위나 외손자, 처가, 외가 식구와의 관계가 매우 밀접하여 이들도 아들이나 친손자와 마찬가지로 음서(蔭敍)나 공음전(功蔭田)의 특권을 받고 처가나 외가의 제사를 지내주기도 하였다. 이에 고려시대에는 딸도 아들과 다름없는 역할을 할 수 있었으므로 아들이 없어도 대가 끊긴다는 관념이 없었으며 양자제도도 시행되지 않았다. 여성도 호주가 될 수 있었고 호적에도 남녀 순이 아닌 출생 순으로 기록되는 것이 가능하였다.

고려시대에는 재혼이 자유로웠다. 물론 절부는 효자와 마찬가지로 표창의 대상이었지만 재혼하는 데 대한 제약이나 재혼녀에 대한 사회적 비난 등은 거의 없었다. 그리고 부부간의 이혼도 부부의 합의에 의해 이루어지거나 부부 중 한 쪽이 의절(義絶), 즉 남편이 처의 조부모나 부모를 때리거나 처가 시부모를 욕하거나 하여 부부간의 의리가 끊어져 이혼한 경우에 이루어졌다.

여성의 사회활동도 비교적 자유로웠는데 상례나 제례 등 종교행사에 여성이 참여할 기회가 많았던 점을 들 수 있다. 상속에 있어서도 자녀균분상속으로 남녀 구분 없이 똑같이 상속되었으며, 제사를 맡게 된 자녀에게 제사 비용 정도로 조금 더 분배되는 풍습을 엿볼 수 있었다. 재산분배권이 여성에게 주어지기도 하였고 제사 자체도 여성이 맡는 경우도 있었다.

또 한 가지 여성의 지위를 엿볼 수 있는 부분이 있었는데 그것은 고려시대 재상이었던 박유(朴褕)의 일부다처제의 건의이다. 당시 전쟁 등으로 인해 인구가 매우 감소하여 박유는 인구 증가와 국가재정을 위해 국왕에게 일부다처제를 건의하자 이 제안은 많은 여성의 지탄을 받았는데, 이는 고려사회의 남녀가 비교적 평등함을 반증해 주는 것이었다.

이와 같이 고려시대에는 여성의 사회활동, 가정생활이나 경제운영에 있어서는 여성의 지위가 남성과 거의 대등한 위치에 있었던 것을 알 수 있다.

3) 조선시대

조선 초는 고려시대의 여성 지위가 이어져 비교적 자유로운 활동을 할 수 있었으나, 점점 철저한 남성 중심의 사상 체계인 성리학이 들어오면서 성리학적 가족제도가 굳혀지고 가부장적 인식에 따라 여성의 지위는 약화되는 모습을 볼 수 있었다.

조선 초기는 여성 재가 허용, 여성 제사 허용, 자녀 균분상속 등 고려의 여성 지위와 흡사하였다. 혼인제도 또한 남귀여가혼(男歸女家婚: 남자가 여자 집에 가서 살게 하는 제도) 제도로 고려시대의 서류부가혼과 유사한 것으로 이전 시대와 거의 흡사하였다. 그러나 경국대전에 보면 재가하는 여성의 자식은 과거에 응시할 수 없도록 하였다.

남귀여가혼이 성리학의 가족윤리로 바뀌게 되면서 친영제도(親迎: 결혼 후 무조건 남편 집에 가서 살아야 하는 제도)로 바뀌게 된다. 또한 여성의 재가는 금지되고 상속에 있어서 장남 중심 상속으로 변화되고 여성의 상속은 제외되었다. 제사에 있어서도 여성은 제외되었고 호주제도에 있어서 여성의 위치도 낮아졌다. 본처와 첩의 구분이 확연해 지고 서얼은 정치권에 접근하지 못하였다. 이처럼 성리학적 가족윤리가 확립되어 가면서 부계중심의 가족제도가 확립되어 여성의 지위는 협소해지고 낮아지게 되었다.

가정 내에서의 여성의 지위는 아내가 그의 남편과 더불어 잠자리는 같이 하되 식탁은 같이 하지 못하고 남편에게 일종의 주종관계 위에서 일방적 복종을 하게 되었다. 여성의 삼종지도(三從之道)는 출가하기 전에는 아버지를 따르고 출가 후에는 남편을 따르고 남편이 죽은 뒤에는 아들을 따르기를 요구하였고, 그밖에 칠거지악(七去之惡: 아내를 내쫓을 수 있는 이유가 되었던 7가지 허물. 시부모에게 불손함, 자식이 없음, 행실이 음탕함, 투기함, 몹쓸 병을 지님, 말이 지나치게 많음, 도둑질을 함) 역시 여성을 옭아매었다.

부부가 함께 애써 모은 재산이나 시집올 때에 가지고 온 지참금까지도 남편의 처분에 맡겼고, 남편이 죽은 뒤에 아들이 있으면 그 재산을 상속하였고 아들이 없으면 친족의 남자를 양자로 삼아 그에게 재산을 상속케 하였다. 이 밖에도 여성이 남성과 같이 교육 균등의 기회를 가지지 못하고, 재산 상속의 기회를 가지지 못하고 부모가 마음대로 정하게 되는 불합리한 혼인법과 아울러 혼인을 지나치게 중요시함으로써 말미암아 생기는 폐해는 대단했다. 또한 이씨 조선에서의 내외법은 유교의 종주국인 중국보다도 더욱 철저하게 시행코자 하였다.

4) 일제시대

호주제가 우리나라에 들어온 것은 일제시대이다. 일제는 호주제가 조선의 관습이라고 왜곡하면서, 실제로는 1898년의 일본 명치민법에 규정되어 있었던 호주제를 도입한 것이다. 가족의 모든 권한을 호주에게 부여하였고 부계 중심으로 이어졌다. 상속법은 호주

상속의 경우 남자가 없는 경우 호주를 승계할 남자가 들어올 때까지 잠정적으로 여성이 호주상속을 할 수 있었다. 장남이 상속할 경우에 여자는 재산상속에서 제외되었고, 여성에게는 재산분할청구권을 주지 않았으며, 이미 출가한 여성은 재산상속에서 제외되었다. 상속법의 지위상에서는 조선시대보다 더 후퇴되었다. 여성의 법률행위가 금지되어 있었는데 남편이나 친족에게 허락을 받아야만 할 수 있었다.

혼인법을 살펴보면 1923년 혼인신고주의를 적용함으로써 혼인 당사자의 의사를 중히 여기게 되었으나, 당사자의 연령 여하를 묻지 않고 동의를 얻도록 하여 당사자만의 의사에 의한 자유로운 혼인의 성립은 인정하지 않았다. 혼인의 적령은 남자 만 17세, 여자 만 15세였다. 축첩을 처에 대한 중요한 모독이라고 하여 이혼의 사유로 인정하였다. 여성의 재가를 허용하였고 협의상의 이혼을 인정하였다.

여성에게 교육을 장려하였지만 그 범위는 현모양처를 육성하는 정책으로, 집안에서 가족을 부양하고 자식을 키워내는 데 한정시켰다. 실기교육은 여성을 도구로써 이용하기 위함이었으며 실질적인 여성의 처우개선은 이루어지지 않았다.

5) 현대사회에서의 남녀관

자본주의 시대의 주요한 산업은 경공업이었는데 여기서 여성노동자가 대다수를 차지하였다. 근로여성이 많아지면서 여성의 인권문제 및 직업여성의 평등권 문제에 관해 여성들 사이에서 의식이 점차 고조되었다. 그리고 여성의 고등교육 인구가 증가하면서 여성으로서 전문가나 직업인의 수가 증가하였고 경제력이 상대적으로 높아진 것 또한 여성 지위 향상에 하나의 원인이 되었다. 「헌법」은 남녀평등권을 명문화하였으나, 오늘날

가족법의 개정을 둘러싼 논쟁을 통해서 볼 수 있듯이 완전한 평등권이 확보된 것은 아니었다. 아직도 법률상 불리한 점을 안고 있으나 여성의 지위 향상을 위해 계속적인 운동이 전개되고 있다.

(1) 성차별금지의 원칙

「헌법」의 관점에서 평등원칙은 「헌법」의 근본가치로 볼 수 있는 인간존엄과 가치의 하위원칙이다. 즉, 모든 인간이 평등해야 하는 이유와 근거는 모든 인간의 그 자신의 생물학적 · 사회적 차이와 관계없이 존엄한 가치를 가진 존재이기 때문이다. 이와 같이 헌법은 여성을 차별의 대상으로, 혹은 보호나 배려의 대상으로 볼 것이 아니라 남성과 동등한 인격체로 볼 것을 요구한다. 양성평등, 다른 말로 한다면 성차별금지와 관련된 우리 헌법조항은 다음과 같다.

제11조 제1항 "모든 국민은 법 앞에 평등하다. 누구든지 성별 · 종교 · 사회적 신분에 의하여 정치적 · 경제적 · 사회적 · 문화적 생활의 모든 영역에 있어서 차별을 받지 아니한다", 제32조 제4항 "여자의 근로는 특별한 보호를 받으며, 고용 · 임금 및 근로조건에 있어서 부당한 차별을 받지 아니한다", 제36조 제1항 "혼인과 가족생활은 개인의 존엄과 양성의 평등을 기초로 성립되고 유지되어야 하며 국가는 이를 보장한다", 제34조 제3항 "국가는 여자의 복지와 권익의 향상을 위하여 노력하여야 한다".

이와 같이 양성평등이나 성차별금지의 원칙은 여러 조항에서 발견되는데, 우선 제11조 제1항은 모든 영역에서의 '성별에 의한 차별'을 금지하는 성차별금지의 일반원칙을 규정한 것으로, 제32조 제4항은 근로영역에서의 성차별금지의 원칙을, 제36조 제1항은 혼인과 가족영역에서의 성차별금지의 원칙을 규정한 것으로 볼 수 있다. 한편, 제 34조 제 3항은 국가의 여성권익향상의무를 규정함으로써 양성평등의 사실상 실현을 위한 국가의 적극적 조치까지도 가능함을 시사하고 있다.

제11조 제1항에 의하면 성별에 의한 차별금지는 문헌상 누구도 자신의 성에 의하여 불이익을 받거나 우대를 받아서는 안 된다는 소위 “절대적 차별금지”로 해석될 수 있다. 따라서 일반적 평등원칙에서 광범위하게 인정되는 입법 형성의 자유가 성차별금지의 원칙에는 적용될 수 없다. 또한 평등원칙이 주관적 공권의 기능을 가지고 있으므로 성차별금지의 원칙으로부터 개인(여성 혹은 남성)이 구체적인 성차별사건에서 성차별금지를 청구할 수 있는 권리가 도출된다.

‘벡델테스트’를 아시나요?

벡델테스트는 미국의 유명 만화작가 앨리슨 벡델이 1980년대 중반 친구와 영화를 보면서 남성 중심 영화들이 얼마나 많은지 계량화할 방법이 없을까 궁리하다가 처음 만들었다. 올해 초 미국의 콜린 스토크스라는 비영리 시민학교 운영자가 ‘영화가 어떻게 남성성을 가르치는가’라는 주제로 강연하며 이 테스트를 다시 소개해 화제가 됐다.

-중략-

테스트 방법은 간단하다. ① 영화에서 이름을 가진 여성 캐릭터가 두 명 이상인가? ② 이 여성들끼리 한번이라도 대화를 하는가? ③ 그 대화 속에 남자 주인공에 관한 것이 아닌 다른 주제의 내용이 있는가? 영화 내용이 이 세 가지 조건을 통과하는지 본다.
쉽게 통과할 것 같지만 막상 결과는 그렇지 않다.

최소한의 남녀개념 3가지 조건… 할리우드 영화 45% 통과 못해… 올 상반기 한국영화 5대 흥행작… 단 한편도 요건 충족하지 못해 …영화가 남성중심주의 더 부추겨…

벡델테스트는 남성 중심의 영화를 여성 중심으로 바꾸자고 주장하려는 테스트가 아니다. 또이 세 가지 테스트를 모두 통과했다고 '남녀 개념'에 충실하다거나, 하나도 통과하지 못해서 여성성을 왜곡하는 영화라는 뜻도 아니다. 벡델테스트는 사람들이 대중문화를 적극적으로 수용하는 과정에서, 영화 속 현실이 사회가 요구하는 '성 역할'과 다른 맹목적인 부분이 있다는 걸 환기시킨다. 또 남녀의 성 역할에 대한 고정관념이나 남성 중심적 사고를 더 고착화하고 있다는 점도 꼬집는다.

페미니스트 저널 <문화미래 이프>는 "대중들이 '왜 남성 주인공이지?'라는 의식조차 하지 못한 채 '남성 우위 사회'에 길들여지는 데 영화나 방송이 적지 않은 구실을 하고 있다. 법과 제도적으로 성적 평등을 보장하려는 움직임이 확산된 게 사실이지만, 문화적 측면에서 보면 남성 편향성은 오히려 더 심각해지고 있다"고 지적했다. "드라마의 주인공 성별을 바꾸라고 할 순 없지만, 영화나 방송이 우리 사회의 '남성 편향성'에 어떤 식으로 영향을 미치는지 인식하면서 대중문화를 수용할 필요가 있다"는 것이다.

출처: 한겨레신문(2018.08.16.) 발췌.

잠깐만! 함께해요

■젠더 퀴즈

다음의 글을 읽고, 섹스와 젠더를 구분해 보십시오.
섹스이면 S, 젠더이면 G로 표시하십시오.

1. 여성은 아이를 낳고, 남성은 아이를 낳지 않는다. ( )
2. 어린 소녀는 부드럽고 수줍어한다. 남자아이는 거칠고 모험을 좋아한다. ( )
3. 여성들의 수입은 남성들과 비교하면 약 70% 정도가 된다. ( )
4. 여성들은 모유수유를 할 수 있고, 남성들은 우유수유를 할 수 있다. ( )
5. 여성은 아이양육에 대한 책임이 있다. ( )
6. 남성이 결정권을 갖는다. ( )
7. 고대 이집트에서는 남성들이 집에 머물며 직조를 했다. 여성들은 가족사업을 담당했다. 여성들이 재산을 상속받았으며 남성들은 그렇지못했다. ( )
8. 남성들의 목소리는 사춘기에 변성을 한다. 여성들은 그렇지 않다. ( )
9. 유엔의 통계에 따르면, 여성들은 세계 전체 노동의 67%를 담당하지만, 그들의 수입은 전체의 약 10%를 차지할 뿐이다. ( )
10. 여성들은 자녀들의 교육수준에 관심이 많다. ( )
11. 영국의 건설현장 노동자들은 거의 남성들이다. ( )

정답: 1. S, 2. G, 3. G, 4. S, 5. G, 6. G, 7. G, 8. S, 9. G, 10. G, 11.G

출처: 양성평등교육진흥원 홈페이지 자료실.

제2부

연애의 동기

5장
성에 대한 이해

인간의 성은 생식과 본능의 생물학적 차원을 넘어 사회·문화적 결과물이다. 인간의 성은 신체적·사회적·심리적 등 다차원으로 구성되어 있으며, 인간의 성 특성은 개인이 속한 사회의 제도, 관습 및 문화의 영향을 받아 형성된다. 개인에게 내재한 성에 대한 이해와 태도는 사회의 성의식에 영향을 미쳐 성에 대한 사회적 제도나 규범을 형성하게 된다. 이러한 순환적인 과정을 통해 개인의 성과 사회의 성은 상호작용하면서 변천하게 된다(이정우 외, 2001).

현대사회에서는 민주적이고 양성평등한 가치관이 확산됨에 따라 개인의 인격을 존중하고 남녀가 평등한 인간으로서 성에 대해 이해하고 행동하려는 노력이 더해지고 있다. 따라서 남녀 모두 건강한 성에 대한 가치관을 갖추고 건전한 성행동을 하기 위해서는 성에 대한 올바른 이해가 선행되어야 한다.

1. '성(性)'에 대한 정의

성과 관련된 개념들은 섹스(sex), 젠더(gender) 및 섹슈얼리티(sexuality)가 있다. 섹스(sex)는 일반적으로 성적인 행동, 성관계를 의미하기도 하나, 생물학적 남녀 구분을 의미하는 복합적인 개념이다. 인간의 성(sex) 구분은 생물학적 및 유전인자의 구성(성염색체 XY 혹은 XX), 성호르몬 분비(안드로겐과 에스트로겐), 생식선(고환과 난소), 그리고 외부적인 생식조직(음경과 음핵) 등으로 분류된다(유영주 외, 2000).

젠더(gender)는 사회·문화적 및 심리적인 개념으로 남성성(masculinity) 혹은 여성성(feminity)의 상태를 의미하며, 사람이 태어난 후 사회·문화적 환경에 의해 학습된 후천적인 성을 뜻한다. 따라서 젠더는 사회 변화에 따라 그 시대에 적합한 여성·남성으로 구분되는 젠더의 개념이 재정리되어야 한다.

섹슈얼리티(sexuality)는 개인의 성격, 감정, 행동뿐만 아니라 성적인 존재 및 성별 등을 나타내주는 포괄적인 의미로 사용되는 개념이다(허혜경·박인숙, 2015).

그 밖에 성적 자아(sexual self)나 성 정체성(sexual identity)은 개인이 한 인간으로서 성적인 자기됨을 의미하는 용어로서, 자신의 성행동을 유발하는 개인적인 자질·자아인식·태도·가치 및 취향의 복합체를 의미한다. 또한 개인의 사회화 과정이나 교육, 경험 등을 통하여 성에 대한 태도와 행동이 문화적으로 프로그램화된 일련의 기대인 성각본(sexual script)을 갖게 된다(유영주 외, 2000).

용 어	개 념
섹스(sex)	– 생물학적 성을 지칭하는 용어 – 태어나면서 신체적으로 구별되는 남자, 여자 – 성행동
젠더(gender)	– 사회문화적으로 학습된 후천적인 성 – 남성 혹은 여성으로서 바람직하다고 보는 특성이나 행동을 수행하는 것
섹슈얼리티(sexuality)	– 성에 대한 태도, 행동, 감정, 가치관, 신념: 심리적, 사회적 요인 모두 포함

출처: Lloyd, M. A. & Weiten, W.,(1997). Psychology applied to modern life(5th ed.); 유영주 외(2000) 재인용.

2. 생물학적 성

1) 생물학적 성의 개념

인간의 성(性)은 정자와 난자가 결합하여 수정되는 순간부터 구별된다. 난자와 정자는 각각 23개씩의 염색체를 가지고 있으며 이들이 결합된 수정체는 46개의 염색체를 갖는다.

특히 생물학적인 성은 정자, 난자의 23번 성염색체의 결합의 방법에 따라서 결정된다. 여자의 경우 성염색체는 XX이므로 모든 난자는 X염색체를 가지나 남자의 성염색체는 XY이므로 정자의 일부는 X, 일부는 Y염색체를 갖고 있다. 따라서 수정 시에 X염색체를 가진 정자와 난자가 결합하면 XX의 여성이 되며, Y염색체를 가진 정자와 난자가 만나면 XY로서 남성이 된다(송명자, 1996).

여기에서 정자는 분리된 XY쌍 중 어느 하나를 가지고 있기 때문에 X염색체나 Y염색체를 갖고 있을 확률이 같다.

그 후 생물학적으로 모두 정상일 경우 9개월이 지난 후에 남자 혹은 여자 아기로 태어나므로 남자와 여자로 구분된다. 이와 같은 남자와 여자의 구분은 사춘기를 거치면서 더욱 뚜렷이 나타난다. 그리고 염색체 결합이상도 생물학적 성의 구분이 있으며, 청소년기를 거치면서 성 정체성의 발달과제도 갖게 된다.

따라서 성을 결정하는 데 있어 생물학적 요인이 큰 비중을 차지하고 있음을 말해 준다. 이러한 생물학적 결정론의 대표적인 사람은 정신분석학자 프로이트(Freud)이다. 그럼으로써 프로이트의 인간관은 결정론적이고 환원적이다. 이에 대해 프로이트는 "해부학적 구조는 운명이다."라고 말하기도 하였다. 프로이트는 인간에 대해 결정론과 무의식이라는 두 가지 개념을 가정하였다. 즉, 인간의 행동은 어렸을때의 경험에 따라 크게 좌우되며, 마음의 대부분은 의식할 수 없는 무의식 속에 있다는 것이다(이혜성 외, 1999). 따라서 유아기 때부터 "내가 남자냐, 여자냐"의 성의 결정은 비합리적인 무의식과 생물학적 본능에 의해서 결정된다(전병재, 2004).

2) 생물학적 성의 기능

성에는 두 가지 기능이 있는데, 하나는 사회구성원을 재생산하는 인간 재생산 기능이고 다른 하나는 쾌락으로서의 성이다. 그런데 이 두 기능은 사회적 흐름을 통해 분리되었다. 근대 사회에 이르기까지 성의 쾌락적 기능은 공식적인 영역에서는 감추어져 있었으며 인간 재생산의 기능만이 강조되었다. 어쨌든 여성에게 있어 성은 성교라는 행위만을 중심으로 이해될 수 있는 것은 아니다. 여성에게 성교는 임신과 출산, 육아라는 여성의 인간 생산기능과 연결되기 때문에 여성에게 성행위는 일련의 과정으로 이해되어야 한다. 그래서 여성에게는 성기 중심적이며 육체적 만족만을 중시하는 남성의 성과는 달리 쾌락만큼이나 여성이 스스로 책임감을 가져야 하는 정서적 만족도 중요하다. 이와 함께 여성의 성적 권리를 주장하는 여성운동의 결과 여성에게 성적 쾌락은 매우 중요한 것으로 인식되었고 인간으로서 당연히 요구할 수 있는 권리로 인식되었다.

달라지고 있는 현대의 성 패턴은 은밀한 관계에서 본질적인 요인인 정서적인 측면과 독립성의 측면, 둘 다를 고려해야 한다는 점에서 과학적 · 철학적 영역에서의 성에 대한 관심은 점점 증가하고 있다. 그 결과 인간의 성에 관한 다양한 논의가 시작되고 급기야 '성담론' 또는 '성과학'이라는 논의체계를 형성하였다.

성의 정의나 성 연구의 대상을 넓히는 데 기여한 프로이트는 성적인 것과 성기적인 것을 구분하였다. 그는 인간의 성 에너지는 신체 여러 부분을 통해 쾌락을 얻은 후에 생식에 봉사하는 기능으로 축소된 것이라고 주장하였다. 또 마르쿠스(Marcuse)는 인간의 성이 성기 중심적으로 국소화되는 것은 생물학적 필연성이 아니라 문화적이고 사회적인 산물이며, 특정한 지배를 위한 목적으로 인간의 성을 축소시킨 결과라고 주장한다.

또한 인간의 성이 에로스적 성격을 가지고 있다는 프로이트의 이론에서 출발하여 인간의 본능적 성 에너지는 직접적인 성감대를 넘어서서, 보다 넓은 만족의 영역에로 자기초월을 시도한다는 점에서 동물과 다르다는 것에 주목한다. 이렇게 승화된 성에너지, 에

로스적 에너지의 만족 영역은 성애나 성교에 국한되는 것이 아니라 넓은 차원, 인간의 동지적 결속, 공동체적 유대감까지도 연장할 수 있다고 보았다.

3) 성적 표현의 상대성

인간에게 양심이 발달하기 이전의 원시사회에서는 성의 표현이 지금보다 훨씬 자유로웠을 것이다. 문명이 발달하면서 인간의 성적 본능은 억압되기 시작하였으며 성적 표현에 있어서도 자유로울 수 없었으리라 추정된다(윤가현, 2003). 그 이후 개인의 성욕 표현은 어느 문화권, 어느 시대에 살고 있는가에 따라 다르게 나타나게 되었다.

이렇게 문화적으로나 역사적으로 서로 다른 모습으로 억압된 인간의 성욕을 이해하고자 할 때 기억해야 할 하나의 원리가 있다. 이는 모든 구성원의 성에 대한 태도나 견해, 행동 등이 시대적이고 문화적인 틀 속에 한정된 상태로 학습되고 있다는 것이다. 그러므로 현대인의 성에 대한 태도나 행동도 대부분이 시대적 상황에 맞게 학습된 사회적이고 문화적인 현상이라고 볼 수 있다.

아동기 시절부터 학습을 통해 특정한 성 행동에 대해 특별한 의미를 부여시켜 내재화시키는 과정을 성적 사회화(sexual socialization)라고 한다. 성적 사회화의 결과, 상당수의 청소년과 성인은 사랑이라는 요소를 성교행위를 갖는 정당한 요건으로 받아들이고 있다(Traeen & Kvalem, 1996).

(1) 사회제도의 특성

개인이 삶을 영위하는 기간이 동일하다고 하더라도 성적 표현에 관련된 사회적 갈등은 개인이나 소집단이 어떻게 행동하고, 또 느끼는가에 따라 심오한 영향을 받기 때문이다. 성의 태도나 표현에 대한 개인 간의 차이는 부분적으로 개인이 속한 사회제도가 다르기 때문에 존재하며, 또 사회제도의 규준이 개인에게 얼마나 영향을 미쳤는가에 따라서도 그 부분적인 차이를 설명한다. 곧 사회제도의 특성에 따라 개인의 성에 관련된 정상적인 성장을 촉진 또는 저해시킨다. 이러한 영향을 미치는 대표적인 제도들은 바로 가정, 학교, 매체, 종교이다(Adams, 1980).

■ 사회적 제도: 가정

어느 가정이든지 성 행동의 영역에 대한 적절한 기준이 있다. 그러나 성에 대한 기준이나 태도 등이 어떻게 전달되고 있는가는 가정마다 다르다. 자녀가 부모에게 성적인 내용을 질문할 때 자녀의 수준에 맞추어 대화를 아끼지 않는 가정도 있지만, 무관심하게 대처하거나, 비언어적으로 반응하거나, 아이가 포착하기 어려운 상태로 그런 질문을 하지 못하도록 경고하거나, 아예 거짓말로 대응해 버리는 가정도 많다. 후자처럼 가족 간의 의사교환 방법이 명료하지 못한 경우 자녀들의 내재화된 성에 대한 태도는 매우 부정적으로 발달할 가능성도 많다.

■ 사회적 제도: 학교

학교는 또래집단들과 상호작용을 통하여 사회화가 이루어지는 매우 중요한 환경이다. 학생들은 정식 교과과정 이외에도 성에 관한 사고, 감정, 행동에 관한 것을 많이 배운다. 예를 들면, 화장실이나 탈의실 등에서 이성이나 동성의 신체를 볼 수 있고, 여자 아이는 생리현상에 대한 이야기를 주고받기도 한다. 또 학교에서 주최하는 운동회나 학예회 등 여러 가지 사회적 행사는 남녀 둘씩 짝짓는 소집단 활동을 고무시켜 준다. 또한 학교에서는 정상 교과과정으로 성에 대한 정보를 전달시킬 수 있다.

■ 사회적 제도: 매체

여러 매체가 개인에게 메시지를 전달하면서 성 문화를 형성시킨다. 근래의 방송광고나 인쇄된 광고물, 또는 여러 프로그램이나 기사는 모두 그런 매체를 접하는 사람들에게 성적인 메시지를 전달해 주고 있다. 매체를 접하지 않고 사회생활을 영위하기 어려운 현대인은 아무런 선택권이 없이 매일 신문이나 TV 등 대중매체를 통해 낙태, 강간, 아동의 성적 학대 등의 기사에 노출되며, 이로 인해 성의 표현이나 태도에 영향을 받는다.

■ 사회적 제도: 종교

종교에 따라 성행동의 기준이 다르다. 예를 들면, 기독교는 전통적으로 모든 성 행동을 결혼한 상태 이내로 제한시키고 있다. 우리나라는 특정한 종교의 원리를 국시로 채택하고 있지 않지만, 유교의 영향으로 과거 수 세기 동안 성의 언급을 금기시하고 남존여비의 문화를 형성해 왔다. 또 2세기 전 기독교가 씨를 뿌리기 시작하면서 알게 모르게 서구인의 성에 관한 보수적인 사고방식도 뿌리내렸다. 근대의 기독교 원리도 성을 금기시하고 여성보다 남성을 우월한 존재로 부각시켰다는 점에서 유교의 원리와 다를 바가 없었다.

그렇지만 종교라는 사회제도가 인간의 성적 표현이나 태도를 전적으로 결정해 주지는 않는다. 역시 여기서 언급하지 않았던 또 다른 사회문화적 효과 그리고 개인의 심리적인 특성에 의해 성의 표현이나 태도가 변한다. 물론 성인을 대상으로 조사할 때 종교의 영향이 지대하지만 20세기 후반의 청소년에게는 종교가 절대적인 효과를 발휘하지 못하고 있다. 예를 들면, 성인의 반응에서 기독교에 관계된 정도가 클수록 성교의 비율이나 성적 파트너의 수가 더 낮게 나타났지만(Stack & Gundlach, 1992), 영국의 청소년을 대상으로 한 1990년대 초반의 조사에서 종교적 태도가 혼전성교 자체에는 다소 제한적인 영향력을 발휘하였지만 성교가 아닌 키스, 애무 등에는 전혀 영향력이 없었다.

(2) 사회적 변화와 성에 대한 관점

전반적으로 20세기 후반에 나타난 남녀평등, 인권, 언론의 자유 등 여러 사회적 변화가 다른 어느 시기보다 지대하였으며, 그로 인해 범세계적으로 성에 대한 보수적인 태도가 수그러졌다. 그러한 사회적 변화로 인해 성에 대한 관점도 몇 가지 방향에서 바뀌었다.

첫째, 과거보다 성문제에 대해 알고 싶어 하는 욕구가 증가하였으며 동시에, 더 솔직하고 공개적인 분위기에서도 토론할 수 있게 되었다. 예를 들면, 동성애, 강간, 매춘과 같은 사회적으로 매우 민감한 주제들에 대한 토론도 가능해졌다.

둘째, 결혼관계 이외에서 발생하는 성행동을 과거보다는 더 용납하고 있는 분위기로 변해가고 있다. 혼전이나 혼외성교를 보다 쉽게 생각하고 기본적으로 쾌락을 추구하기 위해 우연한 기회에서도 성교를 경험한다.

셋째, 성문제에 대해 성인이나 청소년 모두 과거보다 개인적인 선택을 즐기고 있다. 그들이 사회적인 가치나 기준, 규범 등에 개의치 않고 내가 원하는 바를 선택하겠다는 입장을 취한다.

3. 사회학적 성

1) 성역할

성역할이란 일반적으로 남성과 여성이 취할 적절한 행동에 관한 문화적으로 정의된 기대이다. 다시 말해 성역할은 여성과 남성이 어떻게 생각해야 하고, 행동해야 하며, 느껴야 하는지를 포괄하는 일련의 기대이다(허혜경·박인숙, 2015). 예를 들어, 과거에는 여성이 주로 자녀를 양육하고, 가족의 식사를 준비하며, 그 밖의 가사 일을 전담하기를 기대하는 반면, 남성은 가계를 부양하고, 가사 일보다는 집 밖의 일에 관여하도록 기대되었다. 하지만 최근에는 남녀 모두에게 가계 부양자 역할이나 가사 일을 공유하는 태도가 기대된다.

성역할에는 생식과 같은 생물학적인 요소와 심리적·사회적 요소가 모두 포함된다. 사회적 수준에서의 성역할은 남녀에게 바람직한 것으로 규정되는 역할에 대한 일련의 신념 체계, 즉 성역할 규범으로 나타난다고 보며, 이는 사회구성원을 성별에 따라 사회화시키는 근거가 될 뿐만 아니라 각종 사회제도를 만드는 근거가 되기도 한다.

한편 심리적 수준에서의 성역할은 사회화 과정을 거친 개인의 성역할 규범을 내면화시킨 정도, 즉 성역할 정체성이나 성역할 태도로 나타난다. 사회구성원의 성역할 성향은 다시 성역할 규범을 정하는 근거가 되므로 이 두 수준의 관계는 선형적이라기보다는 상호적인 관계이다(임정빈·정혜정, 1997; 홍숙자, 2000 재인용).

성과 성역할에 관련된 개념을 성 정체성, 성 고정관념, 성역할을 중심으로 정리하면 다음과 같다(표 5-1).

표 5-1 성과 성역할에 관련된 개념들

용 어	개 념
성 정체성 (gender identity)	자신을 남성 또는 여성으로 여기는 개인의 성에 대한 자각
성 고정관념 (gender stereotypes)	남성과 여성의 능력, 인성 특성, 그리고 사회적 행동에 관한 신념 (종종 부정확한 것으로서 일반에게 널리 알려져 있음)
성역할 (gender roles)	남성과 여성이 취할 행동에 관한 문화적으로 정의된 기대

출처: Lloyd, M. A. & Weiten, W.,(1997). Psychology applied to modern life(5th ed.); 유영주 외(2000) 재인용.

2) 성역할 이론

한 개인이 자신의 성역할을 이해하고 설명하는 대표적 이론으로 동일시이론(정신분석이론), 사회학습이론 그리고 인지발달이론을 들 수 있다. 세 이론 모두 다 성인기 이전의 사회적 경험을 중요시하는 공통점이 있다. 동일시이론과 사회학습이론은 성역할 사회화에서 어렸을 때의 사회적 및 환경적 요소를 중요하게 여기지만, 인지발달이론은 아동의 주체적 인지능력을 중시하는 견해이다.

(1) 동일시이론(정신분석이론)

아동은 동성 부모의 행동이나 태도를 보고 동일시한다. 정신분석학자인 프로이트는 아동은 두려움에서 벗어나려고 동성의 부모를 동일시한다고 주장한다. 여기서 동일시란 아동이 동성 부모의 성격, 가치 등 복잡한 형태의 태도, 감정, 그리고 성역할을 구성하는 행동기준을 획득하는 행위를 의미한다.

프로이트의 성격발달이론에 의하면 심리성적 발달단계 중 남근기에서 겪는 남녀의 서로 다른 경험이 남성과 여성의 근원적 차이를 빚어낸다고 한다. 부모를 향한 동일시는 4세경 남아에게는 오이디푸스 콤플렉스(Oedipus Complex), 여아에게는 엘렉트라 콤플렉스(Electra Complex)를 경험하며 진행된다. 소년은 자신이 음경을 가지고 있지만, 어머니에게는 없다는 것을 알게 됨으로써 어머니에 대한 성적인 느낌에 눈뜨게 된다. 그러나 소년은 무의식적으로 아버지가 어머니에 대한 자신의 애정을 알게 되면 자신을 거세할 것으로 생각하여 갈등을 느낀다. 남아는 거세불안(castration anxiety)을 감소시키기 위하여, 즉 오이디푸스 콤플렉스에 의해 야기되는 불안과 갈등을 해결하기 위하여 방어적으로 아버지와 동일시(identification)하게 된다. 남아는 아버지와 동일시를 통해 아버지처럼 행동함으로써 자신에게 적합한 성역할을 획득하게 된다.

한편 여아는 4세경에 엘렉트라 콤플렉스를 경험하게 되는데, 여아 자신은 음경이 없다는 것을 알게 되면서 이것은 어머니 때문이라고 생각한다. 이를 보복하기 위하여 아버지에게 집중하고 아버지의 사랑을 얻기 위해 자신은 어머니처럼 행동해야 한다고 믿고, 어머니를 동일시하면서 성역할 동일시가 이루어진다(이경우 외, 2001; 허혜경·박인숙, 2015).

동일시 이론에 의하면 성역할의 학습은 인생 초기에 무의식적이고 내적인 동기에서 일어나므로 특별한 강화 없이도 유지되며, 평생 비교적 안정적이라고 가정한다. 동일시 과정은 동성 부모와의 '강한 정서적 결합'에 의해 이루어지며, 동성 부모의 행동을 모방하기 때문에 부모-자녀 간의 성역할 행동 특성은 유사할 것으로 본다.

오이디푸스 콤플렉스, 엘렉트라 콤플렉스

■ 오이디푸스 콤플렉스(Oedipus complex)
남아가 아버지를 증오하고 어머니에 대해서 품는 무의식적인 성적 애착을 의미한다. 명칭은 그리스신화의 오이디푸스 왕의 이름에서 유래한 것으로, 오이디푸스는 테베의 왕 라이오스와 이오카스테(에피카스테)의 아들인데, 숙명적으로 아버지를 살해하고 스핑크스의 수수께끼를 풀어 테베의 왕이 되었다. 어머니인 줄 모르고 결혼한 그들은 그 사실을 알자 이오카스테는 자살하고 오이디푸스는 자기 눈을 뺀다.

■ 엘렉트라 콤플렉스(Electra complex)
딸이 아버지에게 애정을 품고 어머니를 경쟁자로 인식하여 반감을 갖는 경향을 가리키는 정신분석학 용어로 그 명칭은 그리스신화에서 아가멤논의 딸 엘렉트라가 보여 준 아버지에 대한 집념과 어머니에 대한 증오에서 유래하였다. 미케네 왕 아가멤논은 10년 동안 트로이전쟁을 마치고 귀국한 날 밤에 아내인 클리템네스트라와 간부(姦夫) 아이기스토스에게 살해당하였다. 엘렉트라는 동생인 오레스테스와 힘을 합쳐 어머니와 간부를 죽이고 복수하였다.

출처: 네이버 백과사전.

(2) 사회학습이론

성역할과 관련된 행동은 내적 동기보다는 외적·환경적인 힘의 영향을 받는다고 본다. 사회학습이론에서는 아동이 성역할을 획득하면서 아동의 행동에 대한 환경의 강화(보상과 처벌)를 중요한 요인으로 보고 있다.

미쉘(Mischel, 1970)은 직접학습(보상, 벌)과 관찰학습(모방, 대리학습)으로 아동의 성역할이 발달한다고 주장하였다. 아동이 성역할과 관련된 행동을 할 때 부모, 교사, 또는 친구 등과 같은 의미 있는 타인이 강화함으로써 성역할의 직접학습이 이루어진다. 즉, 아동은 자신의 성에 적합한 행동을 했을 때 보상을 받지만, 부적합한 행동을 했을 때는 처벌을 받게 되어 성장하면서 자신의 성에 적합한 행동을 학습하게 된다. 예를 들어, 여아가 장난감 총을 가지고 놀면 부모는 '여자답지 못하다'고 꾸중하고, 얌전하게 행동했을 때는 '여자답다'고 칭찬함으로써, 여아는 칭찬받은 대로 행동하며 자신의 성역할을 배운다. 이러한 직접학습을 통해 여아는 얌전하고, 협동적이며, 인형이나 소꿉놀이 장난감을 가지고 놀도록 장려되고, 남아는 경쟁적이고, 단호하고, 자동차나 총과 같은 장난감을 가지고 놀도록 장려된다. 또한, 아동은 관찰학습을 통해 많은 성역할 행동을 습득하게 된다. 아동은 부모나 친구 또는 다양한 매체를 통해서 자기 성에 적합한 행동을 학습하고, 이러한 행동유형은 환경적 강화를 통해 내면화된다.

(3) 인지발달이론

동일시이론이나 사회학습이론에서는 성역할을 습득하는 과정이 무의식적이고 수동적이라고 주장하고 있으며, 인생 초기에 형성되기 때문에 습득된 성역할은 일생 비교적 안정적으로 유지된다고 주장한다. 그러나 콜버그(Kohlberg)는 아동이 성역할을 습득해 나가는 과정은 매우 자생적이며 적극적이고 능동적이라고 주장한다. 이 과정은 인지발달과정과 밀접한 관련이 있어서 형식적 조작사고(formal operational thinking) 능력이 발달하는 청소년 전기 이후에는 성역할에 대한 가치관이나 신념이 변할 수 있다고 보았다. 즉, 개인은 인지발달에 따라 자신이 속한 사회 환경 속에서 적극적으로 정보를 탐색하여 자신의 성을 지각한다.

또한 관찰학습을 통하여 타인의 행동을 선별하여 자신의 성에 적합한 행동이나 태도,

역할 등을 내면화하여 습득하거나 때로는 변형시키기도 한다. 따라서 성역할을 학습하는 데는 TV, 신문, 영화와 같은 미디어, 부모, 친구, 교사 등 다양한 문화적 경험과의 상호작용이 큰 영향을 미친다.

콜버그는 아동이 자신의 성을 인식함으로써 성역할 발달이 이루어지는데, 이러한 자신의 성에 대한 인지를 사회적 강화가 바꾸어 놓지는 못한다고 주장한다. 아동은 자신의 인지능력 발달에 따라 성역할을 학습하고, 자신의 성이 영구적임을 인식하고 나면 자신의 성에 적합한 행동을 하려고 한다. 즉, '나는 여자다'라는 인식이 먼저이고, 그 다음에 '그러므로 여성에게 적합한 행동을 한다.'는 것이다(정옥분, 1998). 즉, 아동은 자신이 인지한 성 개념에 따라 자신에게 적합한 행동을 관찰하고 자신의 성과 같은 또래집단에 합류하여 적절한 행동을 하며, 그 집단 속에서 성역할을 발달시키게 된다.

3) 성역할 발달에 영향을 미치는 요인들

성역할 발달에 영향을 미치는 요인 중 대표적인 것으로 가족, 학교, 또래, 대중매체 등을 들 수 있다.

첫 번째는 가족이며, 부모는 아동의 성역할 사회화의 첫 번째 담당자이다. 부모가 가지고 있는 성의식과 태도는 자녀가 태어나는 순간부터 청소년기까지 중요한 영향력을 행사한다. 특히 자녀양육 시에 아들과 딸의 성별에 따라 성역할을 강요하는 부모의 행동은 자녀에게 성역할 고정관념을 갖게 한다.

형제의 수, 출생순위, 형제관계 또한 성역할 발달에 영향을 미친다. 형제 간에 모방이나 동일시가 일어날 수 있으며, 성역할 발달을 촉진한다.

두 번째로 학교를 들 수 있는데, 학교에서의 교과과정, 학교 조직, 교사 등이 성역할 발달의 매개요인이 된다. 그러나 교과과정에서의 성차별, 학교 행정과 운영은 대개 남성이 담당하고 있다거나 진로지도 시에 전통적인 성역할 고정관념 등이 남아 있어 학생들의 성역할 발달에 반영되기도 한다.

또래는 성역할 발달에 많은 영향을 미친다. 또래들이 사용하는 언어, 표현적인 역할 등은 개인의 성역할 발달의 기준이 되기도 한다.

마지막으로 대중매체를 들 수 있는데, TV · 잡지 · 인터넷 등을 통해 성역할 모델링이나 동일시 대상이 정해지기도 하므로 그 영향력이 커지고 있다. 그러나 아직도 TV 프로그램 등에서는 전통적인 성역할을 많이 묘사하고 있으며, 건강하고 평등한 성역할을 수행하는 모델을 제시하는 것에는 소홀하다. 그러므로 대중매체를 통해 제시되는 성역할에 대한 검토가 필요하다.

왜곡된 성역할의 예 – 일곱 가지 남성 콤플렉스

콤플렉스(Complex)란 관념복합체 혹은 '마음 속의 응어리, 억압된 의식 아래 잠재해 있는 관념'으로 정의할 수 있으며, 사고의 흐름을 방해하고 당황하게 하거나 화를 내게 하거나 마음을 찔러 목매게 하는 어떤 것이다. 대개 약점에 대해 흔히 열등의식으로 생각하기도 하지만, 열등감으로 생기는 불쾌한 감정뿐만 아니라 우열감과 희로애락과 같은 다양한 감정도 포함한다. 우리나라 남성들이 가지고 있는 남성 콤플렉스는 사내대장부 콤플렉스, 온달 콤플렉스, 만능인 콤플렉스, 외모 콤플렉스, 성 콤플렉스, 지적 콤플렉스, 장남 콤플렉스 등 7가지로 나누어 볼 수 있다.

■ 사내대장부 콤플렉스

남자는 대범함 · 강직함 · 신중함 · 과묵함 등 남자다움으로 무장해야 한다는 생각이다. 꽁생원, 졸장부, 소인배, 샌님이라는 평가보다는 남자다운 품위와 체면을 지키려고 허세를 부리거나 폭력을 휘두르며 강한 남자로 위장하기도 한다.

■ 온달 콤플렉스

"보리쌀 서 말이면 처가살이 안 한다? 오죽 못났으면 사내가 마누라 덕을 보느냐?"고 비아냥거리지만 어려서는 외가 덕, 젊어서는 처가 덕, 늙어서는 사돈 덕을 보고 싶은 것이 남자들의 심리다. 한 가정의 가장으로 위풍당당한 모습을 보이면서도 아내의 재산이나 지혜를 바탕으로 더 높이 발돋움하려는 심리를 감추고 있는 것이다.

■ 성 콤플렉스

변강쇠는 나의 희망, 남성의 성은 적극적 · 능동적이며 성행위에서 주도권을 잃어서는 안 된다는 것이다. 그래서 자신의 성적 능력이 그 수준에 미치지 못하거나 여성을 만족하게 하지 못하면 위축되고 갈등한다.

■ 지적 콤플렉스

남자는 여자보다 똑똑하고 이성적이어야 한다는 생각, 이런 남자들은 여성 상사나 선배의 지시를 받으며 일하는 것을 자존심 상해 한다. 또 지적인 여자는 좋지만 자기보다 유능한 아내는 싫다고 한다.

■ 외모 콤플렉스

잘생긴 외모가 부럽지만, 외모에 연연하는 것은 남자답지 못하다고 생각하며 열등감에 시달리는 '가슴앓이파', 외모 열등감을 미인 아내를 얻어 보상받으려는 '미인 밝힘형', 계집아이 같다는 말을 들을 정도로 외모를 가꾸는 '꽃미남형', 탄탄한 몸을 가지려고 부단히 노력하는 '스포츠 맹신형' 등 다양하게 나타난다.

■ 장남 콤플렉스

단 한 번도 가족들에게 어려운 것을 말한 적이 없는 남자, 나를 믿고 의지하는 가족들의 기대를 꺾기 두려워하는 남자들은 주로 장남이다. 장남들은 가족들의 신뢰와 기대로 심적 부담을 느끼기도 한다.

■ 만능인 콤플렉스

남자라면 도둑질 빼고는 모두 잘해야 한다. 가정과 직장, 술자리, 취미생활에서까지 어느 자리에서나 남들보다 돋보이는 유능한 사람이 되어야 한다는 생각이다.

4) 새로운 성역할의 추구

사회가 변화함에 따라 현대사회의 남녀 역할에서도 전통적인 여성성 혹은 남성성보다는 다양한 상황에서 융통성 있게 대처할 수 있는 양성성이 높은 사람을 요구한다.

(1) 양성성의 개념

Sandra Bem(1944~2014)

양성성(androgyny)이란 하나의 유기체 내에 여성적 특성과 남성적 특성이 공존한다는 것을 의미한다. 즉, 양성성은 사회의 성역할 고정관념을 이루는 것 중 바람직한 여성적 특성과 남성적 특성이 결합하여 공존하는 것으로, 성격과 행동이 독립적이면서도 부드럽고 기존의 성역할에 고정되지 않는 건강하고 적응적인 성격이 나타난다. 양성성은 상황에 따라 남성적 역할과 여성적 역할을 융통성 있게 적절히 수행할 수 있다고 인식하는 효율적인 성역할 개념이라 할 수 있다.

남성성과 여성성의 전통적인 개념에 대한 대안으로 양성성을 주장한 산드라 벰(Sandra Bem)은 양성성을 갖도록 사회화하는 것이 전통적인 성역할을 갖는 것보다 훨씬 기능적이라고 주장하였다. 양성적인 사람이 한 가지 성역할에 고정된 사람보다 자존감, 자아실현, 성취동기, 결혼만족도, 도덕성 발달 및 자아수준이 높고 정신적으로 더 건강한 것으로 나타났다(홍숙자, 2000).

(2) 양성성의 속성

■ 양성성의 효율성

양성성의 효율성은 개인이 속한 문화사회적인 상황에 따라 다를 수 있다. 즉, 성 고정관념이 강한 사회에서는 개방적인 사회보다 양성적인 사람이 훨씬 더 적응하기 힘들 것이다. 따라서 양성적인 행동의 효율성은 상황이 그러한 행동을 어떻게 수용하느냐에 달려 있다. 양성적인 사람은 내게 최선의 것을 선택해야 할 것인가 아니면 타인이 기대한 대로 행동해야 할 것인가를 결정해야 할 때가 있다. 여러 선택의 이해득실을 따져보고 자신에게 가장 바람직한 하나를 선택할 것이다. 이때 매우 유사하게 양성성을 소유한 사람도 '선택의 자유'는 개인이 직면한 상황에 따라 달라질 수 있다. 그러나 앞으로의 사회에서는 양성성의 효율성이 더 커질 가능성이 있다. 즉, 남녀가 공존해야 하는 현대사회에서는 강한 남성성의 소유자나 강한 여성성의 소유자보다는 양성적인 사람이 심리적 스트레스와 긴장감을 덜 느끼고 적응력이 더욱 뛰어날 것이다.

■ 이중역할

만일 가정과 직장의 이중역할을 선택하였을 경우, 역할 과중과 역할 갈등에서 오는 어려움을 감수해야 한다. 많은 여성이 의존을 혐오하면서도 자립을 두려워하는, 자립과 의존의 이중적인 감정의 멍에 속에서 아무런 노력 없이 운 좋게 신데렐라가 되고 싶어 하는 '신데렐라 콤플렉스'를 가지고 있다. 그러나 우리 사회에서는 많은 성공적인 취업 여성이 '슈퍼우먼 신드롬'을 경험한다. 아직 우리 사회에서는 여성이 가정과 일, 두 가지 분야에서 모두 성취하기란 그렇게 쉬운 일이 아니기 때문이다. 슈퍼우먼이 아닌 보통 여성이 가정생활과 직장생활을 무리 없이 병행하기 위해서는 가정과 사회가 함께 성 역할 고정관념에서 벗어나야 한다. 남녀가 모든 역할을 융통성 있게 공유하고 서로의 주체성을 인정할 때, 미래의 삶은 남성과 여성 모두에게 진실하고 풍요로워질 것이다.

5) 21세기의 여성성과 남성성의 새로운 개념

21세기는 여성성과 남성성의 개념이 변화하고 있다. 개념이 변한다는 것은 사회가 변하기 때문이다. 또한 사회가 변화한다는 것은 인식이 변했다는 것이다. 그러므로 다음의 용어들은 21세기의 남성다움을 나타내는 남성성과 여성다움을 나타내는 여성성이 변화하고 있음을 알 수 있는 신조어들이다(Salzman, M., 2003).

(1) 여성성의 변화

■ 콘트라 섹슈얼(Contrasexual): 콘트라 섹슈얼은 '반대'의 뜻을 가진 라틴어 'contra'와 성을 의미하는 'sexual'을 조합한 신조어로 결혼이나 육아보다는 사회적 성공과 고소득을 인생의 가장 큰 가치로 삼은 여성들을 의미한다. 영국의 미래연구소에서 등장한 용어로써, 주로 30대 후반의 여성을 의미하며 생활과 일, 배우는 것과 행동에 있어서 매우 신중하고 단호하며 모험적인 사고방식을 가진 사람을 의미한다. 이들은 결혼과 낭만적 관계보다는 지금 바로 주어지는 기회를 활용하여 인생경험을 중요시하고 때로는 자기과시를 통해 기쁨을 얻고 주어진 목표에 관심을 둔다. 남성에 대해서는 '일부'이지 '전부'나 '중심'으로 인식하지 않는다.

■ 집안의 여왕(Domestic Diva): 이들이 결혼하여 그들의 인생에 남성을 끌어들여 의식주 등 모든 종류의 사치품을 남성에게 의존하는 사회적 노동을 하지 않기 때문에 겉으로는 주부이지만 실제로 가사노동을 도우미에게 맡기거나 돈으로 해결한다. 운동과 취미생활을 하면서 시간을 보내고 아이의 학교생활이나 지역 예술단체회의에 참석

하는 것을 가치 있는 일로 생각하는 것을 말한다.

(2) 남성성의 변화

■ 메트로섹슈얼(Metrosexual): 메트로섹슈얼'이란 도시를 뜻하는 'metro'와 성을 뜻하는 'sexual'이 합성된 신조어. 여성 취향의 아름다움과 미적 감각을 추구하는 도시 남성을 뜻한다.

외모에 신경을 쓰는 남성의 증가는 어제 오늘의 일이 아니지만 이 단어가 대중에게 관심을 받자 패션, 화장품 업계에서는 남성 용품 마케팅 전략으로 메트로섹슈얼을 내세우고 있다. 메트로섹슈얼의 더 솔직한 의미는 대도시에 살면서 자신의 외모에 일정 수준 이상의 소비할 수 있을 만큼 여유 있는 남성들을 지칭한다.

게다가 '외모가 매우 중요한 경쟁력'이라는 메시지가 아무렇지도 않게 강조되고 있다. 처음 이 단어가 제시됐던 성역할 변화에 대한 분석적 시각은 사라지고 오로지 외모치장을 위한 소비만이 위력을 떨치고 있다.

■ 위버섹슈얼(Ubersexual): 위버섹슈얼이란 자신의 직업을 통해 우수한 능력을 보여주고, 여성의 말에 귀를 잘 기울이며, 자신만의 스타일이 살아 있는 그야말로 '멋진' 남자를 뜻한다. 이들은 남에게 보여주려고 자기 스타일을 추구하지는 않는다. 스스로가 패션을 좋아할 따름이다. 따라서 그동안 여성의 전유물로 여겨졌던 피부관리, 성형 등 외모 가꾸기에도 관심이 많다. 메트로섹슈얼을 지나 여심을 흔들고 있는 위버섹슈얼은 자신만의 패션스타일을 만들고, 미용과 성형에도 폭발적인 관심을 쏟

고 있다.

클래식한 양복 위주였던 남성 패션시장이 최근에는 다양한 스타일에 대한 욕구를 반영해 해외 유명 디자이너브랜드가 줄줄이 소개되고 있다(https: //news.joins.com/article/3111870).

■ **뉴 블로크**(New Bloke): 호주의 사회학자인 맥키(Macky)에 의해 등장한 용어로써 이들은 겁쟁이가 아니지만 마초 또한 아니다. 이들의 특징은 중간적인 사내다우면서도 예민하고 깨어있고 자유로우며 자신의 남성성을 편안하게 받아들인다.

여성이 남성과 동등하다는 점을 알고 있기 때문에 성별 간에 좋은 관계를 이루는 길은 사회가 진정한 평등을 인정하는 데 있다고 생각하는 사람들이다.

■ **이모 보이**(Emo Boy): 근육질이 아니며 쌀쌀맞고 은근히 자만심이 강하다. 교양 있고 친절하며 어두운 내면도 지녔다. 남성상의 전형적인 부정적 속성 및 행동과 동일시되기를 거부하는 사람이기 때문에 남자다워 보이는 부분이 있기는 하지만 상처받기 쉽고 감성적이며 감정의 기복이 있으며, 상대의 감정보다 자신의 감정에 더 예민함을 보이는 사람들이다.

잠깐만! 함께해요

성역할검사

아래 문항의 말들은 자기 자신을 표현하는 말들입니다.
자신에게 가장 적절하다고 생각되는 번호를 아래의 표에 표시해 주십시오.

1. 전혀 혹은 거의 그렇지 않음 2. 대개의 경우 그렇지 않음 3. 가끔 그러나 드물게 그러함 4. 때때로 그러함	5. 자주 그러함 6. 대개의 경우 그러함 7. 항상 혹은 거의 항상 그러함
1. 자신감이 있다.	31. 의사결정을 쉽게 한다.
2. 순종 / 양보한다.	32. 연민의 정이 많다.
3. 남에게 도움을 잘 준다.	33. 진지하다.
4. 자신의 신념을 강력히 주장한다.	34. 자부심이 강하다.
5. 명랑하다.	35. 상한 마음(감정)을 위로해 주고싶다.
6. 기분이 잘 변한다.	36. 잘난 체한다.
7. 독립적이다.	37. 지배적이다.
8. 수줍어한다.	38. (말씨가) 상냥하다.
9. 양심적이다.	39. 호감이 가는 성품이다.
10. 운동을 잘 한다.	40. 남성답다.
11. 자애롭다.	41. 온화하다.
12. (연극처럼) 꾸민 것 같다.	42. 엄숙하다.
13. 주장이 뚜렷하다.	43. 자기주장을 주저없이 한다.
14. 남이 듣기 좋아하는 말을 잘한다.	44. 부드럽다.
15. 기쁘다.	45. 친절하다.
16. 성격이 강하다.	46. 공격적이다.
17. 충절을 잘 지킨다.	47. 속기 쉽다.

18. 예측할 수 없다.	48. 비능률적이다.
19. 강요를 잘 한다.	49. 지도자처럼 행동한다.
20. 여성답다.	50. 어린애같이 순진하다.
21. 믿을 만하다.	51. 융통성이 있다.
22. 분석적이다.	52. 개인주의자다.
23. 동정심이 많다.	53. 거친 말을 쓰지 않는다.
24. 질투심이 강하다.	54. 조직적이 아니다.
25. 지도자의 능력이 있다.	55. 경쟁적이다.
26. 타인의 욕구에 민감하다.	56. 어린이를 사랑한다.
27. 정직하고 성실하다.	57. 눈치가 빠르다.
28. 모험을 좋아한다.	58. 야심적이다.
29. 이해심이 있다.	59. 온순하다.
30. 비밀이 많다.	60. 관습에 따른다.

출처: http: //www.sunderella.zc.bz/bbs/skin/ggambo7002_board/print.php?id=pedagogy&no=41.

채점기록표

1		2		3		4		5		6		7		8		9		10		11		12	
13		14		15		16		17		18		19		20		21		22		23		24	
25		26		27		28		29		30		31		32		33		34		35		36	
37		38		39		40		41		42		43		44		45		46		47		48	
49		50		51		52		53		54		55		56		57		58		59		60	
A		B		C		D		E		F		G		H		I		J		K		L	
(가) A+D+G+J/20=								(나) B+E+H+K/20=								(다) C+F+I+L/20=							
P = { (나)−(가)−(다) } *2.322																							

채점방법

- 여성성 평균점수가 남성성 평균점수보다 작으면 이 값은 음수로 나오게 됨
- 이 점수가 −2.025보다 작으면 남성적 방향으로 성특징화 경향
- 2.025보다 크면 여성적 방향으로 성특징화
- 점수가 −1에서 1 사이이면 여성성과 남성성의 특징이 고루 개발
- −2.025에서 −1 사이, 1에서 2.025 사이이면 이런 특징이 다소 미분화 경향

양성성을 가진 사람

- 벰은 남성성과 여성성 항목점수가 모두 중앙치 이상인 경우를 양성성이라 함
- 양성적인 사람은 여성적인 특징과 남성적인 특성이 모두 충분히 개발된 사람
- 반대로 남성성과 여성성 점수가 모두 중앙치 이하인 경우는 어느 방향으로도 성 특징화되지 않은 것으로, 오히려 사회적 적응능력이 떨어질 수 있다고 봄

6장
사랑에 대한 이해

사랑을 구체적으로 정의하고 설명하기란 무척 어렵다. 그러나 대다수의 사람들은 사랑 때문에 결혼하고, 사랑이 주는 행복으로 삶이 풍요로워질 것이라고 기대한다. 사실 이성 간의 사랑은 인간이 경험할 수 있는 가장 가치 있고 충족감을 주는 감정이며, 동시에 내면의 잠재력을 발휘하게 하는 강력한 감정이다(Satir, 1988). 이처럼 사랑은 인간의 삶에서 상당히 중요한 부분이며, 좋은 관계, 특히 행복하고 바람직한 결혼을 위해서는 그 관계 속에 반드시 사랑이 있어야 한다는 데 공감할 것이다. 여기서는 사랑에 대한 물음, 사랑의 구성요소, 사랑의 유형, 사랑의 성차 그리고 사랑의 능력에 대해 살펴보고자 한다.

1. 사랑에 대한 물음

사랑의 행위와 감정은 다양한 형태로 존재한다. 이성교제를 통해 이루어지는 이성 간의 사랑은 남녀를 지속적으로 만나게 하는 동기이며 궁극적으로는 결혼에 이르는 과정으로서 의미가 있다. 이 과정에서 성은 사랑의 감정을 확인하고 더욱 강화시켜 주며, 이를 유지해 주는 도구로서 표현되는 인간활동이다. 그래서 사랑은 타인, 특히 이성과의 정서적인 유대관계와 성적인 관계를 기초로 이루어지는 인간행위라고 할 수 있다.

사랑은 기쁨과 슬픔, 환희와 고통, 행복과 불행을 좌우하는 오묘한 감정상태에 빠지게 하는 강렬한 정서적 경험을 수반한다. 그러므로 사랑은 사랑에 빠진 한 사람과 또 다른 한 사람을 융합시키고 강렬한 열정으로 서로를 원하게 하는 신비한 마력을 지니고 있다. 즉, 애정의 유지 여하에 따라 상반된 감정 상태가 될 수 있으며, 사랑이 우리의 행동이나 동기에 미치는 영향은 지대하다.

프롬(Fromm)은 "사랑이란 자신의 기쁨, 흥미, 지식, 슬픔 등 자기 자신 안에 살아 있는 모든 것들의 표현을 상대방에게 주는 것은 물론 자기의 생명까지 줌으로써 상대방의 감각을 강화하고, 상대방의 생활을 풍요롭게 만듦으로써 그 속에서 자기가 살고 있음을 느끼는 것"이라고 정의한다. 나스와 맥도날드(Nass & McDonald, 1982)는 "사랑이란 자신이 믿는 것을 상대방에게 알리고 행함으로써 상대방이 성장하도록 도와주며, 공통된 목표와 꿈, 희망을 상대방과 함께하며 어려운 일에도 기꺼이 상처를 받을 수 있는 감정"이라고 정의한다. 사랑은 각 개인이 겪는 특별한 경험이므로, 이러한 정의들은 수많은 사랑의 정의 중 일부에 불과하다(김모란, 2002).

사랑이 개인마다 독특한 경험에 근거하면서도 개인이 사랑이라는 감정을 깨닫는 것은 사랑에 대해 우리 사회에서 일반적으로 받아들이기 때문이다. 즉, 현재 내가 느끼는 감정이 사랑인지 아닌지는 우리 사회에 이미 정형화된 사랑의 틀을 자신의 감정에 적용해 본 결과 깨닫는 것이다. 이는 각 개인의 특별한 감정이나 행위가 이미 보편화되고 정형화되었음을 의미한다. 따라서 사랑은 각 개인의 독특한 감정이면서도 모든 사람이 공유한다는 점에서 개인적인 동시에 사회적인 것도 된다. 이는 사랑이 개인의 특정한 상황에서 발생하는 감정에 대해 사회의 보편적 가치를 기초로 사랑이라는 의미를 부여함으로써 사랑을 확신하고 사랑은 남녀 상호 간의 사회적 경험에 바탕을 두었다는 것이다.

사랑은 특정 상대에 대해 매력을 발견하고 상대에 대해 더 많은 것을 이해하려는 각별한 노력을 통해 형성된다. 이 과정은 황홀한 경험이기도 하지만, 때로는 고통스러운 것이기도 하다. 이런 점에서 사랑은 확실히 개인적이라고 할 수 있다. 다른 한편으로 두 남녀 사이의 경험이 인간 상호 간의 사회적인 관계에서 이루어진다는 점에서 사랑은 각 개인에게 작용하는 사회구조나 제도, 문화적인 규범의 영향을 받는다. 이러한 과정을 거치면서 우리는 사랑하는 사람들의 심리적 특성과 행동 특성을 이해하여 사랑을 줄 수도 있고 사랑을 받을 수도 있는 행복한 경험자로서 인생을 즐겁게 보낼 수 있다.

이렇게 본다면 결국 사랑이란 단순히 감정의 차원만이 아니라 인식의 차원이며, 사랑이란 하나의 지적 개념임을 알 수 있다. 중요한 것은 모든 사람이 일치할 수 있는 사랑의 정의를 발견하는 일이다(허혜경 외, 2015).

2. 사랑의 삼각형 이론

1) 사랑의 구성요소

스턴버그(Sternberg)는 최소한 한 번 이상 사랑을 해 본 경험이 있는 다양한 연령층의 사람들을 대상으로 설문지와 면담을 통해 사랑을 연구한 결과, 사랑의 삼각형 이론을 제시하였다. 그는 사랑의 요소를 친밀감, 열정, 결심·헌신으로 보았으며, 그 구체적인 내용은 다음과 같다(Sternberg, 1993).

(1) 친밀감

친밀감이란 '정서적 요인'으로서 사랑하는 관계 안에서 경험하는 연결감, 유대감, 밀착감과 같은 '따뜻한 느낌(warmth)'이다. 친밀감 때문에 두 사람이 함께 있으면 행복하고, 서로에게 관심과 호의를 보이며, 어려움이 있을 때 서로 친밀하게 의사소통을 하고, 상대방을 이해하며, 정서적으로 지지해 준다. 그리고 상대방을 소중히 여기고, 자신이 가진 것을 함께 나누고, 서로 의지하며, 상대방의 행복을 희구한다.

친밀감을 나타내는 10가지 지표를 소개하면 다음과 같다(Sternberg & Grajek, 1984).

- 사랑하는 사람의 행복이 증진하기를 바라는 것
- 사랑하는 사람과 함께 있을 때 행복을 느끼는 것
- 사랑하는 사람에 대해 높은 존경심을 갖는 것
- 필요로 할 때 사랑하는 사람에게 의지할 수 있는 것

- 사랑하는 사람과 서로를 이해하는 것
- 자신의 소유물을 사랑하는 사람과 나눌 수 있는 것
- 사랑하는 사람에게서 정서적 지원을 받는 것
- 사랑하는 사람에게 정서적 지원을 제공하는 것
- 사랑하는 사람과 친밀한 의사소통을 하는 것
- 자신의 인생에서 사랑하는 사람의 가치가 높게 평가되는 것

사랑하는 관계를 지속함에 따라 친밀감은 서서히 상승해 가다가 어느 시점에 이르면 친밀감의 존재 여부를 느끼지 못하는 상태가 되어 버린다. 이러한 현상의 원인은 두 가지인데, 하나는 친밀감이 사라져 가는 경우이고, 다른 하나는 친밀감이 잠재되어 있지만 느끼지 못하는 경우다. 미지근하게 지속하던 연인관계나 부부관계가 이별이나 별거 혹은 사별로 종식된 후 그 연인이나 부부가 평소에 느끼지 못하고 있던 친밀감을 확인하고 후회하는 것을 종종 보게 되는데, 이것은 바로 후자의 경우다.

(2) 열정

열정(passion)은 사랑하는 관계에서 낭만이나 성행위 등으로 이끌어 주는 강한 신체적 매력, 감정 또는 성적인 욕구이다. 열정이란 '동기적 요인'으로서 사랑하는 사람과 하나가 되고 싶어 하는 결합을 갈망하는 상태다. 스턴버그는 이것을 '뜨거운 느낌(hot)'이라고 표현하였다. 이러한 욕구는 상황과 대상에 따라 다르게 나타난다. 즉, 부모-자녀 간에는 양육 동기, 의존 욕구, 지배 욕구, 복종 욕구, 자아실현 욕구 등으로 나타나고, 이성 간에

는 사랑하는 사람과 결합하고자 하는 강한 갈망으로 나타나며, 성적인 욕구가 지배적이게 된다. 이성간에 낭만적인 감정이 발현되고 신체적 매력을 느끼면서 성적인 충동이 일어나는 상태다.

열정은 급속하게 달아올랐다가 쉽게 식어버린다. 많은 경우 성적 욕구가 열정의 주요 부분을 차지하지만, 자존감, 타인과의 친화, 타인에 대한 지배나 복종 같은 욕구들이 열정을 일으키기도 한다. 상대방에 대한 열정은 마치 중독과 같아서 상대방이 곁에 없으면 상대에 대한 그리움에 강한 갈망을 일으킨다. 열정의 발달곡선은 중독현상에 내재해 있는 반대과정(opponent process)과 유사하다. 즉, 열정은 상대방에 대한 긍정적 충동이 절정에 달했을 때, 이와 정반대의 부정적 충동인 혐오감정이 서서히 생겨나서 결국에는 긍정적 충동은 사라지고 부정적 충동만이 남게 된다. 불같이 달아올랐던 격정이 순식간에 사라지고 서로의 마음속에 미움만 남아 헤어진 다음, 깊은 우울과 후회의 세월을 보낸 후 원래의 평정을 되찾게 되는 감정의 사이클은 바로 이러한 현상 때문이다. 그러나 열정과 친밀감은 밀접하게 상호작용한다. 즉, 열정적 관계에서 친밀한 관계로 발전할 수도 있고, 친밀한 관계가 발전하여 열정적 관계로 변화할 수도 있다.

(3) 결심 · 헌신

결심(decision) · 헌신(commitment)은 사랑의 '인지적 요인'으로서 '차가운 느낌(cold)'이라고 표현된다. 이것은 단기적으로는 어떤 사람을 사랑하겠다는 결심이며, 장기적으로는 그 사랑관계를 지속하기 위해 노력하고 책임지는 헌신이다. 그러나 이러한 장기적 · 단기적 측면이 항상 동반되는 것은 아니다. 즉, 사랑하지만 관계를 지속하지 않으려는 경우도 있고 관계를 지속하고 책임을 지고자 하는 것이 꼭 사랑의 결심을 의미하는 것은 아니다.

친밀감이나 열정과 함께 결심·헌신도 사랑의 중요한 요소다. 사랑의 감성적 측면은 진폭이 크고 불규칙한 데 비하여 눈이 오나, 비가 오나, 어려운 때에도 사랑관계를 일정하게 지속시켜 주는 역할을 하는 것이 바로 결심·헌신이다. 즉, 친밀감이나 열정은 통제하기가 매우 어렵지만, 결심·헌신의 측면은 통제할 수가 있다. 대체로 친밀감과 열정이 형성된 후에 결심·헌신이 뒤따르나, 결심·헌신 후에 친밀감과 열정이 수반되기도 한다. 전자는 연애결혼의 경우가 그 예가 될 수 있고, 후자는 중매결혼이나 부모-자녀관계에서 찾아볼 수 있다. 그러나 결혼하면서부터 '살다가 싫으면 이혼하지'라고 생각하면 친밀감이나 열정이 생기지 않을 수도 있다.

헌신은 관계의 초기부터 빠르게 발달하며, 시간이 지날수록 그 비중이 더 커진다. 자녀에 대한 부모의 사랑이나 오랜 시간에 걸친 부부간의 사랑도 헌신에 해당한다. 완전한 사랑이란 친밀감, 열정, 결심·헌신의 세 가지 요소가 균형 있게 갖추어져 있을 때 이루어지며, 이것이 사랑의 삼위일체이다(그림6-1 참조).

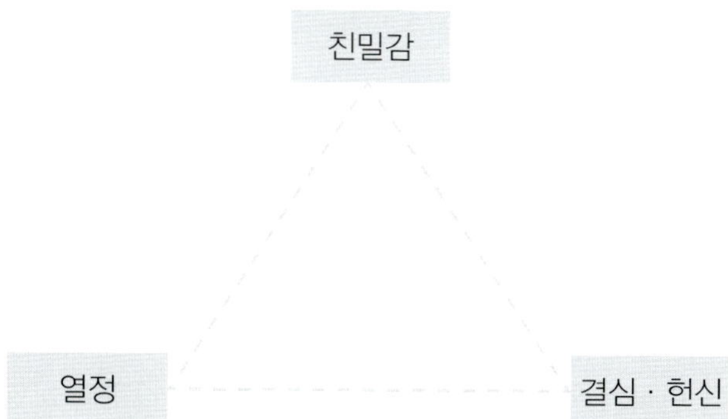

그림 6-1 사랑의 삼각이론: 사랑의 3요소

스턴버그에 따르면 열정은 사랑하는 관계에서 초기에 발생하지만, 시간이 지날수록 점점 그 강도가 줄어든다. 사랑하는 사람 간에 일어나는 성적이고 열정적인 사랑은 빠르게 발전하여 정상의 감정에 도달하나, 쉽게 식어가는 특징이 있다. 반면 친밀감과 결심·헌신은 시간이 지나면서 서서히 발전하게 된다. 그러므로 사랑하는 사람 간에는 친밀감과 결심·헌신적 태도가 발달하여야 그 관계가 오래 지속될 수 있다(그림6-2 참조).

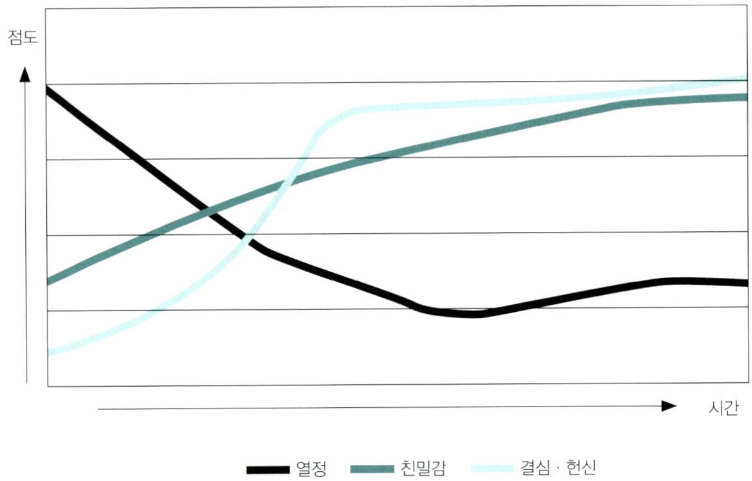

그림 6-2 시간경과에 따른 사랑의 발전

사랑의 세 가지 구성요소에 의하면 사랑의 강도와 균형이라는 두 측면에서 기하학적으로 설명될 수 있다. 사랑의 강도는 한 사람의 상대에 대한 사랑의 크기로 설명될 수 있다. 즉, 어떤 사람이 파트너에 대해 느끼는 사랑의 강도가 클수록 파트너를 향한 그 사람의 사랑 삼각형의 면적이 커진다. 한편, 사랑의 균형은 삼각형의 모양을 결정한다. 즉, 사랑의 세 요소가 적절히 균형을 이룬 완전한 사랑은 균형 잡힌 정삼각형으로 나타나지만, 세 요소 중 어느 한 요소만 있을 때 불균형적인 삼각형으로 나타날 것이다. 예를 들어, 친밀감 요소만 발달한 우애적 사랑은 위로 길쭉한 모양의 삼각형이 될 것이고, 열정의 요소만 있는 낭만적 사랑은 왼쪽 아래가 길쭉한 불균형적인 삼각형이 될 것이다.

사랑의 삼각형은 자기의 사랑 삼각형과 파트너의 사랑 삼각형의 크기와 모양을 비교해 보는 데도 유용하다. 그림 6-3에서와 같이 파트너끼리 사랑의 삼각형의 크기와 모양이 어울리면 만족스러운 관계를 맺을 것이지만, 사랑의 삼각형이 조화를 이루지 못할수록 관계에 불만족할 가능성이 크다. 사랑의 삼각형은 자기가 인식한 삼각형과 상대가 인식한 삼각형을 구분할 수 있다. 즉, 자기가 상대방에게 표현했다고 인식하는 사랑의 삼각형과 상대방이 받았다고 인식하는 사랑의 삼각형이 차이가 있을 수 있다.

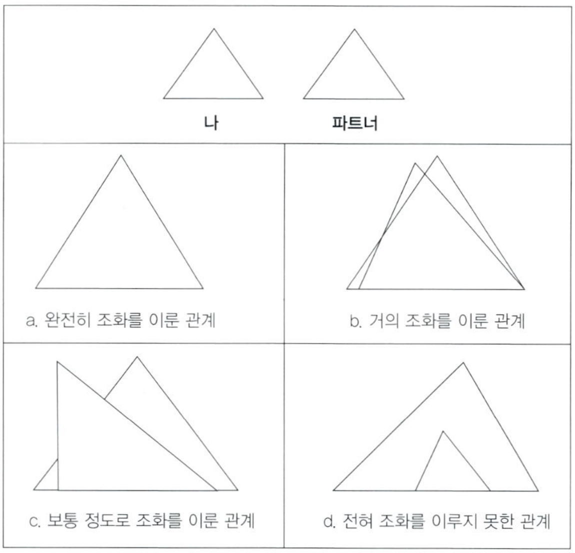

출처: Sternberg & Barnes(1985); Strong & Devault(1994).

그림 6-3 사랑의 세 가지 구성요소에 의한 관계의 유형

2) 사랑의 분류

사랑을 표현하는 방법과 모습은 동서고금에 따라 다르다. 고대 그리스에서는 사랑을 에로스(Eros)라고 칭하였는데, 이것은 육체적인 사랑뿐만 아니라 진리에 이르고자 하는 동경과 희구를 내포하는 말이다. 그리스도교의 사랑, 즉 아가페(Agape)는 신에 대한 사랑 또는 인간에 대한 신의 조건 없는 사랑을 의미한다. 인간이 인간 또는 이성에 대하여 경험하는 사랑의 모습도 다양하다. 사람들은 '사랑'이라는 이름으로 환희를 경험하기도 하고 '사랑'이라는 이름으로 슬픔과 고통 등과 같은 경험을 하기도 한다. 이처럼 다양한 형태의 사랑을 심리학적으로 분류해 보는 것은 바람직한 사랑의 모습을 설정하는 데 있어서 매우 의미 있는 작업이다.

스턴버그(Sternberg)는 사랑의 세 가지 요소, 즉 친밀감, 열정, 결심 · 헌신의 조합 형태에 따라 사랑의 종류를 일곱 가지로 분류하였다(김애순 외, 1997). 그는 친밀감, 열정, 결심 · 헌신 중 한 요소도 포함되지 않은 경우는 사랑이 아닌 것으로 보았다. 그리고 친밀감, 열정, 결심 · 헌신 세 요소의 유무에 따라 좋아함, 눈먼 사랑, 얼빠진 사랑, 공허한 사랑, 낭만적 사랑, 동반자적 사랑, 완전한 사랑의 일곱 유형의 사랑으로 분류하였다.

먼저 '좋아함(liking)'은 친밀감을 주된 요소로 하여 정서적으로 따뜻함을 느끼는 우정과 같은 사랑이다. '눈먼 사랑(infatuated love)' 또는 도취한 사랑은 열정적 사랑으로 표현될 수 있으며, 호르몬 분비나 심장박동과 같은 신체적 증상을 동반하는 강한 열정은 있으나, 친밀감이나 책임감이 없는 사랑이다. 열정을 느껴 사랑을 하나 친밀감이 발달하지 못하면 단기간에 관계가 종식되어 버리는 '허구적 사랑(fatuous love)'이 되고 만다. 첫눈에 반해서 만난 지 2주 만에 결혼하고, 얼마 안 되어 이혼했다는 소식을 듣게 되는 커플이 이런 유형이다. '공허한 사랑(empty love)'은 사랑해야 한다는 의지와 결심 또는 상대방에 대한 책임감으로 이루어진 상태로서, 친밀감이나 열정은 없는 사랑이다. 중매결혼의 초기 또는 한때의 격한 열정이나 매력이 사라진 뒤 체면이나 법적인 관계에 얽매어 오랫동안 미지근한 관계를 유지해 오고 있는 중년의 결혼생활에서 흔히 볼 수 있는 현상이다. '낭만적 사랑(romantic love)'은 좋아하는 것 이상의 강한 친밀감과 상대에 대한 매력, 열정을 느끼는 것이다. 이러한 사랑에서 매력과 열정이 빠져나가고 우정과 같은 사랑으로 변하면, 상대방을 일생의 동반자나 친구처럼 느끼게 되는데, 이것을 '동반자적 사랑(companionate love)'이라고 한다. 마지막으로 친밀감, 열정, 결심·헌신의 세 요소가 균형 있게 갖추어진 사랑이 '완전한 사랑(consummate love)'이다. 이것은 모든 사람이 추구하고 갈망하는 사랑이다.

표 6-1 스턴버그의 사랑의 분류

사랑의 분류	사랑의 요소		
	친밀감	열정	결심 · 헌신
사랑이 아닌 것(non love)	X	X	X
좋아함(liking)	O	X	X
눈먼(도취한) 사랑(infatuated love)	X	O	X
공허한 사랑(empty love)	X	X	O
낭만적 사랑(romantic love)	O	O	X
동반자적 사랑(companionate love)	O	X	O
허구적 사랑(fatuous love)	X	O	O
완전한 사랑(consummate love)	O	O	O

3. 리(Lee)의 사랑의 유형

사랑의 정의가 사람마다 다른 만큼, 사랑에는 여러 가지 유형이 있다. 그 여러 가지 요인을 캐나다의 사회학자인 리(Lee)는 〈사랑의 색깔(Color of love)〉이라는 저서에서 다음과 같은 여섯 가지 사랑의 유형으로 분류하였다.

① 낭만적 사랑

② 유희적 사랑

③ 우정과 같은 사랑

④ 소유적 사랑

⑤ 논리적 사랑

⑥ 헌신적 사랑

리(Lee)는 캔버스 위에 원색 물감들이 서로 배합되면 다양한 색상이 만들어지듯이, 사랑의 3원색인 일차적 사랑이 혼합되면 또 다른 색깔을 띤 이차적 사랑이 이루어진다고 보았다(김애순 외, 1997).

일차적 사랑에는 세 가지 색깔의 원형적 사랑인 낭만적 사랑(romantic love; 에로스 eros), 유희적 사랑(game-playing love; 루더스 ludus), 우정과 같은 사랑(best friends love; 스토르게 storge)이 포함된다.

낭만적 사랑, 유희적 사랑, 우정과 같은 사랑과 같은 일차적 사랑, 즉 사랑의 3원색이

혼합되면 또 다른 색상을 지닌 이차적 사랑이 형성된다. 이차적 사랑에 해당하는 유형은 소유적 사랑(possessive love; 마니아 mania), 논리적 사랑(logical love; 프라그마 pragma), 헌신적 사랑(unselfish love; 아가페 agape)이다.

표 6-2 사랑의 색깔

일차적 사랑(사랑의 3원색)	이차적 사랑
• 낭만적 사랑(eros) • 유희적 사랑(ludus) • 우정과 같은 사랑(storge)	• 소유적 사랑(mania: eros + ludus) • 논리적 사랑(pragma: storge + ludus) • 헌신적 사랑(agape: eros + storge)

출처: 김애순 · 윤진(1997), p.153.

1) 낭만적 사랑(Romantic Love)

큐피드의 화살이 심장을 찔러 잠자던 격정을 일순간에 일깨워 놓는 사랑이다. 그래서 그들은 사랑을 사랑하는 사람이라고도 한다. 낭만적 사랑에서 가장 중요한 요건은 신체적 매력이며, 그들은 사랑에 빠지자마자 신체적 접촉부터 시작한다. 만일 상대방의 신체적 매력이 차츰 덜해지면 그들의 사랑도 시들해지나, 그럴 때면 과거의 추억을 되살려서 현재의 상대를 이상화하여 보기도 한다. 원래 사랑이란 어느 정도는 착각인데, 그들은 이 착각의 꿈에서 깨어나기를 거부하는 사람들이며, 사랑은 조건을 따지는 것이 아니라 느끼는 데 있다는 원리에 충실하다.

2) 유희적 사랑(Game-playing Love)

사랑이란 하나의 게임이며 즐기는 도전이라고 생각하는 사랑이다. 여기에서 헌신이니 책임이니 장래에 대한 언약이니 하는 것 따위는 고려의 대상이 되지 않는다. 게임의 목적은 어떻게 재미있게 놀이를 진행하는가 하는 것뿐이며, 친밀감을 조장하는 것은 오히려 방해된다고 생각한다. 그래서 이 사람들은 한 상대와 너무 오래 사귀지 않으며, 너무 정이 들려고 하면 관계를 깨어 버리며, 질투를 가장 유치한 행위라고 생각한다. 그러므로 이러한 사고방식에 동조하지 않는 사람들에게는 매우 상처를 줄 수 있는 사랑의 형태다.

3) 우정과 같은 사랑(Best Friends' Love)

오랫동안 가까운 친구로 서로 사귀어 온 관계가 언제부터인지도 모르게 사랑으로 변하여 애인 사이가 된 사랑이다. 주요한 특징으로는 서로가 좋은 동반자이며, 의사소통이 잘 되고, 서로 함께 취미도 즐기며 의존하고, 서서히 자신을 노출하는 스타일이다. 사랑의 상대에 대하여 백마를 타고 오는 왕자나 아름다운 공주와 같은 환상을 갖지도 않으며, 서로 잘 알지 못하는 사람을 사랑하게 된다는 것은 상상도 할 수 없는 일이라고 생각하는 사람들이다. 갑자기 열정적으로 뜨거워지는 사랑도 아니며, 한순간에 로맨스에 빠지는 애인도 아니지만, 이들의 사랑은 사려 깊고 온화하며 좋은 동반자적 애정으로 은근하며 깊이가 있다. 어쩌다 싸웠다고 해서 사랑에 금이 가지도 않으며, 한동안 떨어져 있다 해서 서로 간에 부정을 저지르거나 의심하지도 않는다. 따라서 우정과 같은 사랑을 하여 결혼한 부부들의 이혼율은 낮을 수밖에 없다.

4) 소유적 사랑(Possessive Love)

사랑의 흥분에서 절망의 나락 속으로 금방 빠지며, 철저한 헌신이 일순간에 질투의 불길로 변하는 등 감정이 변화무쌍하며, 사랑하는 사람을 완전히 소유하거나 그로부터 완전히 소유 당하기를 원하는 사람이다. 그들은 함께 한곳을 바라보는 그런 사랑이 아니라 상대방으로부터 버림받지 않을까 하는 불안감에 휩싸여 있기 때문에 소유적 사랑을 한다는 것은 항상 상대방의 사랑을 확인해야만 하는 불안하고 괴로운 나날의 연속이다. 왜냐하면, 그들은 자기 가치를 스스로 인정하는 충분한 자존감(자긍심)이 부족해서 마치 마약에 중독된 사람처럼 타인의 인정이나 애정에 의존하게 된다. 이들은 사소한 거부행위에도 과민하게 반응하며, 마치 질투를 사랑의 구성요인인 것처럼 잘못 생각한다. 이것은 피차 간에 매우 피곤한 사랑싸움이 아닐 수 없다.

5) 논리적 사랑(Logical Love)

서로 사랑하는 사람이 되기 위해서는 한 사람의 남편과 아버지, 또는 아내와 어머니로서 갖추어야 할 조건이 있는 것이어서, 그 조건을 충족하지 않은 사람과는 결합할 수 없다는 사고방식이다. 이런 의미에서 논리적 사랑의 애인들은 매우 현실적이다. 이들은 자기가 원하는 상대가 어떤 사람인지 분명하며, 그런 사람이 나타날 때까지 기다린다. 상대방의 교육 정도, 성격, 가정배경 및 외모 등이 자기 자신과 어울려야 할 뿐만 아니라 자기의 조건, 가령 얼마만큼의 돈을 모아야 한다든가 어떤 학위를 마쳐야 한다든가 하는 조건이 충족될 때까지는 사랑을 회피하거나 연기하는 사람들이다. 그러므로 이들에게는 이성이 감정보다 우선한다.

6) 헌신적 사랑(Unselfish Love)

헌신적 사랑은 조건 없는 그리고 이타적 사랑의 표본으로서, 사랑은 나보다 상대방의 필요에 따라서 결정된다는 순교자적 사랑이다. 그러므로 참된 사랑이란 받는 것보다는 주는 것이며, 자신보다는 상대방의 행복과 복지를 위하는 것이며, 상대방의 목표를 이루기 위하여 나를 희생하겠다는 의지라고 생각하는 것이다. 그들은 상대방이 나를 필요로 하는 한 아무리 상대방이 나를 좋아하지 않아도 나의 사랑을 포기하지 않는 사람들이다. 그러므로 이들의 사랑은 상대방이 나를 더 이상 필요로 하지 않는다는 확신이 생길 때 끝난다.

실제로 사람들이 하는 사랑은 지금까지 살펴본 여섯 가지 유형의 사랑으로 정확하게 구분되지 않을 수 있으며, 때로는 그 여섯 가지의 색깔이 혼합되어 있을 수 있다. 또한 일생을 통해서 볼 때, 사람은 교제하는 파트너에 따라 각기 다른 색깔의 사랑을 할 수도 있다. 첫사랑은 분명히 낭만적인 색깔이 짙었는데, 현재 진행 중인 대상과는 논리적인 사랑을 할 수도 있다. 간혹 한 사람과 장기간 사귀다 보면 사랑의 색깔이 변할 수도 있다. 처음 사귈 무렵에는 황홀한 감정에 모든 것을 바칠 수 있을 것 같은 낭만적이고 헌신적인 색깔이 짙었는데, 몇 년이 지난 다음 사랑의 색깔이 변해서 소유적이고 의존적인 색깔을 띨 수도 있다. 자신의 사랑의 색깔을 인식할 수 있을 때 더욱 성숙한 사랑으로 만들어 갈 수 있을 것이다.

사랑이란 인간에게 있어 가장 근원적인 감정의 움직임이며 인생의 가장 중요한 부분인 결혼생활의 근거가 되는 요인이다. 어떤 사랑이 자신의 자존감을 고양하고, 삶의 가치감을 느끼게 하며, 인격을 성숙하게 하는 사랑인지 신중하게 생각해 보아야 한다.

4. 사랑의 생화학적 분석

사랑을 하면 우리의 뇌는 마약, 도박, 알코올, 니코틴 등에 중독되었을 때와 같다고 한다. 뇌에서는 욕망을 일으키는 도파민이라는 신경전달물질이 분비되면서 흥분과 쾌락을 느끼게 된다.

리보비츠(Liebowitz, 1983)와 피셔(Fisher, 1992)에 의하면, '첫눈에 반하다.'라는 사랑의 현상은 신체의 생화학적 성분 때문에 생기는 것이라고 한다. 열정적인 사랑에 빠지면 마치 마약에 취한 상태와 같이 기분이 황홀해지는데, 이러한 현상은 사랑이나 마약이 우리 신체의 특정 신경화학물질을 활성화하기 때문이다. 이 때문에 활기가 넘치고, 행복감에 도취하며, 상대방을 미화하고, 의기양양해지는 기분이 생기는데, 리보비츠는 이 모든 것이 페닐에틸아민이라는 화학물질 때문에 일어나는 현상이라고 하였다. 사랑에 눈이 멀어 부모의 말이 들리지 않고 판단이 흐려지는 것도 바로 이 화학물질 때문이라고 해석한다.

열정적인 사랑에 의해 생성되는 또 다른 화학물질은 엔도르핀이다. 이것은 동물의 뇌 등에서 추출되는 모르핀과 같은 진통효과를 가져오는 물질을 총칭하는 것으로서 이 물질은 사람에게 평온과 안정, 충족감을 가져다 준다. 엔도르핀이라는 말은 모르핀을 뜻하는 'endogenous morphin'에서 유래한 용어이다.

사랑과 관련된 화학물질 중에는 신체 접촉으로 자극을 받으면 쾌감과 만족감을 느끼게 하는 옥시토신도 있다. 하지만 영원할 것 같던 사랑도 점차 식는다. 상대에게 익숙해지면서 사랑에 내성이 생기는데, 이는 도파민, 페닐에틸아민, 옥시토신 등 사랑을 지배하는 뇌분비물질이 감소하기 때문이다. 결국, 사랑의 감정은 1년 후에는 약 50%, 18~30개월이 지나면 거의 사라지게 된다. 카이스트 정재승 박사는 "사람의 뇌는 예민해서 같은 상대에게 도파민 분비가 다시 왕성해지긴 어렵다."고 말했다. 성적인 끌림으로 시작했던 사랑은 점차 친밀한 애착관계로 발전하는데, 이때 옥시토신이 분비된다. 옥시토신은 마사지나 성관계 등 신체접촉 시에 분비되는데, 남녀의 첫 만남에서부터 서서히 증가해 애착관계가 형성돼 있는 동안은 계속 분비된다(한겨레, 2016).

사랑에 빠진 뇌, 마약중독과 비슷한 상태

사랑에 빠진 뇌는 마약 · 도박 · 알코올 · 니코틴에 중독됐을 때와 같다. 뇌에서 욕망을 일으키는 신경전달물질인 도파민이 마구 분비되면서 흥분과 쾌락을 느낀다. 사랑하는 사람을 위해 뭐든지 할 수 있는 것도 도파민 때문이다.

사랑은 황홀함과 함께 고통을 안겨준다. 카이스트 바이오 및 뇌공학과 정재승 교수는 "사랑은 감정이 아닌 무언가를 갈망하는 욕망이기 때문에 사랑하면 행복감과 관련된 신경전달물질인 세로토닌이 오히려 감소한다."고 말했다.

영원히 활활 타오를 것 같던 사랑도 점차 식는다. 미국 코넬대 인간행동연구소 신시아 하잔 교수는 "점차 상대에게 익숙해지면서 사랑에 내성이 생긴다."고 주장했다. 도파민이나 페닐에틸아민 · 옥시토신 등 사랑을 지배하는 뇌 분비 물질이 줄기 때문이다. 결국, 사랑의 감정은 시작한 지 1년 후 50%로 떨어진다. 18~30개월이 지나면 거의 사라진다.

■ 열정은 식지만 다른 차원의 사랑 시작

정재승 교수는 "사람의 뇌는 예민해서 같은 상대에게 도파민 분비가 다시 왕성해지긴 어렵다."고 말했다.

하지만 도파민이 줄었다고 사랑이 끝나는 건 아니다. 다른 차원의 새로운 사랑이 시작된다. 처음 사랑을 시작했을 땐 배우자에게 선택받기 위해 도파민이 분비돼 애쓰다 욕망이 성취되면 가정과 자녀에게 충실하게 하는 옥시토신 호르몬이 증가한다.

옥시토신은 남녀의 첫 만남에서부터 서서히 증가해 애착관계가 형성돼 있는 동안 계속 분비된다. 옥시토신은 마사지나 성관계 등 피부 접촉 시에도 증가한다. 서울성모병원 정신과 채정호 교수는 "개인차가 있지만, 사랑의 형태가 변하는 것은 확실하다."며 "하지만 성적인 끌림으로 출발했던 사랑은 점차 친밀한 애착관계로 발전한다."고 강조했다.

출처: 한겨레(2016.11.13.).

5. 사랑의 학습

1) 사랑의 능력과 기술

사랑은 아무나 하는 것인가? 아니면 배워야 할 수 있는 것인가? 에리히 프롬(Erich Fromm)은 사랑은 감정이 아니라 의지라고 보았다. 그래서 그는 사랑이란 능력이며 배워서 익혀야 하는 기술이라고 주장한다. 즉, 사랑할 수 있는 능력은 경험과 학습을 통해서 얻어진다는 것이다. 그는 사랑의 의지적 요소를 정확히 통찰하였고, 이러한 사랑의 의지적 요소 때문에 성서에 기록된 '서로 사랑하라'라는 금언도 공허한 도덕경이 아니라 현실생활에서 따를 수 있는 실현 가능성을 지니게 된다고 했다.

에리히 프롬은 사랑이란 학습되어야 하는 기술(Art)이기 때문에 사랑하기 위해서는 사랑에 관한 지식을 배우고 익히는 노력이 필요하다고 했다. 사랑하기 위해서는 사랑의 의미와 가치를 알아야 한다. 사랑이 무엇이며, 그것이 인생에서 차지하는 의미가 무엇이고, 그것이 추구할 만한 가치를 지니는지에 대한 분명한 인식이 있어야 참다운 사랑이 가능하다. 그런 다음 사랑의 기술을 배우고 익히고 실행함으로써 사랑이 있는 삶을 영위할 수 있게 된다.

에리히 프롬은 사랑하는 기술에 대해 다음과 같이 열거하고 있다.

• 상대에게 자신의 욕구를 분명히 밝힌다: 마음이 평화롭지 않으면 사랑이 불가능하다. 스스로 욕구불만인 상태에서는 다른 사람을 사랑한다는 것이 곤란하기 때문에 자신의 기본적인 욕구를 먼저 충족시켜야 한다. 따라서 자기가 상대방에게 원하는 것이 무엇인지를 상대방에게 분명히 알려 주어야 한다. 사랑하는 사람들끼리 어떻게 사랑받고 싶은지를 자유롭게 말할 수 있다는 것은 그만큼 두 사람의 사랑이 기본적인 전제조건을 충족하고 있다는 것을 의미한다.

• 상대방의 욕구를 알고 충족시키려고 노력한다: 사랑은 교호적(交互的)인 것이므로 상대방 또한 그 욕구가 충족되어야 나를 사랑할 수 있다. 그러므로 상대방의 욕구가 무엇인지를 알고 그것을 충족시켜 주어야 교호적 사랑이 가능하다. 상대방의 욕구를 충족시키기 위해서는 다양한 기술과 노력이 필요하다. 상대방이 깔끔하고 부지런하기를 원하면 그렇게 하도록 노력해야 할 것이다. 또 유머 있는 사람이 되기를 원하면 그렇게 되도록 노력해야 할 것이다.

• 상대방의 사랑하는 방식을 이해하고 존중한다: 사랑을 표현하는 방식은 사람마다 다르다. 경상도 사람과 서울 사람의 사랑 표현 방식이 다르고, 한국 사람과 프랑스 사람의 사랑 표현 방식이 다르다. 대부분의 사람은 어린 시절 자신이 사랑받았던 방식대로 사랑을 표현한다. 어떤 사람은 상대방을 성실하고 책임감 있게 보살피지만, 정감이 우러나는 말이나 열정은 전혀 보이지 않을 수도 있으며, 또 그 반대일 수도 있다. 따라서 자기 방식의 사랑만이 진정한 사랑이라고 생각하는 것은 독선이다.

• 사랑을 지킬 용기와 인내가 있어야 한다: 사랑은 우여곡절을 겪을 수도 있다. 이성 간의 사랑은 상대적이다. 사랑을 주기만 하고 받기를 포기하는 희생적인 사랑은 매우 드

물다. 사랑하는 과정에는 욕구불만도, 좌절도, 그리고 상실감도, 실망도, 견디기 어려운 고통도, 위험도 있을 수 있다. 진정으로 그 사랑관계를 유지하기 원한다면 이러한 모든 것을 감수하고 견디는 용기와 인내가 필요하다. 때로는 상대방이 원하는 대로 자신을 변화시킬 수 있는 유연성도 있어야 할 것이다.

2) 사랑의 학습 조건

(1) 사랑하는 능력의 발달

사랑하기 위해서는 사랑하는 능력을 갖추어야 한다. "사랑을 받아 본 사람이 사랑할 줄도 안다"는 말이 있듯이 사랑하는 능력은 사랑을 받은 경험이나 사랑하는 행동을 통해 모델링하여 학습된다. 이러한 학습은 우리가 자궁 속에 있을 때부터 시작되어서 출생 후 부모와의 상호작용을 통하여 계속된다.

사랑의 능력은 일차적으로 부모-자녀 간의 애착관계를 통하여 형성된다. 부모-자녀 간의 애착관계의 질(質)은 양육의 질에 달려 있다. 즉, 부모가 유아의 요구에 즉각적으로 반응해 주고 충분한 관심과 사랑을 베풀어 주면 유아는 안정적인 애착관계를 형성하게 된다. 어린 시절 부모와 안정적인 애착관계를 형성한 사람들은 정서적으로 안정되어 자신뿐 아니라 타인들을 신뢰하고 긍정적으로 생각한다. 이들은 성장 후에도 긍정적인 자아상을 갖고 있으며, 대인관계도 원만하고, 타인을 사랑할 수 있는 능력을 소유하고 있다. 그러나 부모가 유아의 요구에 제대로 반응해 주지 못할 뿐만 아니라 무관심하고 거부적일 경우, 유아는 불안정한 애착을 형성하게 된다. 이들은 정서적으로 불안정할 뿐만 아니라 자신과 타인을 신뢰하지 못하고 부정적인 자아상을 형성할 수 있다. 성장 후에도 이들은 자신이 사랑받을 만한 존재가 아니라고 생각하며 타인들과 친밀한 관계를 형성하는 데 어려움을 느낀다.

(2) 자기애, 자아개념, 자아존중감

자신에 대한 사랑, 즉 자기애(自己愛)는 종종 이기심과 같은 것으로 오해되지만, 결코 같지 않다. 자신의 욕구나 유익에만 집착해 있을 뿐 진정으로 자신을 사랑하거나 가치 있게 생각하지 않는 이기심과 자기애는 구별된다. 에크하르트는 "만일 그대가 그대 자신을 사랑한다면, 그대는 모든 사람을 그대 자신을 사랑하듯 사랑할 것이다"라고 하였다. 또한, 성서에는 "네 이웃을 네 몸처럼 사랑하라"고 기술되어 있다. 이러한 말은 자기 자신을 사랑하는 것과 타인을 사랑하는 것은 양립할 수 없는 것이 아니라 오히려 자기애가 타인에 대한 사랑의 전제라고 풀이된다. 어떤 한 사람을 사랑할 수 있는 능력은 자신을 포함한 인간 자체를 사랑할 수 있는 능력과 밀접한 관련이 있다. 만약 어떤 사람이 자신을 긍정하고 가치 있게 생각하며 진정으로 자신을 사랑한다면, 그는 다른 사람도 소중하게 생각하고 사랑할 수 있는 능력을 갖춘 것이다.

사랑할 수 있는 능력은 긍정적인 자아개념과 밀접한 관련이 있다. 자기 자신을 사랑할 수 있는 사람은 자아개념이 긍정적으로 형성된 사람이다. 긍정적 자아개념의 소유자는 자신을 가치 있게 생각하며 높은 자아존중감을 갖고 있다. 이들은 자신의 감정이나 느낌을 솔직하게 표현하며, 자신의 경험을 타인에게 공개하는 데 매우 개방적이다. 자신과 타인에게 모두 개방적인, 이른바 열린 마음(open-mind)의 소유자이다. 그러므로 자신의 단점이나 결함을 인정하고 수용하며, 자신의 욕구를 솔직하게 상대방에게 알릴 뿐 아니라,

타인의 단점이나 결함도 수용하고, 상대방의 욕구를 알아차리고 충족시키는 데서 기쁨을 얻는다. 반대로 자아개념이 부정적으로 형성된 사람은 자아존중감이 낮고, 자기혐오나 열등감에 빠져 있기 때문에 자기노출을 회피하고 폐쇄적이다. 또한 자신의 느낌이나 감정을 솔직하게 표현하지 못하며 방어적이다. 따라서 이들은 자신을 수용하지 못할 뿐 아니라 남도 수용하지 못한다. 즉, 이들은 폐쇄적인 성격 때문에 남을 받아들일 여지가 없는 사람이다.

자아개념과 자아존중감은 사랑의 전제조건으로 여겨져 왔다(허혜경 외, 2013). 자아존중감이 높은 사람은 비교적 자신을 가치 있고 유능하며, 성공할 수 있고, 중요한 사람이라고 받아들인다. 또한, 이들은 자신의 생각이나 느낌을 솔직하게 표현하며, 자신의 경험에 대해 매우 개방적이며, 자신의 단점을 수용하고 인정하며, 타인의 비난에 대해 심각하게 괴로워하지 않는다. 또한 이들은 타인의 존재를 존중하고 수용하며, 상대방의 욕구를 알아차리고 충족시키는 데서 기쁨을 얻는 '자타긍정(I am OK, you are OK)'의 생활태도를 보인다. 따라서 높은 자아존중감은 다른 사람을 진정으로 사랑하는 데 필요한 조건이라 할 수 있다. 그러나 자아존중감이 낮은 사람은 자신의 가치를 인정하지 않고 열등의식에 빠지기 쉬우므로 자신의 존재가 가치 없다고 여긴 나머지 솔직하게 자신의 생각이나 느낌을 표현하기를 주저하고 방어적이다. 자신을 수용하지 못하는 청년들은 상대방을 인정하고 수용하기도 어려우므로 상대방을 사랑할 여유가 없다. "자기 자신이 두 발로 설 수 없어서 누군가에게 매달린다면, 그것은 사랑의 관계가 아니며, 상대방은 단지 생명의 구원자일 뿐이다"라고 한 에리히 프롬의 말과 같이 자아개념과 자아존중감은 사랑할 수 있는 능력과 밀접한 상관이 있다.

6. 사랑과 성적 행동

이성 간의 사랑에서 성적 욕구는 매우 자연스러운 현상이다. 사랑에 빠진 남녀는 언제나 같이 있고 싶고, 서로 안고 싶고, 또 같이 자고 싶은 갈망이 있다. 성적 욕구는 인간의 본능적 측면에서 볼 때 고통스러운 긴장상태에서 벗어나 쾌락을 추구하려는 생물학적인 동기에서 생긴다. 이러한 생물학적인 차원에서의 성욕은 인간이나 동물이나 다를 바 없다. 성욕은 식욕이나 갈증처럼 본능적인 생물학적 욕구이기는 하나, 그 욕구를 충족시키는 데는 식욕이나 갈증과는 달리 사회문화적인 제약을 받는다. 또한 성욕은 다른 생물학적인 욕구와는 달리 특정 대상(파트너)을 통해서만 충족될 수 있다.

성적인 욕망은 이러한 고통스러운 긴장의 해소라는 차원을 넘어서 외로움에서 벗어나려는 소망에서 생기기도 하고, 정복하거나 정복당하려는 소망에 의해, 상처를 주고 파괴하려는 욕망과 허영심에 의해 생기기도 한다.

남녀 상호 간에 육체적 하나됨(oneness)의 갈망이 일어난다는 이유만으로 서로가 사랑하고 있다고 오해할 수가 있다. 육체적 하나됨을 이루려는 소망이 '사랑'에 의해 자극될 때 상호 이해와 보살핌, 존경과 책임감이 수반된다. 육체적 하나됨의 욕구가 사랑에서 비롯될 경우 자신의 욕구 충족만이 아니라 상대방의 만족까지도 배려할 수 있다.

사랑과 성을 연관 지어 생각할 때, 사랑은 성적 대상을 한 사람에게 국한하고 타인들에 대해서는 배타적인 것을 볼 수 있다. 이성 간의 사랑이 우정이나 형제애, 모성애와 다른 점은 독점욕이다. 그러나 이러한 배타성은 오직 한 사람과 성적 친밀감을 형성하려고 한다는 의미에서만 배타적이지, 타인들에 대한 사랑을 모두 배척하는 것은 아니다.

7. 사랑과 성차

1) 사랑의 성차

사랑은 남성과 여성을 연결해 주는 가장 강렬한 감정이며 종종 성과 혼동하는 개념이기도 하다. 사랑의 개념에 대해서는 다양한 의견이 있지만, 사랑에 대한 남녀의 기대와 경험에 차이가 있다는 점에는 이견이 없다.

사랑의 욕구와 유형에 남녀 간 차이가 있다. 대표적으로 미국의 심리학자 존 그레이(1995)는 이혼 직전에 있는 수만 쌍의 부부들을 대상으로 상담한 결과를 기초로 쓴 「화성에서 온 남자, 금성에서 온 여자」라는 저서에서 여성과 남성이 서로 다르게 사회화된 결과 의사소통이나 갈등해결 방법뿐 아니라 사랑의 욕구에서도 남녀 간에 차이가 있다고 주장하고 있다. 즉, 남성과 여성이 생각하는 사랑은 여섯 가지 측면에서 다르다. 남성은 관계에서 근본적으로 신뢰, 인정, 감사, 찬미, 찬성, 격려가 필요하고, 여성은 사랑하는 상대방으로부터 관심, 이해, 존중, 헌신, 공감, 확신을 얻고 싶어 한다고 강조하였다.

표 5-3 사랑의 성차

여성의 사랑	남성의 사랑
• 관심 자신의 감정에 관심을 보이고 자신의 행복을 진심으로 염려해 주는 것이 사랑이다.	**• 신뢰** 자신이 전력을 기울이고 있고 노력하고 있음, 그리고 자신의 능력과 진심에 대한 믿음이 사랑이다.
• 이해 이해란 감정표현에 대해 비판하지 않고 공감과 호응을 나타내는 것이며, 이것이 곧 사랑이다.	**• 인정** 자신을 변화시키려 하지 않고 있는 그대로의 자신을 받아들이는 것이 인정이며, 인정을 받을 때 사랑을 받는다고 느낀다.

• 존중 자신의 권리와 욕구와 바람을 인정하고 그 해결을 먼저 배려하는 것. 상대방의 행동이 자신의 생각과 감정을 고려하는 것이다.	• 감사 자신의 노력 덕분에 도움을 받고 있고 이익을 얻었음을 인정하는 것. 상대가 감사를 표하면 남성은 자기 노력이 헛되지 않았음을 알고 상대가 더욱 존중하게 되는 것이다.
• 헌신 상대방이 일이나 공부, 취미생활 같은 자신의 관심사보다 여성의 감정이나 욕구를 중요시하고 우선순위에 두는 것이다.	• 찬미 경이와 기쁨, 그리고 즐거움으로 자신을 바라보고 인정해 주는 것. 자신의 독특성을 받아들이고 재능으로 생각해 주는 것이다.
• 공감 자신의 감정에 이의를 제기하거나 시비를 걸지 않고 그 타당성을 기꺼이 인정해 주고, 그렇게 느낄 권리가 있음을 인정하는 것이다.	• 찬성 자신의 좋은 점을 인정하고 자신에게 전반적으로 만족하고 있음을 표현하는 것. 자신의 어떤 행동에 대해 당연히 그럴 만한 이유가 있었으리라고 생각하고 믿어주는 것이다.
• 확신 자신에게 지속적으로 관심과 이해, 존중과 공감을 보여주고 기꺼이 헌신할 때 얻게 되는 것이다.	• 격려 자신의 능력과 인격을 염려하기보다 신뢰를 표함으로써 희망과 용기를 불어넣어 주는 것이다.

출처: 존 그레이(1995)를 기초로 재정리(김용미 외, 2009 재인용).

사랑과 성에 대한 관점에서도 남녀 간에 차이가 있다. 에리히 프롬은 "사랑은 성적 만족의 결과가 아니며, 오히려 성적인 행복은 성적인 기교가 아닌 사랑의 결과"라고 했지만, 사랑과 성을 바라보는 관점에서 남녀 간에 차이가 있다. 남성은 애정과 성을 분리하려는 경향이 여성보다 더 강하지만, 여성은 대개 성을 관계적 관점에서 바라본다. 따라서 성행위를 갖기 전에 관계의 질이나 친밀감의 정도는 남성보다 여성에게 더 중요한 의미가 있다. 여성에게 사랑은 자존감과도 밀접한 연관이 있다(Strong & DeVault, 1994).

2) 의사소통과 친밀감의 성차

남성과 여성의 의사소통 방식에 차이가 있다는 점은 많은 심리학자에 의해 지적되었다. 존 그레이(Gray, 2000)는 남성과 여성을 화성인과 금성인으로 비유하며, 감정표현 중심의 여성 언어와 사실전달 중심의 남성 언어는 비록 같은 어휘를 사용하더라도 서로 다른 의미로 사용된다고 지적하였다. 최근에는 이러한 차이가 뇌의 구조와 기능의 차이에 따른 것이라는 주장도 나오고 있다. 그러나 이러한 생리해부학적 관점은 성역할 사회화에 따른 남녀 차이를 생태적인 것으로 합리화함으로써 남녀 간의 소통에 대한 동기를 저하할 수 있다.

의사소통은 흔히 언어적 소통과 비언어적 소통의 두 가지 수준으로 나눈다. 이 두 가지 영역에서 모두 남녀의 성차가 있는 것으로 나타났다. 우선 남성과 여성은 언어를 사용하는 방법이 다르다(Kaplan & Sedney, 1988). 남성이 여성보다 더 오래 말을 하고 더 자주 타인의 말을 가로막지만, 여성은 불확실한 표현을 더 많이 사용하고 실생활의 주제들에 대해 자세하게 말하는 경향이 있다.

또한, 비언어적 의사소통에서도 여성은 남성보다 더 자주 웃으며, 시선을 아래로 떨어뜨리거나 하던 말을 자주 중단하는 반면, 남성은 여성보다 더 자주 응시하거나 손가락으로 가리키는 행동을 한다. 이러한 비언어적 의사소통의 상징에서 남성이 더 지배적인 표현을 자주 하지만, 여성은 복종적인 표현을 자주하는 것으로 나타났다(Kaplan & Sedney, 1988). 비언어적 표현에서의 남녀 차이는 관습적인 성역할 사회화와 맥을 같이한다.

의사소통에서의 남녀 차이는 남성과 여성의 정보처리 방식과도 관련이 있다. 일반적으로 여성들은 자연스러운 의식의 흐름을 표현하는 편이다. 반면 남성은 반응을 보이기 전에 시간을 끌며 반응에 대한 예측을 궁리하고, 그 다음에 천천히 말을 하는 경향이 있다(Gray, 2000). 이럴 때 남성은 종종 침묵을 지키는데, 여성은 이 침묵을 사랑이 떠난다는 신호로 받아들이므로 불안하게 반응한다.

> 여자들이 해결해야 할 가장 큰 난제는 남자가 말을 하지 않을 때 그것을 어떻게 받아들일 것이며, 어떻게 해야 그가 필요로 하는 도움을 정확히 제공할 수 있느냐 하는 것이다.
>
> 출처: 존 그레이(2000). p. 104.

남녀관계에서 서로의 정서적 기대와 충족이 일치되는 것은 쉬운 일이 아니다. 많은 경우에 여성의 관계지향적인 욕구에 대해 남성의 반응은 불만족스럽다. 이혼자들을 대상으로 한 국내외 연구에 의하면 여성의 이혼사유는 복합적이며 관계적인 것들이 많지만, 남성의 이혼사유는 단순하고 외부 요인에 대한 귀인이 많음을 공통적으로 제시했다(전영주, 2006; Kitson, 1994). 심지어 남성들은 자신이 왜 이혼을 했는지 정확히 알지 못하는 경우도 많다. 이처럼 많은 남성과 여성은 금성인과 화성인 또는 개와 고양이처럼 정서적으로 교감하기 어려운 부분이 존재하며, 이는 관계에 좌절감을 낳고 결국 의사소통이 감소해 행복한 결혼생활의 걸림돌이 된다.

친밀감과 독립심의 욕구 주기(need cycle)가 남녀 간에 서로 다른 것도 친밀감을 발전시키는 데 어려움을 유발한다. 남성은 파트너 여성을 사랑하고 있으면 때때로 멀어지고 싶은 욕구가 생긴다. 남성과 여성 모두 자신이 좋아하는 방식대로 사랑을 표현할 것이 아니라 상대방이 생각하고 느끼고 반응하는 방식이 자신과 어떻게 다른지 터득해 가야 할 필요가 있다(Gray, 2000).

잠깐만! 함께해요

사랑유형 테스트

다음 각 문항을 읽고 자신과 가장 가깝다고 판단되는 점수를 다음의 5점 척도에서 찾아 답하시오.

전혀 그렇지 않다.	별로 그렇지 않다.	중간이다.	약간 그렇다.	매우 그렇다.
1	2	3	4	5

문 항	1	2	3	4	5
1. 우리(나와 애인)는 처음 만나자마자 서로에게 끌리기 시작했다.					
2. 나는 애인에게 헌신하고자(마음을 다하고자) 하는 결심을 확실하게 해두고 싶지는 않다.					
3. 나는 한참 지나고 나서야 내가 상대방을 사랑하고 있다는 사실을 알게 되었다.					
4. 나는 애인에게 헌신하기로 하기 전에 우선 인생이란 어떻게 살아야 하는가에 관해 깊이 생각한다.					
5. 애인과 나 사이에 일이 잘 풀리지 않으면 속이 뒤집혀 소화가 잘되지 않는다.					
6. 애인이 어려울 때 나는 언제나 그를 도와주려고 한다.					
7. 우리는 서로에게 금방 신체적으로 흥분되었다.					
8. 애인이 비록 나에 대해 잘 모르고 있다 해도 상처를 받지 않을 것이다.					
9. 진실한 사랑이란 상대방을 먼저 보살펴 주는 것이다.					
10. 내 인생을 주도면밀하게 계획하고 나서야 애인을 선택하고자 한다.					
11. 사랑하는 사람과의 관계가 깨지면 너무 우울해져서 자살하고 싶은 생각마저 든다.					
12. 애인이 고통을 당하도록 내버려 두는 것보다 차라리 내가 고통을 당하는 편이 낫다.					
13. 우리의 사랑은 매우 강렬하고 만족스럽다.					
14. 나는 때로 애인을 둘씩 사귀면서 두 사람이 서로 알지 못하도록 한 적이 있다.					
15. 내가 사랑했던 사람과 언제나 친구처럼 지내기를 바란다.					
16. 배경이 비슷한 사람끼리 사랑하는 것이 가장 좋다.					

17. 때때로 나는 사랑에 빠져 있다는 것이 너무 흥분되어 잠을 이룰 수가 없다.					
18. 애인이 먼저 행복해야 나도 행복할 수 있다.					
19. 우리는 서로를 위해 존재한다는 느낌이 든다.					
20. 나는 연애 사건(love affairs)에서 쉽고 빠르게 벗어날 수 있다.					
21. 최상의 사랑은 오랜 우정에서 시작되어 발전한다.					
22. 애인을 선택할 때 중요하게 생각하는 것은 애인이 우리 가족의 일원으로 잘 어울리느냐 하는 점이다.					
23. 사랑에 빠져 있을 때 나는 어떤 다른 일에도 집중할 수가 없다.					
24. 애인이 소망하는 바를 이루게 하기 위하여 나 자신의 소망을 희생할 용의가 있다.					
25. 우리는 만나자마자 얼마 안 되어서 신체적인 접촉을 시작하였다.					
26. 만약 애인이 내가 다른 사람에게 했던 몇 가지 일을 안다면 속상해할 것이다.					
27. 우리의 사랑은 우정에서 서서히 발전하였다.					
28. 파트너를 선택할 때 중요한 것은 그 사람이 좋은 부모가 될 수 있을까 하는 점이다.					
29. 애인이 누군가 다른 사람과 있다는 의심이 들면 나는 견딜 수가 없다.					
30. 내가 가지고 있는 것은 무엇이든 애인이 원하는 대로 써도 좋다.					
31. 우리는 진실로 서로를 이해한다.					
32. 애인이 나에게 너무 의존적이 되려 할 때, 나는 약간 뒤로 물러서고 싶다.					
33. 사랑은 진실로 깊은 우정이지, 신비스럽거나 알기 어려운 감정은 아니다.					
34. 파트너를 선택할 때 중요한 것은 내 앞길에 도움이 될까 하는 점이다.					
35. 애인이 나에게 관심을 기울이지 않으면 나는 전체가 아픈 것 같다.					
36. 사랑하는 사람을 위해서라면 모든 것을 참고 견디겠다.					
37. 내 애인의 외모는 나의 이상형에 꼭 들어맞는다.					
38. 나는 여러 파트너와 사랑놀이하기를 좋아한다.					
39. 내 경우 가장 만족스러운 사랑의 관계는 우정으로부터 발전되었다.					
40. 어떤 사람과 가까워지기 전에, 내가 그 사람과의 사이에 자녀를 둘 때 자녀가 좋은 유전형질을 물려받을 수 있을까를 먼저 알아보고자 한다.					

41. 애인이 잠시라도 나한테 무관심하면, 나는 그의 관심을 돌리기 위해 이상한 짓을 할 때가 있다.

42. 애인이 나한테 화를 낼 때도 나는 그 사람을 무조건 한없이 사랑한다.

(※ 추구하는 사랑의 유형은 한 가지 이상일 수도 있으며, 두 사람이 추구하는 사랑의 유형에 따라 조화를 이루지 못하면 갈등이 발생할 소지가 있으며, 추구하는 사랑유형은 시간이 지남에 따라 변할 수도 있습니다.)

분류	낭만적 사랑	유희적 사랑	우정과 같은 사랑	논리적 사랑	소유적 사랑	헌신적 사랑
①	1	2	3	4	5	6
②	7	8	9	10	11	12
③	13	14	15	16	17	18
④	19	20	21	22	23	24
⑤	25	26	27	28	29	30
⑥	31	32	33	34	35	36
⑦	37	38	39	40	41	42
평균	/7	/7	/7	/7	/7	/7

1. 친구로서의 사랑

우정을 나누다가 사랑에 이르는 것. 화끈하고 뜨겁지는 않지만, 은근하고 정답다. 갈등이 있는 경우 대개 서로 양보하고, 합리적으로 타협한다. 정서적으로 안정되고 가족 간의 유대감이 돈독한 가정에서 자란 사람들에게서 많다.

2. 논리적인 사랑

매우 현실적인 사람에게 흔한 타입. 자신이 원하는 조건을 만족하는 사람이 나타날 때까지 기다린다. 사랑을 일종의 거래로 생각하기도 한다. 잠재적인 불안감이 많고, 자신감이 부족한 사람일 수도 있다. 하지만 대부분 성실하고 책임감 있는 배우자가 될 수 있다.

3. 낭만적인 사랑

사랑 자체에 대한 사랑을 하는 타입. 커플링이나 커플티 등으로 서로를 동일시하고, 기념일을 절대 잊지 않는 특성이 있다. 사랑에 실패하더라도 절망하지 않고, 이겨낼 용기가 있어야 한다.

4. 소유적 사랑

상대의 사랑을 확인하는 데 많은 시간을 보내고, 혹시 헤어지지 않을까, 하는 불안감으로 마음을 조인다. 이 타입은 사랑에 빠지면 자신 혹은 주변의 다른 일들을 원만하게 처리하지 못하여 실수를 저지르기도 한다.

5. 이타적 사랑

아무 조건없이 좋아하고, 베푸는 타입. 상대가 나를 필요로 하지 않으면 그대로 사랑이 끝난다. 진정한 사랑은 어느 정도 이런 요소가 포함되어 있다. 간절하게 원한다면 상대를 붙들 수 있는 용기가 있다면 사랑을 성취할 수 있다.

6. 유희적 사랑

사랑을 즐기며, 장기적인 인생계획 같은 건 생각하지 않는다. 이들에게 섹스는 재미이지, 책임질 행동이 아니다. 이런 성향을 사랑이 아닌 다른 경쟁적인 분야에 발휘하여 욕구를 충족시키고, 사랑은 진지하게 할 수 있도록 노력하면 인생이 더욱 행복해질 것이다.

제3부

연애에서 결혼으로

7장

이성 교제

1. 이성교제의 발달배경

청년기에 접어들면서 이성에 대한 관심과 호기심이 점차 증가하므로, 이성교제는 중요한 의미가 있다. 청년들은 이성교제를 통해 상대를 존중하는 능력을 키우고, 자기를 인식하는 동시에 타인을 이해할 수 있게 되며, 남녀의 역할을 익히게 된다. 또한 삶의 목표를 세우고, 더욱 넓은 사회 경험을 쌓아 남녀가 함께 살아가는 사회에서의 적응력을 키울 수 있으며, 남녀가 공동으로 협력하는 사회인의 자질을 기를 수 있다.

이제는 흔한 개념인 데이트(date)라 불리는 이성교제의 역사는 100년이 채 되지 않는다. 미국의 대학생 사회에서 데이트가 등장한 것은 제1차 세계대전 이후부터이며, 1930년대에 와서 데이트가 일반화되었고, 1940~50년대에는 데이트하는 나이가 10대로까지 확산하였다(김정옥 외, 2012). 이처럼 과거에는 데이트가 결혼을 전제로 한 남녀의 만남으로 간주했으므로, 미성년자의 데이트는 흔치 않았으며, 성인의 이성교제 역시 부모의 허락을 통해 인정받을 수 있었다.

데이트 문화의 발생 배경을 살펴보면 산업화와 도시화의 영향을 들 수 있다(김양희 외, 2011). 전쟁을 전후하여 젊은이들은 도시로 이주하였으며, 부모의 통제권을 벗어나 군수품 생산공장 등에 취업하게 되었다. 산업화와 함께 기술혁신이 일어나고, 문명이 발달함에 따라 물자가 풍부해져 전화, 자동차, TV, 영화, 레스토랑과 카페, 댄스장, 다양한 스포츠 및 레저문화 등이 발달하여 부모의 보호와 감시로부터 자유로운 젊은 남녀의 접촉이 증가하였다. 또한 여성교육의 확산, 남녀 공학제도의 도입, 경제활동에 참여하는 여성인구의 증가 등은 더욱 진보적이고 자유로운 이성교제를 가능하게 했다. 이성교제를 통해 남녀 간의 친밀한 대화와 만남이 이루어졌으며, 사랑 · 낭만성 · 친밀감 등의 정서를 경험하게 되었다.

21세기로 넘어오면서 정보화 시대, 지식기반사회가 도래하였고, 인터넷 혁명, 모바일의 상용화는 이성교제의 양상을 변화시켰다. 오프라인과 함께 온라인에서의 교제 경향이 두드러지고 모바일의 사용은 교제 중인 남녀의 행보에 모니터링 역할을 하는 등 정보화사회의 기술혁신은 이성교제의 패턴을 변화시켰다.

최근에는 남녀 당사자가 스스로 이성교제를 진행하며, 데이트 행위의 책임, 나아가 이성교제를 종결하는 결정권도 스스로 행사하는 것이 보편적이다. 특히 가족중심적 사고에서 개인중심적 사고로 전환됨에 따라 부모의 영향력은 감소하고 있는 반면, 개인의 행복과 사랑을 위해 배우자 선택의 결정권을 스스로 행사하는 경향은 증가하고 있다. 이처럼 부모 영향력의 점진적인 감소는 이성 간의 접촉 기회를 증가시키고 이성교제의 자유로움과 낭만성을 더하는 요인으로 작용하였다.

이성교제를 통해 남성과 여성의 장단점을 파악하게 되어 이성에 대한 이해도를 높이며, 이성 간의 상호작용을 통해 함께 어울려 지내는 방법을 습득하게 되어 삶의 활력을 받는다. 나아가 이성교제의 경험을 통하여 장래 배우자를 선택하는 안목을 키우고, 원만한 인간관계의 기술을 배우게 된다. 특히 성인 초기에는 결혼과 가정의 형성이라는 발달과업을 수행하기 위하여 이성교제는 반드시 필요하다.

프로이트(Sigmund Freud)는 "가장 성공적인 삶이란 사랑하고 일하는 것(Lieben und Arbeiten)"이라고 말함으로써 인생에서 가장 의미 있고 중요한 것 중 하나는 자신의 존재 의의와 보람을 느끼는 일을 하면서 사는 것이고, 다른 하나는 평생 어떤 대상을 사랑하면서 사는 것이라고 하였다. 전 생애에 걸친 심리·사회적 발달단계를 발전시킨 에릭슨(Erik Erikson)은 성인 초기를 이성교제를 통해 사랑에 눈뜨게 되며 친밀감이 발달하는 중요한 시기라고 보았다. 이성교제는 청년들이 향후 결혼하기 위하여 배우자를 선택하는 과정에 도움이 된다.

2. 이성교제의 발달과정

이성교제는 청소년기 또는 성인기의 '남자와 여자가 만나서 좋은 관계를 맺는 것'이다(김양희 외, 2011). 최근에는 이성교제를 하는 연령대가 점차 낮아지는 추세를 보이고 있으며, 아동기나 청소년기의 이성교제는 동성 간의 친구관계와 함께 중요한 대인관계로 여겨진다.

허록(Hurlock)은 이성에 대한 관심이 변화하는 양상에 대해 이성 의식의 발달단계를 나이별로 7단계로 분류하였다(허혜경·김혜수, 2015).

• **1단계: 중성적 시기**(1~5세)

자신을 돌봐주는 사람에게 애정을 표시하며 남녀 구분 없이 잘 어울린다.

• **2단계: 성적 대항기**(6~12세)

주로 동성과 어울리면서 남녀 간의 신체적 차이를 의식한다. 이성친구와 놀 경우 때로는 또래로부터 놀림을 당하기도 한다. 남녀의 대립 양상은 초등학교 3~4학년경부터 현저하게 나타나 남아는 힘이 센 것으로 자신 있게, 여아는 약자로서의 열등감 또는 대항의식을 가진다.

• **3단계: 성적 혐오기**(12~13세)

이성에 대한 혐오 또는 증오의 감정이 강렬해지는데, 이는 사춘기의 신체 변화 때문에 여성들은 생리, 임신 등에 대한 불편함으로 남성을 혐오하거나 연애를 불결하게 생각하고, 남성을 냉담하고 무뚝뚝하거나 때로는 거칠게 대하기도 한다.

• **4단계: 성적 애착기**(14세경)

이성에 대한 혐오감의 이면에 숨어 있는 이성에 대한 호기심과 이성의 접근 때문에 감정적 불안정을 다른 대상을 통해 안정시키고자 하는 욕구가 강해진다. 이러한 이중적 욕구가 겹쳐 연장자인 이성 또는 동성에게 강한 애착을 보인다. 자신보다 연장자인 동성에게 외모, 학력, 인격 면에서 강한 매력을 느껴 질투도 하고, 그러한 자신의 모습에 대하여 자신이 혹시 동성애자가 아닌지 고민하기도 한다.

• **5단계: 송아지 사랑기**(15~16세)

남녀 간의 신체적인 변화에 대한 관심과 성적 호기심이 증가하며, 공상과 영화 속의 주인공을 꿈꾸는 시기이다. 이성을 접할 용기가 없어 연장자인 선배, 연예인, 운동선수 등을 사랑하며 그들의 말투나 복장을 모방하기도 한다.

• **6단계: 강아지 사랑기**(16~18세)

이성에 대한 관심이 연장자인 이성에서 같은 또래의 이성으로 바뀌면서, 이성 전반에 대해 애정을 품는다. 그러나 아직 일대일의 이성교제보다는 두세 사람의 친구와 같이 만나며, 상대의 주의를 끌기 위해 적극적으로 접근한다. 이성교제를 하는 친구를 부러워하거나 자신의 이성친구에게 한없이 잘해 주다가도 사소한 말다툼으로 헤어지기도 한다.

• **7단계: 연애기**(19~20세 이후)

한 사람의 이성에게 관심이 집중되고, 두 사람만의 만남을 원한다. 자기의 부족함 등을 보충하고자 상대를 찾는 경향이 있다. 연애와 성욕을 분리하려는 생각을 하게 되는 것도 연애기의 특징 중 하나이다. 때로는 연애와 성욕을 혼동하여 성적 충동에 의한 열정을 낭만적인 연애감정으로 착각하기도 한다.

청년기의 이성교제에 대한 나이별 분화 정도를 보면 표 7-1과 같다(김양희 외, 2011).

표 7-1 이성교제의 나이별 특성

연령	이성교제의 특성
12~15세	아직 이성교제에 대한 낭만적 관계를 수용하지 못하는 시기이므로 절대적인 관심을 끌지 못한다. 이 시기 이성교제는 남녀가 단체로 학교 또는 외부에서 큰 부담과 걱정 없이 함께 시간을 보내는 방식으로 진행된다.
16~18세	이성교제가 상당히 일반화되는 시기이다. 이성과 반드시 친밀한 관계는 아니며 우발적으로 이루어지는 경우가 많은데, 즉 근거리에 있는 관심을 보이는 이성을 좋아할 확률이 높아진다. 또한, 이 시기는 이성교제의 가능성만으로도 쾌감을 갖는 경우가 많아 실제로 이루어지는 이성교제의 유형은 격식을 차리지 않는 경우가 많다. 이성교제의 형태는 짝으로 이루어진 남녀가 시간을 보내는 경우가 많아지며, 점차 외모를 가꾸는 등 격식을 갖추는 방향으로 변화된다. 그러나 동성친구와 이성친구의 분화가 확립되지 않은 경우가 많다.
19~22세	점차 남녀 간의 관계가 친밀해지고 성적 안정감을 보이며, 자기에 대한 비판력이 향상하여 자신에게 부족한 부분을 이성 및 동성 친구에서 찾기 희망하는 '이상적 연인'을 찾으려 한다. 애정의 대상은 1인으로 좁혀지고, 영속적인 이성 관계를 획득하게 된다. 교제의 빈도는 독립성이 확보될수록 증가하게 된다.

이성교제(date)는 결혼을 전제로 한 연애(courtship)와는 차이가 있다(송진숙 외, 2006). 이성교제는 교제 자체를 즐기고, 상대방을 한정하지도 않으며, 관계의 종결도 비교적 자유롭

다. 반면 결혼을 전제로 한 연애는 상대가 한 명으로 한정되어 결혼을 목적으로 이루어지는 교제로서 이성교제에 비해 더욱 친밀하고 책임감이 수반되는 관계이다. 그러므로 이성교제를 통해 다양한 성격의 이성을 경험하고, 상대방에게 자신을 투영함으로써 자신의 특성, 매력, 능력 등을 확인할 기회를 가지면서 대화나 감정이 일치하는 특정한 한 사람에게로 대상을 좁혀 연애하는 것이 이상적이다(정현숙 외, 2003).

청년 후기에 해당하는 대학생들은 신체적으로는 생식기관이 성숙 단계에 이르고, 정신적으로는 인지발달이 완성 단계에 이르는 시기이다. 이 시기는 자신의 실체를 인식하고, 자신이 처해 있는 환경과 성의 의미를 인식하여 성인으로서 장차 선택할 역할이나 지향하고자 하는 개성을 신장시키는 전 생애적 설계가 가능하다. 그러므로 청년들이 이성교제를 통해 직·간접적으로 경험하는 성에 대한 생각과 감정은 성인기의 직업, 배우자 선택, 결혼 등과 같은 대인관계와 사회생활을 예측할 수 있는 척도가 되므로 상당히 중요하다.

3. 이성교제의 기능

이성교제는 이성의 상대와 관계를 어떻게 조화롭게 이루어갈 것인가에 대한 훈련이다(김정옥 외, 2012). 특히 이성교제는 배우자 선택을 위한 기초 과정으로서 이를 통해 이성에 대한 관심을 보다 구체화할 수 있다. 또한, 사랑하는 과정을 통해 사랑의 기쁨과 좌절을 경험하기도 하고, 서로의 인격이 존중받기도 하여 삶의 의미를 깨달아가며 성숙할 수 있다. 이성교제가 지니는 일반적인 기능은 다음과 같다(김정옥 외, 2012; 송진숙 외, 2006).

1) 인격 도야의 기능

이성과의 상호 접촉은 사회가 기대하는 정상적인 인격을 형성하는 데 중요한 역할을 한다. 이성교제를 통해 자신의 장단점을 인식하게 되면서 자기 자신을 상대방에게 투사하여 자신을 성찰하는 자기평가와 자아의식을 발달시키는 계기가 되어 더욱 성숙한 인격 형성을 도모할 수 있다. 또한 상대방의 행동에 자신이 영향을 받고, 자신의 행동이 상대방에게 영향을 주는 것을 경험하면서 자신과 타인의 행동에 대한 이해가 깊어지고, 나아가 전반적인 대인관계 형성과 사회생활에 도움을 줄 수 있다.

2) 오락의 기능

이성교제는 당사자들에게 생활의 활력을 더해 주는 즐거운 일이다. 이성교제는 결혼을 목적으로 하거나 배우자를 선택하기 위한 만남을 의미하는 것은 아니다. 다시 말해, 이성교제는 서로에게 매력을 느끼는 두 남녀가 반드시 결혼해야 한다는 것을 배제하고, 긴장을 풀며 여가를 즐기는 일이다. 이성교제는 이성과의 사귐을 통해 삶의 만족을 증진할 뿐만 아니라 함께 여가를 즐기는 오락의 기능을 지닌다.

3) 이성에 대한 적응의 기능

사춘기 이후에 청년들은 이성에 대한 관심이 증가하면서, 이성 앞에서 지나치게 긴장하거나 어색함과 수줍음을 느낀다. 이성과 직접 만나서 사귀며 친해지는 과정을 통해 이성에 대한 적응력이 생기게 되며, 일반적인 사회생활에서도 성숙한 대인관계의 기술을 습득하게 된다. 또 이성교제를 하는 과정에서 이성에 대한 막연한 기대, 사랑에 대한 환상 또는 비현실적인 사고방식에서 점차 벗어나게 된다. 다양한 이성들과의 접촉과 교제를 통해 인간관계를 형성하고 발전시킬 기회를 가지게 된다.

4) 사회화의 기능

이성교제를 하는 것은 사회인으로서 기대되는 성인 남녀의 역할을 하는 준비단계다. 다양한 이성친구들과 접촉하거나 교제하면서 사회에서 기대하는 자신의 성역할을 습득하게 되며, 이성과 친밀하고 깊이 있는 만남을 유지하는 방법을 터득하게 된다.

구체적으로 데이트하면서 어떻게 대화를 시작해야 하는지를 배우며, 상대방의 말을 경청하거나 공감을 표현하는 것과 같은 대인관계 기술을 발달시키게 된다. 때로는 이성교제를 통해 한 개인으로 하여금 지배나 복종과 같은 경험을 하게 되며, 자연스럽게 남녀 간에 조화의 중요성을 깨닫게도 한다. 어떻게 육체적으로 다른 남녀가 서로 가까워지고 깊은 만남을 경험하는지 배우는 성의 사회화도 이성교제의 중요한 역할이다. 즉, 이성교제는 결혼 후 가족이라는 사회에서 상대방을 이해하고 함께 문제를 해결하는 방법, 성역할 등을 습득하는 사회화의 기능을 수행한다.

5) 배우자 선택의 기능

이성교제의 중요한 기능 중 하나로는 배우자 선택을 들 수 있다. 비록 이성교제가 내포하는 배우자 선택의 의미가 과거보다 약화했지만, 다양한 이성교제를 통해 인격적으로 잘 조화되고 사랑할 수 있는 배우자를 선택하는 안목을 가질 수 있다. 상대방의 성격은 한두 번의 만남이나 특정 장소에서의 행동만으로는 정확하게 파악하기 어려우므로, 다양한 상황에서 일정 기간의 이성교제를 통해 가능하다. 일반적으로 데이트 기간과 성공적 결혼은 밀접한 관련이 있으므로 교제 기간이 길수록 유리하며, 오랜 기간의 이성교제를 통하여 서로를 파악하는 과정에서 자연스럽게 배우자를 선택할 수 있다.

4. 이성교제의 진행

이성교제가 진행되는 형태에 대해서는 학자들 간의 견해가 다양하지만, 그룹 데이트, 일시적 데이트, 지속적 데이트, 결정적 데이트의 순서로 진행되는 것이 일반적이다(송진숙 외, 2006; 오영희 외, 2005).

1) 그룹 데이트(Group date)

이성교제를 시작하는 단계에서 그룹 데이트는 동성 간의 우정에서 이성 간의 교제로 전환되는 과도기적 기능을 한다. 일반적으로 이성교제의 경험이 부족한 사람들이 이성교제에 대한 부담감을 줄이기 위해 그룹 데이트의 방법을 선호한다. 우리나라에서 흔히 하는 미팅도 그룹 데이트의 한 형태이다.

2) 일시적 데이트(Casual date)

일시적 데이트는 여러 사람과 자유롭게 교제하면서 상대방을 파악하고 자신과 맞춰보는 것으로 임의로운 데이트라고도 불린다. 일시적 데이트의 목적은 오락적인 즐거움을 추구하면서 지속적인 데이트 상대를 찾는 것이다. 상대방에 대한 구속이나 책임감은 없으므로 교제의 시작과 종결이 자유롭다. 일시적 데이트 형태의 다양한 이성교제를 통하여 자신을 이해하고 이성에 대한 판단 기준을 형성하게 된다.

3) 지속적 데이트(Steady date)

지속적 데이트는 고정된 데이트라고도 불리며, 데이트 상대자 중 가장 매력을 느낀 한 이성과의 고정적인 만남을 의미한다. 일반적으로, 일시적 데이트의 단계가 지나면 매력적인 특정인과 지속적인 관계를 유지하고 싶어 한다. 특별히 상대를 구속하지는 않지만, 상대가 자신과의 관계만을 유지하길 원하는 동시에 자신도 상대방에게만 집중한다. 지속적인 데이트를 통해 남녀는 심리적 안정을 얻게 되고 자아욕구를 충족시키며, 친밀한 상호관계를 유지하면서 상대방에게 애정을 느끼게 된다. 또한 데이트 상대에게 적절한 매력을 보이며 경쟁을 해야 하는 초기 데이트 단계의 부담감에서 벗어날 수 있다. 데이트가 진행되면서 서로 미래를 설계하거나 상대방의 가능성에 대해 객관적으로 평가하기 시작한다. 또한 오락적 측면과 함께 보다 책임감을 갖고 자신들의 관계를 생각하게 된다. 그러나 이성관계의 폭이 좁아지고 성적 욕구가 강해지기도 한다.

4) 결정적 데이트(Pinning date)

지속적 데이트를 긍정적인 방향으로 지속한다면 청혼을 하게 되고 결혼에 대하여 더욱 확실히 약속하게 된다. 결혼을 전제로 하는 결정적 데이트는 당사자들이 다른 이성과 배타적 관계를 약속하는 구속적인 속성을 지닌다. 커플은 미래에 대하여 구체적이고 진지한 의견교환을 하고 서로 신뢰하며, 점차 정신적 및 육체적 친밀도가 높아진다. 즉, 결정적 데이트는 약혼의 시험적 단계이다.

5. 이성관계의 발전

이성관계는 만난 횟수가 증가하면서 점차 발전하게 된다. 두 남녀는 친밀감과 애정을 느끼게 되어 서로 사랑하게 된다. 사회심리학자들은 서로 사랑하는 이성관계처럼 인간관계가 심화하는 과정을 사회적 침투(social penetration)라 지칭한다. 올트만과 테일러(Altman & Taylor, 1973)는 이성관계의 발전과정을 사회적 침투과정의 5단계로 설명하고 있다(권석만, 2014; 김종운·박성실, 2016).

1) 첫인상 단계(First impression stage)

첫인상 단계에서는 상대방을 만나 주로 외모나 행동을 관찰하면서 인상을 형성하게 된다. 이 단계에서 상대방에게 좋은 인상, 즉 호감이 가게 되면 상대에 대한 관심이 높아져 더 알고 싶은 마음이 생겨나며 개인적 정보를 알기 위해 노력을 기울인다.

2) 지향 단계(Orientation stage)

지향 단계에서는 서로 자신에 대한 피상적인 정보를 교환하고, 상대방을 탐색한다. 상대방에게 좋은 인상을 주려고 노력하면서 상대방도 자신에게 호감이 있는지 타진해 본다. 자신을 긍정적으로 보이려 하고, 타인에 대해서도 비판을 회피하는 다소 긴장된 상태의 단계이다. 이 단계에서 개인적 정보에 근거하여 관계를 지속할지가 결정되는데, 대부분의 만남이 여기서 끝난다. 지향단계에서 상대로부터 거부를 당해 자존심이 상할 수는 있으나, 마음의 상처는 그다지 크지 않다.

3) 탐색적 애정교환 단계(Exploratory affective exchange stage)

탐색적 애정교환단계에서는 좀 더 친근한 태도를 보이고, 대화의 내용이 좀 더 풍부해지며 자발성도 증가하게 된다. 상대방에 대한 호감 이상의 초보적인 애정과 사랑의 감정을 느끼게 된다. 따라서 상대방을 좋아하는 감정을 어떻게든 알리려고 노력하고, 상대방이 자신을 사랑하는지 확인하려 한다. 그러나 애정표현에 있어서 상대방이 허용한 범위를 넘어가면 상대방에게 부담을 주게 되어 관계로부터의 이탈 가능성이 있기 때문에 다소 형식적이고 초보적인 애정교환이 이루어진다. 상대방의 말과 행동에 예민해져서 감정의 변화가 심해지는 이 단계는 살얼음판을 걷듯 가장 예민하고 불안정하다. 이 단계에서 상대에 대한 실망이나 상대로부터 거부를 당해 관계가 종결될 수 있다. 이미 감정이 상당 수준 개입되었기 때문에 관계 종결에 대한 상당한 아픔을 겪을 수 있다.

4) 애정교환 단계(Affective exchange stage)

애정교환 단계에서는 편안하게 상대를 칭찬도 하고 때로는 비판도 한다. 서로 좋아한다는 것 또는 서로 사랑하는 연인 사이라는 것을 암묵적으로 인정하고 사랑을 표현한다. 사랑하는 마음을 전달하기 위해 빈번한 전화통화, SNS, 만남, 선물 교환, 서로를 위한 이벤트 등을 준비하면서 친밀감이 형성된다. 아직은 상대방에게 자신의 속마음을 완전히 털어놓지는 않으며, 자신의 약점과 단점이 드러나지 않도록 조심한다. 이 단계는 서로 사랑에 대한 약속을 한 상태가 아니므로 여전히 사랑에 대한 확신은 없으나, 상대의 사랑을 확인하고 신뢰를 형성해 가는 단계이다.

5) 안정적 교환 단계(Stable exchange stage)

안정적 교환 단계에서는 서로 마음을 터놓고 대화하며 서로의 소유물에도 마음 놓고 접근한다. 자신의 단점이나 약점도 두려움 없이 보이게 된다. 상대방의 사랑에 대한 확신을 하게 되고 친밀감과 신뢰를 바탕으로 안정된 애정 교환이 이루어진다. 이 단계에서 대부분 결혼 약속을 하게 되고, 육체적 애정교환이 이루어지기도 한다. 안정적 교환단계를 지속하다가 결혼에 이르게 되는 경우는 행복한 경우이지만, 부모의 반대, 유학, 이사, 질병, 죽음 등의 이유로 결혼에 이르지 못하고 헤어지는 경우, 두 사람 모두 상당한 마음의 상처를 입게 된다.

6. 이성교제의 어려움

이성교제가 진행되는 동안 남녀는 행복, 기쁨과 같은 긍정적인 정서를 느끼기도 하지만 헤어진 후의 좌절과 슬픔 등 부정적인 정서를 경험하기도 한다. 이성교제를 하는 커플의 경우 나이, 시기, 조건, 사회적 기대, 성가치관, 가정문화 등의 요소는 서로를 위해 도움이 되기도 하지만 경우에 따라서는 어려움을 초래하기도 한다. 현대사회에서 개인은 자신의 이성교제에 대한 선택권을 가지지만, 아직은 이성교제에 대한 명확한 기준이 있는 것은 아니다. 따라서 이성교제가 미혼 남녀의 성공적인 결혼을 위해 반드시 필요하지만, 교제 시 예상치 못했던 문제점이 발생하기도 한다. 여기서는 이성교제 시 발생할 수 있는 어려움에 대해서 살펴보고자 한다(김양희 외, 2011; 송진숙 외, 2006).

1) 이중 기준

이성교제에 있어서 남녀 간에 사고방식, 가치관, 행동 등의 차이가 있을 수 있다. 이는 남성과 여성이 같은 상황에서 생각하는 것이나 기대되는 행동이 다르므로 나타나는 자연스러운 현상이다. 예를 들어, 여성과 남성들 각자가 생각하는 성가치관이나 문화적 차이, 지속적이고 안정적인 관계를 유지하고자 하는 동시에 성적 친밀감 억제 등에 초점을 맞추는 여성의 성향 그리고 데이트의 경제적 부담이나 성적 진전을 우선시하는 등 남성의 관점도 문제로 여겨질 수 있다. 이 중 기준에는 남녀 성별의 문제를 떠나 한쪽은 오락적 측면에서 이성교제를 하고자 하지만, 다른 한쪽은 결혼을 전제로 한 지속적인 관계를 원하는 경우처럼 관계인식의 차이도 포함된다.

2) 데이트 불안

이성교제는 사회생활이므로 대인관계의 기술과 자기 확신이 필요하다. 성장 과정에서 대인관계기술이나 의사소통기술을 올바르게 습득하지 못하거나 자기 확신이 부족하면 이성교제 시 불안감이 야기된다. 이러한 불안은 결혼으로의 진전을 방해할 뿐 아니라 결혼 후에도 갈등을 유발하거나 우울감, 학업 및 취업의 실패와 관련되기도 한다. 즉, 사회성 발달이 미숙함에 따라 인간관계에 능숙하지 못한 경우 이성교제도 불안하게 될 뿐만 아니라 자신의 심리적 건강 및 사회생활에도 어려움을 겪을 수 있다(박경란 외, 2002).

3) 부모와의 갈등

부모는 자녀의 배우자 선택에 무관심할 수 없으므로 배우자 선택의 시험 단계인 이성교제에도 관심을 갖게 마련이다. 부모의 요구보다 자신의 의견이 더욱 중시되는 오늘날에는 이성교제와 관련된 부모와의 갈등이 심화하고 있다.

부모들은 자녀의 이성교제를 결혼과 관련지어 생각하는 경향이 있으므로, 지나친 염려나 반대를 하기도 한다. 이성교제에 대해 부모-자녀 간의 갈등을 해결하기 위하여 먼저 부모들은 권위의식을 버리고 자녀와의 대화를 통하여 자녀의 이성관계를 이해하려는 마음가짐을 가져야 한다. 또한 부모는 이성교제 전에 자녀가 대인관계의 기술을 습득하도록 지원하고, 성교육 또는 성담론(sex talk) 등을 통하여 올바른 이성교제를 하도록 돕는 것이 중요하다.

4) 일, 학업의 지장

이성교제는 삶의 활력을 주는 오락적인 기능이 있지만, 이성교제에 지나치게 몰입하면 다른 생활에 지장을 겪을 수 있다. 남녀가 서로 생각하고 그리워하는 것은 사랑하는 관계에서는 자연스러운 일이지만, 과도하면 자신의 일이나 학업에 몰두하지 못하여 어려움에 봉착할 수 있다. 따라서 이성교제 시 자신의 새로운 생활인 데이트에 시간과 노력을 할애해야 하는 점을 고려해 더욱 효율적으로 시간을 배분하여 자신의 일과 학업을 짜임새 있게 관리해야 한다.

5) 혼전 성행위

성행위에 대한 기준과 가치는 사회, 문화 그리고 시대에 따라 변화한다. 오늘날에는 혼전 성행위에 대하여 비교적 자유롭고 개방적으로 바뀌면서 성경험의 나이가 점차 낮아지고 있다.

이성교제가 증가하면서 자연스럽게 남녀의 신체적 접촉의 기회와 빈도가 늘어나게 되고 육체적 쾌락에 대한 통제력 상실 때문에 무분별한 혼전 성관계가 문제시되기도 한다. 특히 자기표현을 적극적으로 하는 젊은 세대들은 혼전 성관계에 대한 정보를 다양한 매체를 통해 접하게 되면서 사랑한다면 육체적 성관계를 당위적인 과정으로 착각하기도 한다.

그러나 우리나라에서는 여전히 남성의 순결에 대한 기준이 여성보다 관대한 반면, 여성에겐 더욱 엄격한 기준이 적용되고 있다. 혼전 성관계에 의하여 임신한 경우에는 결혼한다 하여도 갈등의 원인이 될 수 있으며, 만약 결혼하지 않으면 남성과 여성 모두에게 심각한 정신적 상처를 남긴다.

성에 관한 의식이 개방적으로 변화되고 있는 현대에는 첫 성관계 경험의 나이가 점차 낮아지고 있으므로 무분별한 혼전 성행위에 따른 죄책감, 피임의 실패 및 불충분한 준비로 인한 미혼 부모의 발생 등에 따라 보다 책임감 있는 성의식이 요구된다. 혼전 성행위에 대하여 남녀 모두 신중한 자세로 책임 있는 이성교제를 하여야 한다.

6) 데이트 폭력

데이트 폭력(dating violence)이란 일반적으로 미혼 남녀가 혼전에 교제하는 과정에서 상대에게 해를 끼칠 의도를 가지고 행한 모든 언어, 신체, 정서, 성적인 행위를 의미한다. 데이트 폭력에는 모욕적 언사, 욕과 같은 언어적 공격과 물건 부수기, 위협하기 등의 비언어적 공격을 포함하는 심리적 및 물리적 폭력, 상대방에게 의도성 혹은 잠재적 의도성을 가지고 힘이나 도구를 사용해 상해를 입히는 신체적 폭력 그리고 성관계를 강요하거나 강압적으로 원치 않는 성관계를 하는 성폭력이 포함된다.

특히 데이트 폭력이란 데이트 중 명백한 동의가 없는 상태에서 한쪽의 일방적인 강요에 의해 일어나는 폭력 및 성폭력이지만, 가해자와 피해자가 이것을 폭력으로 인식하지 못하고 윤리적인 잘못 또는 난폭한 성관계로 간주하는 경우가 흔하다. 그러므로 데이트 폭력이라도 고소하는 경우는 많지 않으며, 간혹 고소하는 경우에 가해자가 데이트 폭력을 서로 동의한 성관계라고 주장하면서 피해자를 무고죄나 명예훼손죄로 맞고소하는 일도 있다(한국성폭력상담소 www.sisters.or.kr).

국내에서 데이트 폭력의 양식은 물건 던지기, 뺨 때리기, 떠밀기, 성폭력 등 다양하며,

폭력의 발생장소는 주말에 사적 장소로 교제하는 사람의 거주지, 부모의 거주지, 야외, 자동차 안 등이었다. 폭력 발생요인으로는 첫째, 폭력을 수용하는 태도, 성가치관, 인성과 같은 심리적 요인, 둘째, 성장기의 가족환경(부모이혼, 별거, 가정폭력 등), 아동기의 폭력경험과 같은 가족 요인, 셋째, 과거 데이트에서의 폭력 경험, 대화의 질 등의 인간관계 요인, 넷째, 학업성적, 경제적 문제, 취업 등과 같은 긴장 요인으로 분류할 수 있다.

데이트 폭력은 호감을 느낀 이성 간에 일어나기 때문에 가해 상대방에게 책임을 묻기가 어려워 피해가 반복되는 경우가 많다. 데이트 폭력은 상호 정서적으로 부정적 영향을 주게 되는데, 특히 여성이 남성보다 약 3배 감정적 상처를 받으며 자존감의 손상을 입는 것으로 나타났으나(Mabepeace, 1986; 이영숙·박경란, 2010 재인용), 이러한 문제로 인해 전문가의 도움을 받는 비율은 낮았다.

데이트 폭력은 나아가 부부폭력으로 연장될 수 있기 때문에 가정폭력을 예방하기 위한 차원에서 다루어져야 할 심각한 사회문제로 대두되고 있으며, 폭력의 정도가 심하지 않더라도 상습적인 폭력을 행사하는 상대방이라면 조속히 관계를 정리하는 것이 현명하다.

7) 관계의 종결

두 사람이 관계를 끝내고 싶으나 여러 가지 이유로 관계의 종결이 지연될 수 있다. 정 때문에 혹은 두려워서 말을 못하거나 만나면 다투지만 헤어지면 외롭고 마음이 공허하여 다시 만나기도 한다. 그러나 좋은 파트너를 만나 관계를 발전시키는 것만큼 중요한 것은 자신에게 맞지 않는 파트너와 잘 헤어지는 것이다.

자신이 관계를 끝맺어야겠다고 결정하였을 때는 상대방이 상처를 받을 것임을 인정하고, 명확한 이유로 관계를 종료할 것을 분명히 밝힌 뒤 관계를 끝내야 한다. 만약 상대방 쪽에서 관계를 정리하고 싶어 하면 심리적 고통이 심할 수 있으나, 이러한 고통은 일시적이라는 것을 인지하고 그 사람을 생각하게 하는 기념물이나 사진, 문자 등을 정리하고, 혼자만의 시간을 갖는 것이 좋다. 이성교제가 종결된 후에는 당연히 전화, 방문, 문자 등은 하지 않도록 한다.

이성관계의 종결에는 세 가지 유형이 있다. 첫째, '일방적 실연'은 한쪽이 헤어질 것을 통보함으로써 이루어지며, 통보를 받은 쪽은 우울감, 상처, 분노 등을 경험하게 된다. 둘째, '합의된 실연'은 서로 합의하고 관계를 종결하는 경우이며, 상대에게 불만이 있어 헤어지는 것이므로 상대적으로 고통은 적으나, 간혹 아쉬움이나 후회를 남기기도 한다. 셋째, '강요된 실연'은 외부 요인으로 관계가 중단되는 경우로 부모의 반대, 한쪽의 죽음, 부득이한 사고 등을 들 수 있다. 강요된 실연은 관계는 중단되더라도 그리움이나 아쉬움으로 인해 사랑의 감정이 더 애틋해질 수 있다. 때로는 주변의 반대와 같은 외부 요인은 연인 간의 사랑과 결속을 강화시키는 '로미오와 줄리엣 효과'를 낳기도 한다(권석만, 2004; 김양희 외, 2011 재인용).

잠깐만! 함께해요(1)

키슬러(Kiesler) 대인관계 양식 검사

■인간관계를 어떻게 형성하는지를 알아보기

■자기의 성격이나 대인관계를 잘 나타내는 정도에 맞추어 적절한 숫자에 ○표를 한다.

전혀 그렇지 않다.	약간 그렇다.	상당히 그렇다.	매우 그렇다.
1	2	3	4

	문 항	1	2	3	4		문 항	1	2	3	4
1	자신감이 있다.					21	온순하다.				
2	눈치가 빠르다.					22	단순하다.				
3	강인하다.					23	관대하다.				
4	쾌활하지 않다.					24	열성적이다.				
5	마음이 약하다.					25	지배적이다.				
6	다툼을 피한다.					26	치밀하다.				
7	인정이 많다.					27	무뚝뚝하다.				
8	명랑하다.					28	고립되어 있다.				
9	추진력이 있다.					29	조심성이 많다.				
10	자지 자랑을 잘한다.					30	겸손하다.				
11	냉철하다.					31	부드럽다.				
12	붙임성이 없다.					32	사교적이다.				
13	수줍음이 있다.					33	자기주장이 강하다.				
14	고분고분하다.					34	계산적이다.				
15	다정다감하다.					35	따뜻함이 부족하다.				

16	붙임성이 있다.					36	재치가 부족하다.				
17	고집이 세다.					37	추진력이 부족하다.				
18	자존심이 강하다.					38	솔직하다.				
19	독하다.					39	친절하다.				
20	비사교적이다.					40	활달하다.				

출처: http: //blog.daum.net/chees60/8248393.

키슬러 대인관계 양식 검사 해설

-각 유형 별 문항에 대한 응답을 아래의 칸에 합산.
-아래 그림에 자신의 점수를 표로 표시하고 점수들을 연결하여 팔각형을 그리고, 팔각형의 모양이 중심으로부터 특정 방향으로 기울어진 형태일수록 그 방향의 대인관계 양식이 강하다고 해석됨

지배형(1, 9, 17, 25, 33) ______ 실리형(2, 10, 18, 26, 34)______
냉담형(3, 11, 19, 27, 35) ______ 고립형(4, 12, 20, 28, 36)______
복종형(5, 13, 21, 29, 37)______ 순박형(6, 14, 22, 30, 38)______
친화형(7, 15, 23, 31, 39)______ 사교형(8, 16, 24, 32, 40)______

키슬러 양식에 의한 나의 대인관계 양식

키슬러 대인관계 유형별 특성

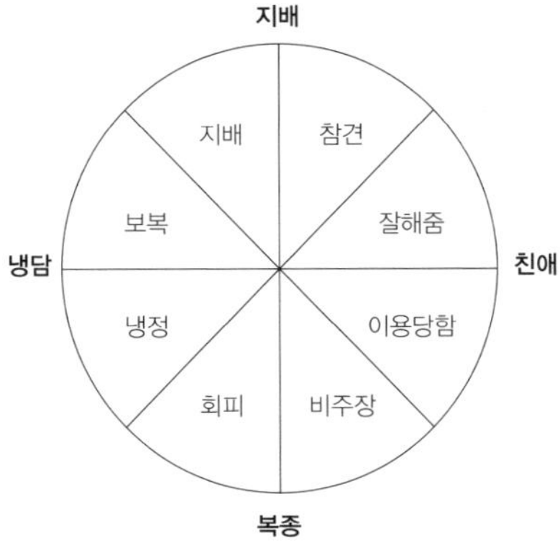

여러 가지 의사소통 형태 중 키슬러가 정리한 것에 따르면 대부분의 사람들은 자기만의 독특한 성격이나 대인관계의 유형이 있으며 그런 특성은 일관성 있게 지속된다고 한다.

키슬러의 대인관계 양식의 8가지 유형의 특장 및 필요항 자세

	유형	특징	필요한 자세
1	지배형	• 자신감이 있고 자기주장이 강하며 지도력 있음 • 논쟁적, 독단이 강하여 대인 갈등을 겪을 수 있음	타인의 의견을 경청하고 수용하는 자세가 필요함
2	실리형	• 이해관계에 예민하고 성취지향적임 • 경쟁적, 자기중심적, 타인에 대한 관심과 배려가 부족함	타인의 입장을 배려하고 관심을 갖는 자세가 필요함
3	냉담형	• 이성적인 의지력이 강함 • 타인의 감정에 무관심, 거리감, 피상적 대인관계	타인의 감정상태에 관심을 가지고 긍정적 감정을 부드럽게 표현하는 기술이 필요함
4	고립형	• 혼자 있거나 혼자 일하는 것을 선호함 • 사회적 상황을 회피, 자신의 감정을 지나치게 억제함	대인관계의 중요성을 인식하고 타인에 대한 비현실적인 두려움의 근원에 대해 깊이 성찰해 볼 것
5	복종형	• 타인의 의견을 잘 듣고 따름 • 수동적, 의존적, 자신감이 없고 자기주장성이 떨어짐	적극적인 자기표현과 자기주장이 필요함

6	순박형	• 단순, 솔직, 너그럽고 겸손한 경향 • 자기 주관이 부족함	타인의 의도를 헤아려 보고 행동하는 신중함, 자기를 주장하는 노력이 필요함
7	친화형	• 따뜻하고 인정이 많고 자기 희생적임 • 타인의 요구를 거절하지 못함, 타인을 즐겁게 하려고 지나치게 노력함	타인과의 정서적 거리를 유지하려는 노력이 필요함
8	사교형	• 외향적이고 쾌활하며 대화하기를 선호함 • 인정하는 욕구가 강함, 타인에 대한 관심이 많아서 간섭하는 경향이 있고 흥분을 잘하고 충동적임	심리적으로 지나친 인정욕구가 있고 그 근원에 대한 통찰이 필요함

바람직한 인간관계를 위한 나의 노력

주제	나의 노력
바람직한 인간관계를 위한 노력	

잠깐만! 함께해요(2)

이성관계 만족도 척도

■ 다음 문항들은 이성친구에 대한 여러분의 생각입니다. 가장 최근에 교제했거나 혹은 현재 교제중인 이성친구를 생각하면서 자신과 가장 일치한다고 생각하는 곳에 "○"표 해 주십시오.

번호	하위 영역	설문문항	전혀 그렇지 않다	대체로 그렇지 않다	보통 이다	대체로 그렇다	항상 그렇다
1	a-1	나는 우리의 이성교제 관계가 꽤 행복하다고 생각한다.	①	②	③	④	⑤
2	a-2	내 이성친구는 그때그때 내 기분을 대부분 이해하고 있다.	①	②	③	④	⑤
3*	a-3	우리는 같이 이야기할 주제가 많지 않다.	①	②	③	④	⑤
4*	c-1	때때로 나는 이성친구에게 속마음을 털어놓지 못해 다른 친구에게 대신 이야기한다.	①	②	③	④	⑤
5*	d-1	우리는 우리의 차이점을 해결하는 방법을 개선할 필요가 있다.	①	②	③	④	⑤
6*	a-4	내 이성친구는 때때로 내가 어떻게 느끼는지 이해하지 못한다.	①	②	③	④	⑤
7	d-2	우리는 함께 취미생활을 즐기는 데 많은 시간을 보낸다.	①	②	③	④	⑤
8*	c-2	내 이성친구는 때때로 나를 속상하게 한다.	①	②	③	④	⑤
9*	d-3	우리는 다른 연인들처럼 잘 지내지 못한다.	①	②	③	④	⑤
10*	c-3	내 이성친구에게는 내가 싫어하는 점들이 있다.	①	②	③	④	⑤
11*	a-5	때때로 나는 이성친구를 몹시 떠나고 싶다.	①	②	③	④	⑤

12	a–6	내 이성친구는 내 기분을 완전히 이해하고 공감한다.	①	②	③	④	⑤
13*	c–4	우리는 다툴 때마다 같은 문제를 반복하는 것 같다.	①	②	③	④	⑤
14	b–1	의견 차이가 있을 때, 내 이성친구는 내가 받아들일 수 있는 다른 대안을 찾기 위해 노력한다.	①	②	③	④	⑤
15	b–2	나는 이성친구와 여가시간을 보내는 방식에 꽤 만족하고 있다.	①	②	③	④	⑤
16*	a–7	내 이성친구는 어떤 문제에 대해서는 너무 민감해서 내가 말조차 꺼낼 수 없는 경우가 있다.	①	②	③	④	⑤
17*	d–4	내 이성교제 관계는 여러 가지 점에서 실망스럽다.	①	②	③	④	⑤
18*	d–5	우리 관계에서는 심각한 어려움들이 있다.	①	②	③	④	⑤
19*	b–3	내 이성친구는 종종 내 생각을 이해하지 못한다.	①	②	③	④	⑤
20	c–5	내가 슬퍼할 때마다 내 이성친구는 나에게 사랑과 행복을 느끼게 해 준다.	①	②	③	④	⑤
21	b–4	나는 단 한순간도 우리 만남을 후회한 적이 없다.	①	②	③	④	⑤
22*	c–6	내 이성친구는 나에게 자신의 감정을 잘 표현하지 않는다.	①	②	③	④	⑤
23*	a–8	우리 관계의 미래는 너무 불확실해서 중요한 계획을 세울 수 없다.	①	②	③	④	⑤
24	b–5	우리는 일상생활에서 함께 할 수 있는 재미있는 일이 매우 많다.	①	②	③	④	⑤
25*	a–9	내 이성교제 관계에서는 내가 완전히 만족할 수 없는 부분이 있다.	①	②	③	④	⑤
26*	d–6	나는 이성친구와 함께 있을 때에도 종종 외로움을 느낀다.	①	②	③	④	⑤
27*	a–10	내 이성친구는 내가 원하는 것을 하는 데 충분한 시간을 쓰지 않는다.	①	②	③	④	⑤

28*	c-7	나는 내 이성친구에게 항상 사랑과 애정을 느끼는 것은 아니다.	①	②	③	④	⑤
29*	a-11	우리는 현재보다 과거에 함께 했던 시간들이 더 즐거웠던 것 같다.	①	②	③	④	⑤
30	c-8	내 이성친구는 내가 바라던 모든 자질을 가지고 있다.	①	②	③	④	⑤
31*	a-12	우리는 매우 자주 말다툼을 한다.	①	②	③	④	⑤
32	a-13	내 이성친구는 나에게 사랑을 표현하기 위해 여러 가지 일들을 한다.	①	②	③	④	⑤
33*	c-9	내 이성친구와의 사소한 의견 차이가 종종 큰 다툼으로 발전한다.	①	②	③	④	⑤
34*	b-6	만일 우리가 사귀지 않았더라면 더 행복했을 것이다.	①	②	③	④	⑤
35*	a-14	내 이성친구는 때때로 나를 정말 필요로 하는 것 같지 않다.	①	②	③	④	⑤
36*	c-10	나는 때때로 우리 만남에 대해서 꽤 실망하게 된다.	①	②	③	④	⑤
37	c-11	우리는 취미와 여가생활에서 서로가 원하는 것을 얻고 있다.	①	②	③	④	⑤
38*	a-15	때때로 나는 이성친구가 나를 정말로 사랑하고 있는지 궁금하다.	①	②	③	④	⑤
39	b-7	우리는 내가 아는 대부분의 연인들보다 더 행복하다.	①	②	③	④	⑤
40*	a-16	내 이성친구는 때때로 내 성격의 어떤 면을 의도적으로 변화시키려는 것처럼 보인다.	①	②	③	④	⑤
41	c-12	내 이성친구는 나와 여가시간을 함께 보내는 것을 좋아한다.	①	②	③	④	⑤

(*: 역채점 문항임)

출처: 표승연(2011). 이성관계에서 관계만족과 결별의도를 설명하는 통합인과모형의 검증. 성균관대학교 대학원 박사학위논문.

■이성교제 만족도 척도의 하위영역의 문항구성

하위 영역		문항구성	문항 수
a	전반적인 만족	1, 2, 3*, 6*,11*, 12, 16*, 23*, 25*, 27*, 29*, 31*, 32, 35*, 38*, 40*	16
b	정서적 의사소통 만족	14, 15, 19*, 21, 24, 34*, 39	7
c	문제해결 의사소통 만족	4*, 8*, 10*, 13*, 20, 22*, 28*, 30, 33*, 36*, 37, 41	12
d	공유시간 만족	5*, 7, 9*, 17*, 18*, 26*	6
전체			41

- 각 영역(a,b,c,d)별 평균 구하기(ex, a/16, b/7, c/12, d/6)
- 평균점수 3.00을 기준으로, 4개의 영역 중 평균이 가장 높은 영역과 가장 낮은 영역을 구분해 보고 각자의 이성교제의 특성을 알아본다.

8장
배우자 선택

결혼은 개인이나 개인이 속한 집단에게 중대한 사건이다. 결혼의 성공 여부는 배우자 선택에 의하여 상당 부분 결정된다. 현대사회는 가족의 기능이 변화하면서 배우자에 대한 정서적 및 애정적 기능이 강조되고, 가족의 안정성과 자녀양육의 문제도 배우자 선택에 의해 크게 영향을 받는다. 그러므로 결혼 적령기에 있는 사람과 그 부모는 적절한 배우자의 선택으로 고민하게 된다.

1. 배우자 선택의 원리

배우자를 선택하는 데는 몇 가지 원리가 존재하는데, 이는 사회학적 · 심리학적 · 경제학적 원리로 설명할 수 있다.

1) 사회학적 원리

사회학적 관점에서는 배우자 선택이 '동질혼(homogamy)'과 '족내혼(endogamy)'의 원칙에서 이루어진다고 본다. 동질혼이란 가치나 태도 그리고 사회적 배경 등에서 서로 유사한 동질성을 지닌 사람들끼리 서로 배우자로 선택한다는 것이다. 같은 사회집단에 속한 사람들은 여러 가지 면에서 동질적이므로, 사회 내에서 결혼하는 족내혼이 보편적이다.

물론 동질혼과 족내혼의 원칙에서 벗어나는 일도 있다. 그 대표적인 예가 근친금혼(incest taboo)으로 같은 혈연집단이야말로 가장 밀접한 집단이며, 가장 동질적인 집단이지만 동서고금을 통해 일반적으로 가까운 혈연집단 내에서의 결혼은 금하고 있다.

근친금혼의 규정 외에도 동질혼과 족내혼의 예외가 발견될 수가 있다. 집단의 크기가 작거나, 집단 내에서 성비의 균형이 맞지 않거나, 집단 내의 사람들 간의 이질성 정도가 크면 다른 집단의 사람들과 결혼하는 것을 종종 발견할 수 있다. 예를 들어, 미국 속의 한국 이민자 집단은 그리 크지 않기 때문에 결혼연령에 속한 사람들도 그리 많지 않다. 더구나 미국은 인종적 또는 문화적 이질성이 크기 때문에 이민 2세대는 이질적인 사람들과도 쉽게 친해지고 교류하면서 한국 이민자 집단이 아닌 다른 집단에서 배우자를 선택하는 경향이 있다.

2) 심리학적 원리

배우자 선택에서 '유사성'과 '보상성'과 같은 개인 간의 특성이 심리학적 원리로 작용하게 된다.

일반적으로 사람들은 자신과 유사한 사람들에게 호감을 느끼게 된다. 자신의 가치나 태도와 비슷한 사람들에게는 호감을 느끼지만 그렇지 않은 사람들은 싫어하는 경향을 들 수 있다. 유사성이 배우자 선택의 기준으로 작용한다는 설명은 사회학적 관점에서의 동질혼 및 족내혼의 원칙과 일관적이다.

유사성에 대해 매력을 느끼는 정도를 실제 상황에서는 완전하게 파악하기 어렵다. 일단 사람의 태도는 무수한 주제에 대해 무수한 형태로 나타나므로, 한정된 주제에 대한 태도만으로 어느 정도 매력을 느낄 것인가를 예측하기란 쉽지 않다. 게다가 모두가 유사성에 대해 비슷한 방식으로 반응하지는 않으므로 유사한 사람에 대해 반드시 매력을 느낀다고 결론짓기는 어렵다.

한편, 상대방의 특성에 따라 유사성이 호감을 유발하기도 하지만 오히려 부정적인 감정을 유발할 수도 있다. 예를 들어, 어떤 상황에서 상류층의 사람과 자신의 행동이 유사할 때 호감을 불러일으킬 수 있겠지만, 경우에 따라서는 자신의 태도와 정신질환자의 행동이 유사하다는 것을 발견할 때 오히려 혐오감을 느끼고 더 싫어하게 될 수 있다.

다른 한편으로는 남녀가 서로 하나 또는 두 개의 속성에서 달라 보상이 되어 서로에게 만족을 제공하게 된다. 배우자 선택에서 이러한 보상성이 작용하는 경우는 대개 성격, 심리적 욕구, 단순한 행동에서 보상성이 나타날 경우이며, 나이, 사회 · 경제적 지위, 인종, 교육수준 등의 기본적인 특성에서 유사할 경우, 서로 간의 보상적인 특성이 작용하기 쉽다.

3) 경제학적 원리

경제학적 원리에서는 사회교환의 원칙에 의해 남녀의 교제행위를 이성적이며 계산된 행위로 간주한다. 즉, 사람들은 자신에게 최대의 보상을 줄 수 있는 배우자를 선택하고자 하고, 특정 사람과 결혼하는 것과 독신으로 사는 것 각각의 이익과 비용을 계산해서 그 사람과의 결혼이 이익이 될 때 결혼이 이루어진다고 설명한다(문숙재 외, 2001).

결혼성립의 조건을 공식으로 표현하면 다음과 같다(그림 8-1 참조). 즉, 결혼의 이익에서 비용을 뺀 순이익이 독신의 순이익보다 크거나 같을 때 결혼을 한다는 것이다.

$$(M_b - M_c) = M_n,\ (S_b - S_c) = S_n$$
$$M_n \geq S_n$$

M: 결혼 S: 독신
b: 이익 c: 비용 n: 순이익

그림 8-1 결혼성립 조건의 공식

여기서 결혼비용이란 결혼을 하기 위해 또는 결혼생활을 유지하는 데 필요한 여러 가지 비용을 포함한다. 예를 들어, 결혼식을 위해 필요한 화폐 비용, 즉 결혼식 비용, 신혼여행 비용, 배우자 예단 및 예물 비용, 살림살이 비용, 주택 비용 등을 들 수 있다. 또한, 결혼생활을 유지하기 위한 노력, 시간, 정신적 스트레스 그리고 결혼의 기회비용, 즉 결혼하기 위해 포기해야 하는 독신생활, 커리어 등과 같은 다양한 비용이 포함된다.

결혼이 주는 이익이란 결혼을 함으로써 얻게 되는 금전적 및 비금전적 이익을 의미한다. 결혼의 이익은 세 가지 측면에서 이해할 수 있다.

첫째, '가족공공재 사용의 효과'가 있다. 한 배우자가 어떤 재화나 용역을 사용한다고 해서 다른 배우자의 사용기회를 감소시키지 않으므로, 같은 자원으로 더욱 여러 사람이 혜택을 입는다. 둘째, '외부 효과'인데, 한 배우자의 재화 및 용역의 사용이 다른 사람의 복지에 영향을 미치게 되므로 역시 같은 자원으로 여러 사람이 혜택을 받는다. 셋째, '상호부양의 효과'는 결혼이 주는 이득이다. 한 배우자가 다른 배우자의 복지를 위해 의도적으로 하는 행위로서, 배우자가 신체적 · 정신적으로 건강을 유지하도록 예방적 차원에서 건강관리에 노력하며, 또한 배우자 건강이 손상되었을 때에는 빨리 회복할 수 있도록 치료의 도움을 제공하는 기능이다.

이러한 결혼의 비용과 결혼의 이익을 계산한 순이익이 독신생활의 순이익보다 크거나 같을 때, 사람들은 독신생활을 포기하고 결혼을 한다는 것이다. 그러나 결혼의 이익과 비용에 대한 판단은 주관적이기 때문에 이 공식을 획일적으로 적용하기는 어렵다.

2. 배우자 선택의 결정권

배우자 선택의 결정권이 어디에 있느냐에 따라 그림 8-2와 같이 양극을 잇는 하나의 연속선상에서 생각할 수 있다. 연속선의 왼쪽 끝은 중매혼(arranged marriage)이며, 오른쪽 끝은 자유혼(free choice of mate)이다. 다시 말해 왼쪽에서 오른쪽으로 갈수록 배우자 선택에서 개인의 자유의사가 강하게 반영됨을 나타낸다.

그림 8-2 중매혼과 자유혼의 관계

중매혼이란 배우자 선택의 결정권이 결혼 당사자에게 주어지지 않는 경우이다. 주로 가족, 특히 가족 내의 연장자가 배우자 선택의 유력한 의사결정자가 된다. 결정권자인 가족은 결혼을 보편적으로 기존 가족의 안정과 연속을 위해, 누가 집안 식구로서 적절할 것인가의 입장에서 배우자를 선택하게 된다. 일반적으로 중매혼에서 고려되어야 할 요건은 결혼 당사자와의 관계와 함께 기존 집안 식구들과의 관계가 원만할 것인가, 기존 가족의 질서에 순응할 수 있을 것인가를 고려하게 된다.

자유혼은 결혼 당사자 이외에 누구의 의사도 반영하지 않으며, 사회적 규범도 상관없이 전적으로 결혼 당사자의 자유에 의해 배우자를 선택하는 경우이다. 그러나 현실적으로 완전한 의미에서의 자유혼은 존재하기 어렵다. 완전한 의미에서의 자유혼이란 돈 · 권력 · 사회적 지위 · 직업 · 교육 · 나이 · 근친관계 · 가족상황 · 성 같은 상대방의 특성에 대한 주변의 의견이나 사회적 규범과는 무관하게 배우자를 자유롭게 선택하는 것을 의미하기 때문이다(문숙재 외, 2005).

표 8-1 연애혼과 중매혼의 비교

영역	연애혼	중매혼
이성교제	매우 중요함	고려되지 않음
사랑	매우 중요함	중요하지 않음
상대방에 대한 지식	많이 알고 있음	비교적 적음
함께 하는 시간	많음	비교적 적음
혼전 성관계	있을 수 있음	거의 없음
부모 동의	약간 중요함	매우 중요함

출처: Davis H. Olson, John DeFrain & Amy K. Olson (2007). 21세기가족문화연구소 편역. 행복한 결혼 건강한 가족. 경기: 양서원. p.24 재구성.

이 외에도 중매혼과 자유혼의 중간 형태인 절충혼이 있는데, 이는 배우자 선택의 결정권이 부모로부터 점차 당사자에게 주어지는 형태이다. 절충혼에는 두 가지 유형이 있는데, 하나는 당사자가 자유로운 교제를 통하여 결혼 상대를 선택한 후 부모에게 소개하고 동의를 얻는 방법이며, 다른 하나는 부모가 상대를 선택한 후 자녀의 동의를 얻는 방법이다.

배우자의 소개 경로를 보면 집안 어른이 소개하는 경우, 친구가 소개하는 경우, 본인이 직접 만나는 경우, 그리고 결혼정보회사와 같은 결혼대행업체에서 주선하는 경우 등이 있으며, 이는 배우자 소개의 시대적 양상을 반영한다(신용주·김혜수, 2012). 절충혼은 중매혼의 단점을 보완할 수 있고 상대를 구할 수 있는 범위가 넓으므로 많은 젊은이가 선호하는 편이다. 어떤 면에서는 오히려 부모의 역할에 의존하고 판단을 신임하는 경향도 있는데, 이는 부모를 통해서 상대방의 배경을 알고 교제하면 안전성이 높고 부모와 갈등을 겪지 않는다고 생각하기 때문이다(유영주 외, 2000). 현대사회에서는 결정권 소재의 측면에서 배우자 선택 방식이 중매혼에서 자유혼의 방향으로 움직여 왔으며, 최근에는 절충혼도 흔하다. 자신의 배우자를 선택하면서 자유혼에서처럼 개인의 선택이 점차 중요해지더라도, 자신이 속한 가족과 사회의 규범으로부터 온전히 자유롭기는 어렵다. 단지 배우자 선택에서 개인의 결정권이 어느 정도 존중되는가의 문제이다.

3. 배우자 선택이론

1) 여과망이론(Filter theory)

케르코프와 데이비스(Kerkoff & Davis, 1962)는 배우자 선택의 다양한 요인을 발달적 모형으로 제시하였다. 약혼 단계의 대학생 커플을 종단 연구한 결과, 그 관계의 초기 단계에는 인종 · 나이 · 종교 · 사회계층 같은 사회적 특성이 중요한 요인으로 작용하였으며, 관계가 진전되면서 가치관의 공감이 중요해졌고, 좀 더 오랜 기간 사귄 친밀한 관계에 이른 단계에서는 상호보완의 기능이 중요한 것으로 나타났다.

우드리(Udry, 1971)는 배우자 선택에 영향을 미치는 요인에 관한 이론을 정교화시켜 모든 가능한 데이트 상대로부터 관계를 맺기 시작하여 결혼에 이르기까지 6개의 여과망(filter)을 거치면서 점차 그 대상이 좁아지고 제한되어 마지막에 한 사람을 선택하게 된다고 하는 여과망이론을 제시하였다. 여과망이론에서 배우자 상대를 걸러내는 여과망으로는 근접성의 여과망, 매력의 여과망, 사회적 배경의 여과망, 의견 일치의 여과망, 상호보

완성의 여과망 그리고 결혼준비상태의 여과망이 있으며, 이것을 그림으로 나타내면 그림 8-3과 같다.

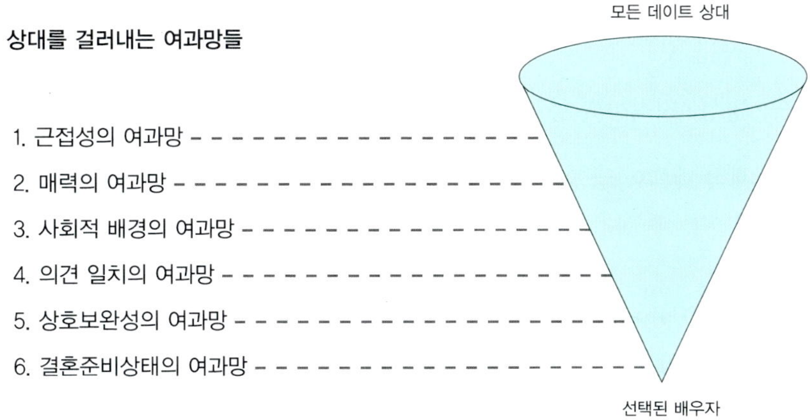

그림 8-3 여과망이론

2) 자극-가치-역할이론(Stimulus-Value-Role: SVR이론)

머스틴(Murstein, 1980)은 배우자 선택이 자극, 가치, 역할의 3단계를 거치며 진행된다고 하는 자극-가치-역할이론을 제시하였다(김애순, 2005; 이경희, 2010). 배우자를 선택하여 결혼에 이르기까지의 배우자 선택과정 3단계를 살펴보면 다음과 같다.

(1) 자극 단계(Stimulus stage)

여기서 자극이란 매력에 의한 것을 의미한다. 이 단계에서는 최소한의 상호작용만 존재하는 단계이므로, 사람들은 외적으로 나타나는 특성에 의해 상호 매력을 느낀다. 즉, 상호작용 전에 관찰 가능한 상대방의 신체적 · 사회적 · 정신적 속성을 평가하여 매력을 발견하는 것이다. 각자가 지니고 있는 조건, 예컨대 외모, 사회성, 지적 능력, 명성과 같은 속성에 대한 상대방의 평가를 기초로 하여 이루어지며, 매력은 상대방이 소유한 자원과 가능성의 교환에 달려 있다. 자극 단계에서는 쌍방의 자원을 비교하는데, 이때 상대방으로부터 얼마 만큼의 보상을 받느냐에 따라 그 관계가 지속된다. 상대방의 외모·사회적 기술·명성·지적능력 등이 기초가 되어 공평한 교환이 이루어질 수 있는지 분석하고, 서로 총체적 매력이 균형을 이룬다고 판단하면 다음 단계로 진전된다.

(2) 가치 단계(Value stage)

가치 단계에서는 인생관이나 성·결혼에 대한 가치나 태도 등을 비교하여 모순되지 않고 용납할 수 있는가를 살펴본다. 자신들의 가치가 서로에게 적합하고 양립할 수 있는지를 평가하고, 서로의 가치관이 유사하다고 느껴지면 관계는 더욱 발전하게 되어 다음 단계로 넘어간다.

(3) 역할 단계(Role stage)

일부는 자극 단계 혹은 가치 단계를 기초로 결혼하지만, 가치의 유사성만으로는 배우자를 선택하기에 충분치 않기 때문에, 대부분의 사람은 역할 단계로 넘어간다. 역할 단계에서는 두 사람이 부부라는 단위로 기능할 수 있는가에 관심을 두며, 역할이 서로에게 적합할 수 있을 것인지를 확인하는 단계이다.

여기서 역할이란 남편 혹은 아내로서 수행해야 할 역할을 의미한다. 또한 남편이 아내에게 잘 대해 주는 역할이나 가족의 경제적 안정을 유지하기 위한 활동적 역할 등 다양한 역할을 예상하며, 그 역할의 수행 가능성을 보는 것이다. 역할 단계에서는 자신과 미래의 배우자가 함께 서로의 기대를 확인하고, 협상하며, 기대를 만족하게 하도록 타협한다. 즉, 두 사람이 부부로서 수행해야 할 다양한 역할에 얼마나 적합할지 예측해 보는 것이다. 이 단계에서는 특정한 상황에서 각자에게 기대되는 행동과 역할을 정립하는 것이 중요하다.

세 단계가 성공적으로 이루어지면 일반적으로 결혼에 도달하게 된다. 그러나 어느 단계에서든지 서로가 맞지 않으면 두 사람의 관계는 그 단계에 머무르거나 종결되며 다음 단계나 결혼으로 진전되지 않는다. 자극-가치-역할 이론에서는 자극 단계, 가치 단계, 역할 단계가 연속적이며 단계적으로 일어난다고 하지만, 전 단계에 걸쳐 이 세 요인이 함께 작용할 가능성도 있다(정현숙 외, 2003).

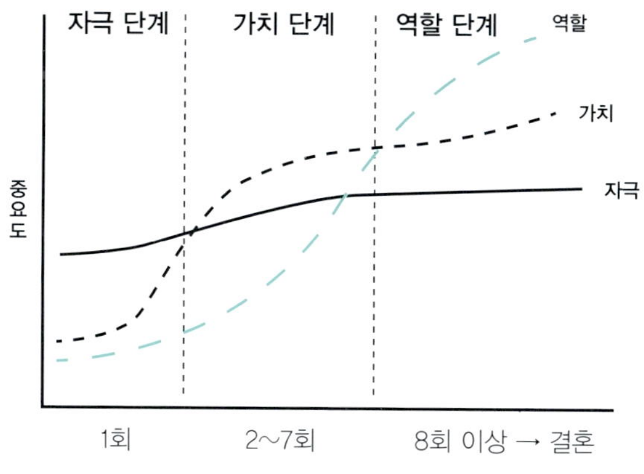

출처: 김애순(2005). 청년기갈등과 자기이해.
이경희(2010). 아동발달과 부모교육.

그림 8-4 머스틴(Murstein)의 배우자 선택과정 단계

4. 배우자 선택에 영향을 미치는 요인

배우자 선택에 영향을 미치는 요인들은 매우 다양하다. 여기에서는 신체적 요인, 사회경제적 요인, 상황적 요인의 세 측면에서 각 요인이 배우자 선택에 어떠한 영향을 미치는지를 살펴보고자 한다.

1) 신체적 요인: 외모의 중요성

배우자 선택에 영향을 주는 신체적 요인으로 주로 상대방의 외모가 작용한다. 현대사회의 문화는 외모라는 피상적 특성에 대해 많은 가치를 부여하며, 이에 대한 선호는 데이트, 구애, 결혼에서 가장 두드러지게 나타난다. 배우자 선택에서 외모가 중요한 요인이 되는 이유는 세 가지로 설명할 수 있다.

첫째, 현대사회에서는 외모가 개인을 평가하는 중요한 기준으로 작용하기 때문이다. 문화적으로 약간의 차이는 있지만, 현대인들은 외모에 기초하여 다른 사람을 판단하며, 신체적으로 매력적인 사람들은 성격이나 능력 등에서도 긍정적인 특성이 있는 것으로 생각하는 경향이 있다.

디온, 벌쉐이드와 월스터(Dion, Berscheid & Walster, 1972)는 신체적 매력에 대한 사람들의 고정관념에 대해 연구하였다. 연구자들은 남녀 대학생들에게 외모가 아름다운 사람들의 사진, 보통으로 생긴 사람들의 사진, 못생긴 사람들의 사진 등 세 종류의 사진을 보여주며 그 사진 속의 인물에 대한 여러 속성을 평가하도록 하였다. 연구결과에 의하면 대학생들은 외모가 매력적인 사람들이 성격, 능력, 직업, 결혼생활 등에서 더 좋은 속성을 지니고 더 행복하다고 생각하는 것으로 나타났다.

둘째, 상대의 외모가 타인으로부터 받은 자신의 평가 잣대가 되기 때문이다. 신체적으로 매력적인 배우자를 둔 사람은 다른 사람들로부터 부러움을 받고, 더 좋은 평가를 받는다. 그러나 이러한 '미의 방출효과(radiating beauty effect)'에는 성차가 있다. 현대사회에서는 남성보다는 여성의 외모를 더 고려하므로, 여성의 미가 더 큰 재산 가치를 가진다.

셋째, 신체적으로 매력적인 사람들이 그렇지 못한 사람들에 비해 자아개념이나 사회적 기술이 더 긍정적인 경향이 있기 때문이다. 물론 신체적 매력은 나이가 들면서 변하기 때문에 이것이 개인의 생애 전반에 걸친 발달에 영향을 미칠 것인가에 대한 의문이 생길 수 있다. 그러나 사람들은 다른 사람의 외모를 평가하는 일반적인 기준을 가지고 있어서 그 사람에 대해 시간이 지나도 비교적 일정한 신체적 매력의 이미지를 가진다. 따라서 신체적으로 매력적인 사람들은 시간이 지나도 계속 매력적이라는 이미지를 가지며, 이 때문에 계속 긍정적인 피드백을 받게 되는 것이다.

그러나 여기에서 언급한 신체적 매력이란 각 개인에 따라서 상대적으로 작용할 가능성이 있다. 그 첫 번째 가능성은 외모의 관점으로, 이는 문화, 시대, 장소에 따라 다른 상대적 개념이므로 다른 사람들이 서로 다른 외모의 기준으로 상대방을 평가할 수 있다는 점이다. 두 번째 가능성은 신체적 매력을 무엇으로 평가하는가의 문제이다. 특정 부위보다는 전체적인 인상으로 상대의 매력을 평가하기 때문에 단순히 얼굴의 아름다움과 같은 특정 부위가 아닌 다른 기준으로 서로의 매력을 볼 가능성이 있다. 세 번째 가능성은 신체적 매력만이 아니라 다른 사회 경제적 능력 또는 성격적 장점 등의 속성들도 고려해 서로의 적합성을 가늠하기 때문이다. 마지막 가능성은 배우자 선택의 초기인 거르는 단계(Screening stage)에서는 신체적 매력이 중요하게 작용하지만, 일단 신체적으로 매력적이지 못한 사람들이 걸러진 상황에서는 다른 속성들이 배우자 선택에서 더 중요시될 수 있기 때문이다.

2) 사회 경제적 요인

(1) 나이

대부분의 사람은 비슷한 나이에서 배우자를 선택한다. 우리나라는 부부간의 연령차가 지속적으로 줄어드는 추세다. 최근에는 남자 연상 부부의 비율은 점차 감소하고 있지만, 여자 연상 또는 동갑 부부의 비율은 지속적으로 증가하고 있다.

그러나 아직은 초혼연령 추이가 남성이 여성보다 더 높은 편이며, 이는 남성의 신체적 성숙이 더 늦다는 이유와 함께 주 경제 부양자가 되기 위한 준비기간이 필요하기 때문이다. 이처럼 남성이 여성보다 결혼연령이 높아서, 출산율의 변화 때문에 결혼 적령기 인구의 성비 불균형 현상이 생기게 된다. 이러한 현상을 '혼인에 대한 외압 현상(marriage squeeze)'이라고 한다. 혼인에 대한 외압 현상은 출산율이 증가하면 결혼연령 인구 중 여성이 과다해지고, 출산율이 감소하면 남성이 과다해지므로 나타난다.

우리 사회는 출산율 저하 때문에 나이 집단별 성비가 남성이 많은 쪽으로 불균형을 이루고 있다. 2015년도 전체 출생 성비(여아 100명당 남아 수)는 105.3명으로 나타나 전년 대비 정상 성비 수준을 유지하고 있는 것으로 나타났다(통계청, 2015).

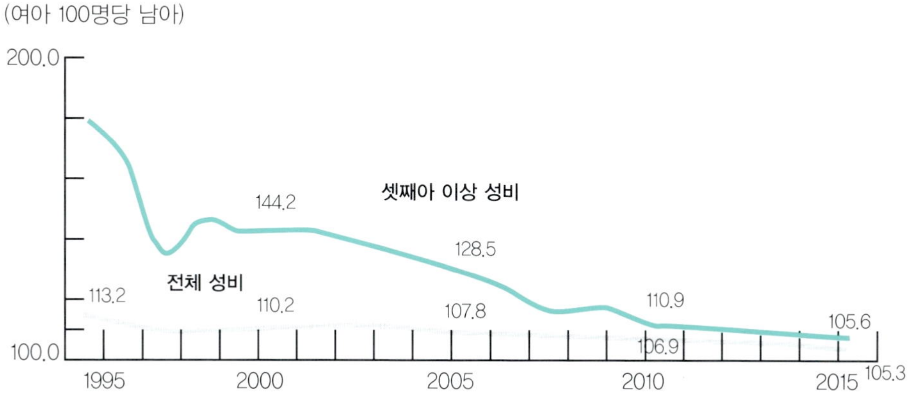

그림 8-5 출산 순위별 출생 성비, 1995-2015

(2) 사회계층

대부분의 사람은 비슷한 계층의 사람들끼리 결혼한다. 부모의 직업이 서로 비슷하거나, 여성이 약간 열세인 경향이 있다. 여성이 약간 열세인 경우는 여성의 외모나 다른 보상요인이 있는 경우가 대부분이다.

(3) 종교

일반적으로 같은 종교를 가진 사람들끼리 결혼하는 경향이 있다. 그러나 종교의 유형에 따라 다른 종교와의 결혼을 허용하는 정도가 다르다. 같은 기독교 계통에서 개신교와 가톨릭 신자들 간의 결혼은 종종 발견된다. 그러나 불교와 기독교 계통의 신자들 간의 결혼은 드문 경향이다.

3) 상호작용적 요인

(1) 물리적 근접성

물리적 근접성은 사람들의 접촉 가능성을 높이고, 상호작용을 빈번하게 해 주기 때문에 배우자 선택에 중요한 요인으로 작용한다. 물리적으로 가깝거나 같은 거리라도 접촉 가능성이 더 많은 경우에 사람들은 서로 결혼할 가능성이 크다. 보싸드(Bossard, 1980)의 연구에서 결혼 직전의 주소를 조사한 결과, 결혼한 사람들의 반 이상이 20블록 이내에 거주하던 사람들이라는 사실을 통해 물리적 근접성의 중요성을 알 수 있다.

(2) 정서의 상대성

대부분 인간은 상대방과 상호작용하는 가운데 자신의 기분이나 상대방의 반응에 대한 자신의 지각에 의해 영향을 받기 쉽다. 사람들은 자신이 기분이 좋을 때는 상대방을 긍정적으로 평가하는 경향이 있지만, 기분이 나쁠 때는 다소 부정적으로 평가하게 된다. 또한 상대방이 자신에 대해 어떤 반응을 하는지를 감지하여 그에 따라 상대방에게 반응하게 된다. 사람들은 자신을 좋아하는 사람에게 긍정적인 태도를 형성하고, 싫어하는 사람에게 부정적인 태도를 형성한다.

(3) 바람직하다고 여겨지는 특성

사람들은 바람직하다고 여겨지는 특성이 있는 사람들에게 더 매력을 느낀다. 일반적으로 사람들은 자신보다 지나치게 우월한 상대보다는 자신의 눈높이에서 약간 우월한 사람에게 더 매력을 느낀다.

5. 배우자 선택 시 고려할 점

현대사회에서는 결혼의 동기가 개인의 행복추구나 자아실현, 나아가 당사자 간의 애정이나 인성을 바탕으로 한 개인적 측면이 강조되고 있다. 젊은이들은 자유로운 이성교제를 통해 폭넓은 배우자 선택의 가능성을 가진다. 수명의 연장과 함께 한두 명의 자녀를 낳아 독립시키고 난 뒤에 두 부부만이 생활하는 주기가 장기화되고 있음을 고려할 때, 어떤 배우자를 만나느냐는 평생 결혼생활의 행복 또는 불행을 좌우하는 결정적인 요인이다. 그러므로 행복하고 건강한 결혼생활을 위해서는 앞서 살펴본 신체적 요인, 사회경제적 요인, 상호작용적 요인과 함께 가치관, 애정 · 매력 등 배우자 특성에 대해 충분히 고려하여 신중하게 선택해야 한다.

배우자 선택 시 고려할 점은 다음과 같다(송진숙 외, 2006).

① 사랑한다는 것만으로는 결혼의 이유가 충분치 않으며, 결혼은 책임과 의무가 수반되는 냉혹한 현실이다. '사랑은 모든 장애를 극복할 것이다'라는 일반적 생각은 우리의 환상일 따름이며 현실과는 맞지 않는다.

② 외모와 같은 신체적 매력이나 외적 조건이 사랑의 전부는 아니다. 상호 애정 · 존경 · 신뢰 등이 수반되지 않는 한, 외적 조건이 아무리 훌륭하여도 그 관계는 행복하게 지속하기 어렵다. 그러므로 서로의 인생관 · 결혼관 등 기본적인 가치관이 상호 조화되어야 한다.

③ 상대방의 결점 · 약점을 있는 그대로 받아들일 수 있어야 하며, 자신의 약점 또한

솔직하게 보일 수 있어야 한다. 한 사람을 배우자로 선택한다는 것은 상대방의 약점이나 부족한 점도 함께 수용하는 것을 의미한다. 개인의 욕구를 100% 충족시켜 줄 상대방은 존재하지 않기 때문에 상대방으로부터 완전함을 기대하는 것은 무리다.

④ 교제 기간이 길다고 해서 반드시 성공적인 결혼생활이 보장되는 것이 아니지만, 충분한 교제기간을 통하여 서로를 이해하고 파악한 후에 결혼하는 것이 부부간의 적응에 보다 도움이 된다. 일반적으로 9개월 이상의 교제기간이 바람직하다.

⑤ 결혼하면 자신 또는 상대방이 변하리라는 기대는 잘못된 생각이다. 따라서 상대방을 변화시키려는 시도보다는 서로에게 적응하려는 노력이 중요하다.

⑥ 특정한 상황에서 느낄 수 있는 매력이 또 다른 상황에서는 전혀 다른 느낌이 들 수도 있으므로, 다양한 상황에서 상호관계를 통해 서로의 관계를 재검토하고 이해도를 높여간다.

⑦ 부모나 친구 또는 주위사람들의 지지가 결코 무시되어서는 안 된다. 특히 자녀의 행복에 가장 큰 관심을 기울이는 부모님이 반대한다면 반대하는 이유를 냉정하게 검토해 볼 필요가 있다.

사랑의 6가지 시험

결혼을 전제로 하는 만남이 아니더라도, 상대방을 사랑한다면 거쳐야 할 시험이 있다. 쉽지만은 않은 사랑을 위하여 거쳐야 할 사랑의 6가지 시험에 대해 살펴보기로 한다.

■ 사랑의 시험 1: 서로 나누는 시험

진정한 사랑은 서로 나누고 싶어 하고, 서로 이해하려 노력한다. 그것은 자기 자신을 생각하는 것이 아니라 상대방을 생각하기 때문이다. 당신은 어떤 것을 읽을 때 몇 번이나 그것을 그 사람과 나누고 싶다고 생각하는가? 어떤 계획을 세울 때 당신은 자신이 무엇을 하고 싶은가에 대해 생각하는가, 혹은 다른 사람이 무엇을 즐기고 싶어 하는지를 생각하는가?

독일 작가 허만 오이서는 "자신이 행복하고 싶은 사람은 결혼해서는 안 된다. 중요한 것은 다른 사람을 행복하게 만드는 일이기 때문이다. 이해받기를 원하는 사람은 결혼해서는 안 된다. 중요한 것은 상대방을 이해하는 것이기 때문이다."라고 했다.

질문 1. "우리는 함께 나눌 수 있는가? 나는 행복하기를 원하는가? 혹은 행복하게 해 주기를 원하는가?"

■ 사랑의 시험 2: 힘의 시험

저자는 연인과의 관계에 대해 염려하고 있는 사람으로부터 편지를 받은 일이 있다. 그는 어디선가 진정한 사랑에 빠진 사람은 몸무게가 줄어든다는 것을 읽었다. 그러나 그는 사랑함에도 자신의 몸무게가 줄지 않아서 그것을 염려하고 있었다.

사랑의 경험이 육체적으로 영향력을 미치는 것은 사실이다. 그러나 긴 안목으로 볼 때 진정한 사랑은 당신의 힘을 빼앗아 가서는 안 된다. 오히려 사랑은 당신에게 새로운 힘과 열정을 주어야 한다. 사랑은 당신을 기쁨으로 충만하게 하며, 창조적으로 만들고, 더 많은 것을 성취하고 싶게 해야 한다.

질문 2. "우리의 사랑이 우리에게 새로운 힘을 주며, 우리에게 창조적인 에너지를 공급하는가, 혹은 그것이 우리의 힘과 열정을 빼앗아 가는가?"

■ 사랑의 시험 3: 습관의 시험

언젠가 약혼을 한 유럽 여성이 내게 와서 아주 걱정스러워하며 말했다. "나는 나의 약혼자를 굉장히 사랑하고 있어요. 그러나 나는 그가 사과를 먹는 태도를 견딜 수가 없어요." 청중 가운데에서 이해할 만하다는 듯한 웃음소리가 들렸다.

사랑은 상대방을 그의 습관과 함께 용납한다. 이러이러한 것들은 나중에 변화될 것으로 생각하면서 분할 계획하에 결혼하지 마라. 결코, 그것들은 변화되지 않을 것이다. 당신은 상대방을 지금 있는 그대로 그의 습관과 단점을 포함해서 수용해야 한다.

질문 3. "우리는 단지 서로 사랑하기만 하는가?, 혹은 우리는 서로 좋아하기도 하는가?"

■ **사랑의 시험 4: 말다툼의 시험**

한 쌍의 남녀가 내게 와서 결혼하고 싶다고 말할 때 나는 그들에게 정말 말다툼, 즉 단순히 간혹 있는 의견의 차이가 아니라 정말 싸움을 한 일이 있느냐고 묻는다. 많은 경우 그들은 "아, 아뇨, 우리는 서로 사랑하고 있습니다."라고 말한다. 물론 요점은 말다툼이 아니라 서로 화해할 수 있는 능력이 있느냐는 것이다. 화해할 수 있는 능력은 결혼하기 전에 훈련되고 시험 되어야 한다. 성관계가 아니라 오히려 이 말다툼이 결혼 전의 시험으로써 요구된다.

질문 4. "우리가 서로 용서할 수 있으며 서로에게 질 수 있는가?"

■ **사랑의 시험 5: 존경의 시험**

존경이 없는, 상대방을 우러러보지 않는 진정한 사랑은 없다. 한 여자가, 축구를 하는 남자가 득점하는 것을 보고 감탄할 수 있다. 그러나 만일 그녀가 '저 남자가 나의 아이들의 아빠가 되기를 원하는가?'라고 스스로 질문한다면 대부분은 망설여질 것이다. 한 남자가 춤을 추고 있는 여자를 보고 감탄할 수 있다. 그러나 만일 그가 '저 여자가 내 아이들의 엄마가 되기를 원하는가?'라고 스스로 묻는다면 다른 차원의 고민을 다시 해야 할 것이다.

질문 5. "우리는 진실로 서로 충분히 존경하는가? 나는 상대방을 자랑스럽게 여기는가?"

■ **사랑의 시험 6: 시간의 시험**

결혼하려고 하는 한 젊은 남녀가 내게 왔다. "당신들은 얼마나 오래 알아 왔습니까?"라고 물었다. "벌써 3주, 거의 4주가 되었습니다."라고 그들이 대답했다. 그것은 너무 짧다. 최소한 일 년은 알아 왔어야 한다. 물론 2년이면 더욱 안전할 것이다. 외출복을 입었을 때만 아니라 일하면서, 일상생활 가운데 면도하지 않았을 때, 티셔츠를 입고, 혹은 머리를 감지 않았을 때나 빗질을 하지 않았을 때, 그리고 스트레스를 느끼거나 위험한 상황에서 서로를 보는 것이 좋다.

이런 속담이 있다. "당신이 당신의 배우자와 함께 여름과 겨울을 지낼 때까지는 결혼하지 마라". 당신이 자신의 사랑에 대한 감정을 의심하면 시간이 그 진부(眞否)를 가려줄 것이다.

질문 6. "우리의 사랑은 여름과 겨울을 지냈는가? 우리는 서로 충분히 오랫동안 알아왔는가?"

그리고 마지막으로 확실하게 해야 할 말은 성관계는 사랑의 시험이 아니라는 것이다.

출처: 양은순 역(2009). 나는 너와 결혼했다. 서울: 생명과 말씀사.

잠깐만! 함께해요

경청능력 테스트

각 문항을 읽고 자신에게 가장 적합하다고 생각되는 번호에 표시하시오

전혀 아니다	아니다	보통이다	그렇다	확실히 그렇다
1	2	3	4	5

번호	문 항	1	2	3	4	5
1	메시지를 더 효과적으로 전달하기 위해 사용하는 말, 목소리, 어조, 비언어적 요소를 조절한다.					
2	남에게 소개받을 때 주의를 기울여서 상대의 이름과 신상 등을 기억하려고 한다.					
3	사람들의 말을 주의 깊게 듣고, 상대의 견해를 이해하고자 노력한다.					
4	사람들의 말을 중간에서 끊지 않고 끝까지 차분하게 들을 수 있다.					
5	내용을 이해하지 못하면 그 사실을 인정한다.					
6	동료, 친구, 가족 등은 나와의 대화를 즐거워 한다.					
7	다른 사람들이 말하는 내용을 판단하지 않으며, 그들의 대화를 끝낼 때까지 결론을 내리지 않는다.					
8	다양한 의견, 특히 나와 다른 의견을 열린 마음으로 듣는다.					
9	대화가 끝나고 1시간 후에도 내용을 정확하게 기억할 수 있다.					
10	모든 중요한 대화를 메모한다.					
11	산만해지지 않고 집중하여 들을 수 있다.					
12	상대방의 말, 제스처 표정 등에 주의를 기울여 듣는다.					
13	상대방이 말을 끝낼 때까지 참을성 있게 듣고 나서 내 생각을 말하거나 대답한다.					
14	일치하는 부분을 찾으려 하고, 그렇지 않은 부분은 중요하게 생각하지 않는다.					
15	사람들의 말에 잘 맞장구치고, 상대가 말하기 쉬운 분위기를 만들 수 있다.					
총점:						
▪70점 이상은 우수 ▪40점 이하는 노력필요						

출처: https: //m.blog.naver.com/PostList.nhn?blogId=yes_medi.

9장
결혼의 선택

1. 결혼

1) 결혼의 개념

성인이 된 남녀는 이성교제를 통해 서로 이해하고, 서로가 원하는 배우자 선택이 이루어지면 결혼에 이른다. 결혼은 본인의 자유로운 의사에 따른 남녀의 결합이지만, 법적인 승인을 얻어서 양가의 가정, 사회 그리고 국가에 공포함으로써 부부로 인정받는 사회적 의미를 지닌다. 하지만 사회적 승인이 없는 남녀의 동거생활이나 성생활은 사회적 비난을 받게 될 뿐만 아니라 사회에서 정식부부로 인정을 받지 못한다.

대부분 사회에서는 특정한 형식이나 의식을 통해 가족·친지에게 부부가 된다는 것을 공고하며 법적인 승인으로 혼인신고를 해야 한다. 우리나라는 과거의 결혼이 관습혼주의였기 때문에 혼례식이 부부로서 사회적으로 승인을 받는 실혼(実婚)을 의미했다. 요즘에는 신고혼주의(법률혼주의)로 혼인신고만 해도 부부로서 인정을 받으나 과거 관습혼의 의식이 남아 있어 뒤늦게 결혼식을 하는 경우가 많다.

결혼 그 자체는 남녀 간의 성적 결합으로 이루어지는 개인적인 생활관계라고 할 수 있으나, 한편으로 결혼은 일체의 친족적 생활의 기초를 이룬다. 부부라는 신분질서는 관습이나 법에 따라 승인되어야 하며, 윤리나 사회질서에 큰 영향을 미치는 사회적 제도라고 할 수 있다. 또한 이 결합에 의해 생성되는 자녀에 대한 일정의 권리와 의무를 포함한다.

사회는 법적 승인을 받은 결혼에 대하여 특권적인 관계를 승인한다. 예를 들면, 부부만의 성관계를 공인함으로써 사회의 도덕 수준을 높여 주고, 여기서 출생하는 자녀의 합법성을 인정하며, 부모의 권리와 책임 있는 부양관계를 성립시킨다. 또한 가정의 재산권을 보호하여 재산의 소유와 상속에 대한 문제를 적절히 하고, 결혼 당사자의 권리를 보장해 주고, 중혼이나 부적격자의 결혼으로부터 보호받을 수 있는 관계가 성립된다(채옥희 외, 2004).

2) 결혼의 현황

결혼은 필수가 아니라 선택이라는 인식이 높아지면서 우리 사회의 결혼관련 통계는 다양한 결혼 추이를 보여주고 있다. 초혼을 중심으로 한 우리나라의 결혼 현황을 살펴보면 다음과 같다.

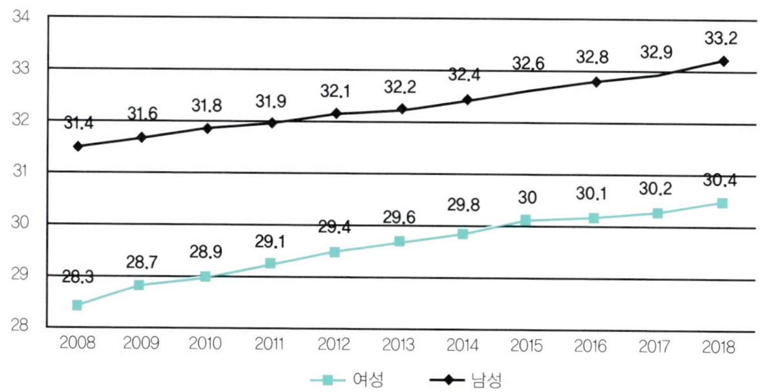

(단위: 세)

		2008	2009	2010	2011	2012	2013	2014	2015	2016	2017	2018	증감	
													전년 대비	10년 전 대비
초혼 연령	남자	31.4	31.6	31.8	31.9	32.1	32.2	32.4	32.6	32.8	32.9	33.2	0.2	1.8
	여자	28.3	28.7	28.9	29.1	29.4	29.6	29.8	30.0	30.1	30.2	30.4	0.2	2.1

출처: 통계청(2019). 2019년 인구동태연보(혼인, 이혼 편). 세종: 통계청.

그림 9-1 평균 초혼연령 2008~2018

첫째, 우리나라의 나이별 혼인현황을 보면 남녀 모두 20대 혼인율은 감소하고, 30대 이상 혼인율이 증가하는 '만혼화' 현상이 나타나고 있다. 우리나라는 남녀 모두 평균 초혼연령이 높아지고 있다. 특히 여성의 고학력화와 그로 인한 자아성취의 욕구 증가, 자녀출산기피 현상 등으로 초혼연령이 지속적으로 상향화하고 있다. 매년 남녀 모두 지속적으로 평균 초혼연령이 증가하여, 2018년 평균 초혼연령은 남성 33.2세, 여성 30.4세로 나타나 2015년을 기점으로 해서 남녀 모두 평균 초혼연령이 30대에 진입하게 되었다(그림 9-1 참조).

불과 2~3년 전만 해도 일반적으로 받아들여지지 않던 '비혼(非婚)'이라는 단어를 이제는 언론이나 일상생활에서 어렵지 않게 듣게 되었다. 비단 단어의 모양새만 바뀐 것이 아니다. 비혼을 선택하는 이들이 많아지면서 이들이 '소수의 별종'에 머물지 않고 사회를 구성하는 하나의 유의미한 집단으로 등장했다. '싱글족' 혹은 '비혼족', '1인가구'를 위한 레저, 취미, 가구, 가전, 주택 형태까지 등장하는 것을 보면, 사회적 합의보다 시장이 이러한 변화에 더 기민하게 반응하는 것을 알 수 있다.

표 9-2 초혼부부의 연령차별 혼인 구성비(2008~2018)

(단위: %, %p)

		2008	2009	2010	2011	2012	2013	2014	2015	2016	2017	2018	전년 대비 증감
계*		100.0	100.0	100.0	100.0	100.0	100.0	100.0	100.0	100.0	100.0	100.0	–
남자 연상	소계	70.4	69.6	69.1	68.4	68.2	67.6	67.7	67.6	67.7	67.2	67.0	-0.2
	1~2세	26.0	26.4	26.1	26.3	26.3	26.1	26.2	25.7	25.5	25.3	25.1	-0.3
	3~5세	27.9	27.7	27.3	27.2	27.2	27.2	27.1	27.2	27.0	26.6	26.4	-0.2
	6~9세	10.6	10.4	10.1	10.0	10.1	10.2	10.5	10.7	11.0	10.8	10.8	0.0
	10세 이상	5.9	5.2	5.7	4.9	4.6	4.2	4.0	4.1	4.3	4.5	4.8	0.3
동 갑		15.9	16.1	16.0	16.4	16.2	16.2	16.1	16.0	15.9	15.9	15.8	-0.2
여자 연상	소계	13.7	14.3	14.9	15.3	15.6	16.2	16.2	16.3	16.3	16.9	17.2	0.4
	1~2세	10.2	10.6	10.9	11.1	11.3	11.6	11.5	11.4	11.4	11.7	11.8	0.1
	3~5세	2.8	3.0	3.2	3.3	3.4	3.7	3.7	3.9	3.9	4.0	4.3	0.2
	6~9세	0.6	0.6	0.7	0.7	0.7	0.8	0.8	0.9	0.9	1.0	1.0	0.0
	10세 이상	0.1	0.1	0.1	0.1	0.1	0.1	0.1	0.2	0.2	0.2	0.2	0.0

출처: 통계청(2019). 2019년 인구동태연보(혼인, 이혼 편).

둘째, 최근 초혼부부의 가장 뚜렷한 변화 중 하나는 혼인의 남녀 연상 구성비로서, 우리나라에서 통상적으로 받아들여졌던 남성 연상부부의 비율은 점차 감소하고 있지만, 여성 연상 또는 동갑 부부의 비율은 지속적으로 증가하고 있다. 2018년 자료에 의하면 초혼 부부 중 남자 연상 부부는 67.0%, 여자 연상 부부는 17.2%, 동갑 부부는 15.8%를 차지하였다. 특히 우리나라의 부부간 연령차에서 주목할 만한 변화로는 여성 연상의 부부가 꾸준히 증가한다는 점이다(표 9-2 참조).

한편 연령차별 혼인 비중은 남자 3~5세 연상(26.4%)이 가장 많고, 남자 1~2세 연상(25.1%), 동갑(15.8%), 여자 1~2세 연상(11.8%) 순으로 나타났다(통계청, 2019).

셋째, 통계청의 '2018년 혼인 · 이혼 통계'에 따르면 인구 1,000명당 혼인 건수를 의미하는 조(粗)혼인율은 지난해 5.0건으로 1970년 통계 작성 이후 가장 낮은 수치를 기록했다. 1980년 10.6건으로 정점을 찍었던 조혼인율은 30년 새 절반으로 줄었다.

전체 혼인 건수도 25만 7,622건으로 2017년보다 6,833건(2.6%) 감소했다. 전년 대비 혼인 건수는 7년 연속 감소세이다. 혼인의 주 연령층인 30대 초반 인구 감소세에다 20 · 30대 실업률 증가, 주거비 상승 등 경제적 요인이 겹치면서 혼인 감소를 낳은 것으로 분석된다(그림 9-1 참조).

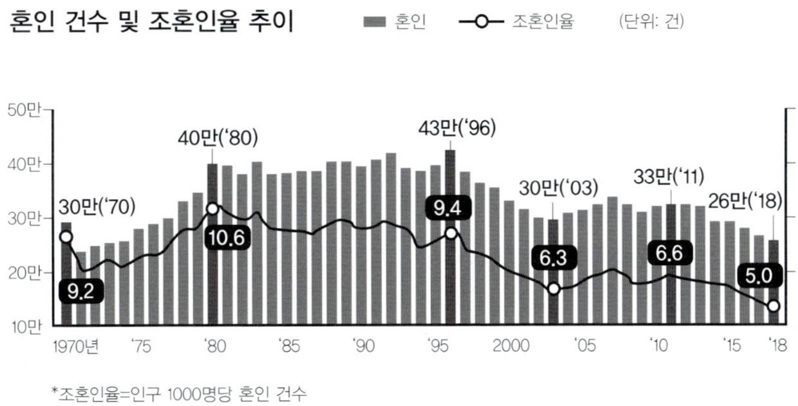

출처: 통계청(2019). 2019년 인구동태연보(혼인, 이혼 편). 세종: 통계청.

그림 9-2 혼인건수 및 조혼인율 추이

2. 결혼의 대안

1) 결혼의 대안을 선택한 이유

사람들은 친밀한 인간관계를 맺으며 살아가기를 원하는데, 그 이유를 살펴보면 다음과 같다(김영희 외, 2016).

첫째, 친밀한 사람들과 함께 일상생활을 공유하기 위해서이다. 일상생활을 공유한다는 것은 함께 밥을 먹고, 생활하며, 산책하고, 영화 보고, TV 보고, 장을 보며, 이야기할 수 있다는 의미이다.

둘째, 서로에게 그 존재 자체만으로도 힘이 되는 친구를 갖고 싶어 한다.

셋째, 나를 인정해 주고 지지해 주는 사람을 갖길 원한다.

넷째, 다른 사람들이 다 내가 틀리다고 하더라도 나를 옳다고 믿어 주고, 언제나 내 편이 되어 주는 사람을 갖길 원한다.

다섯째, 어려운 일이 생길 경우 공감해 주고 위로해 줄 사람을 갖길 원해서이다.

사람들이 다른 사람과 같이 사는 것을 선택하는 이유도 친밀한 인간관계를 갖고 싶어 하는 이유와 같다. 독신을 선택한 사람들도 친밀한 인간관계를 나눌 친구를 가질 수 있다. 독신과는 달리 결혼과 동거를 선택한 사람들은 친밀한 인간관계와 함께 삶의 동반자를 갖기 위한 이유가 더 추가된다. 물론 결혼이 동거보다 두 사람 간의 관계가 합법적이고, 안정적이며, 지속적인 경향이 있다.

여기에서는 결혼의 대안에 대한 선택, 결혼의 대안으로서 독신과 동거 그리고 결혼에 관하여 살펴보고자 한다.

2) 결혼의 대안 선택 시 고려할 사항

인생을 살아가면서 하게 되는 수많은 선택 중 결혼의 대안에 대한 선택은 삶과 직결되므로 보다 신중하고 책임감 있는 의사결정이 요구된다. 결혼, 독신, 동거에 대하여 어떠한 선택을 하느냐는 옳고 그름의 차원보다는 얼마나 건강하고 행복한 삶의 방식으로 선택하는가의 문제라 할 수 있다. 또한 자신이 선택한 결정을 수용하고, 이에 대해 스스로 책임질 수 있어야 한다.

결혼의 대안에 대한 선택을 하게 될 경우에는 다음 사항을 고려하는 것이 바람직하다(김영희 외, 2016).

① 선택은 연속적인 과정이다. 인생은 끊임없이 크고 작은 결정을 내려야 하는 선택의 연속이고, 각각의 선택이 독립적일 수도 있으나, 때로는 선택한 결정 간에 서로 영향을 주고받는 연속성을 지니기도 한다. 예를 들어, 결혼을 선택한다면 결혼한 후 자녀를 가질 것인지, 딩크족(DINK; Double Income No Kids 族)으로 살 것인지 등 연속적으로 많은 선택을 해야 한다.

② 선택은 긍정적인 측면과 부정적인 측면을 동시에 가지고 있다. 즉, 대부분의 선택에는 장점과 단점이 있기 때문에 선택의 옳고 그름보다는 그 선택이 건강한지, 행복한지, 가치가 있는지 등이 더 중요하다.

③ 선택하지 않는 것도 선택이 된다. 예를 들어, 성관계를 할 때 피임하지 않으면 임신할 것을 잠정적으로 선택하는 것이다. 선택을 하거나 선택을 하지 않거나 어떤 일이 결정되기 때문에 선택의 결과는 자신이 책임질 수밖에 없다.

④ 최선의 선택을 하기 위해서는 충분한 정보 그리고 과학적이고 체계적인 방법으로

입증된 연구 결과와 정보가 필요하다. 최상의 선택을 필요로 하는 상황에 놓여 있을 때 무엇이 최선의 선택인지 분별하는 것은 쉽지 않다. 인터넷 검색도 손쉽게 이용할 수 있지만, 주변 사람들의 조언을 통해서 얻는정보는 현실성과 실천성이 부족할 수 있음을 감안한다.

⑤ 선택은 사회 · 문화적인 영향을 받는다. 선택은 시대적 요구나 사회적 상황에 따라 변화될 수 있는데, 특히 독신, 동거, 결혼의 선택은 시대와 사회 변화 양상에 따라 상당히 영향을 받는다.

⑥ 대부분의 경우 선택한 사항은 수정하거나 변경될 수 있다. 그러나 결혼의 대안으로 내린 선택 중에는 변경될 수 있는 선택과 변경될 수 없는 선택이 있다. 선택이 변경된다는 것은 삶의 변화가 있음을 의미하며, 특히 결혼에 대한 선택을 변경할 경우에는 용기와 결단이 수반되기도 한다.

3. 독신의 선택

1) 독신의 개념

독신 생활을 결혼의 전 단계라 할 수도 있겠지만 일부 사람들이 자신의 삶의 양식으로 독신을 선택하기도 한다. 독신의 사전적 의미를 살펴보면, 미혼이나 이혼, 사별 등으로 법적 배우자가 없는 상태를 말한다. 비혼, 이혼, 사별, 별거 등으로 혼자 생활하는 개인이 선택하는 삶의 유형이다. 우리 사회에서는 일반적으로 결혼 적령기가 지나도록 결혼하지 않고 혼자 지내는 사람의 생활 유형을 독신이라 한다.

한국보건사회연구원(2016)이 30~44세 미혼 남녀 839명을 대상으로 '결혼하지 않는 이유'를 조사한 결과 남녀 모두 1위로 '기대치에 맞는 사람을 못 만나서'라고 응답하였으며, 이어 남성의 경우 '소득이 적어서' 등 경제적 이유로 결혼이 어렵다고 답한 반면, 여성의 경우 '결혼 생각 없음', '나의 일에 더 충실 희망' 등과 같은 비경제적 이유로 결혼을 선택하지 않는다고 하였다(임혜경 외, 2017 재인용).

2) 독신의 유형

독신인 사람들은 자신이 원해서 독신 생활을 선택하는 경우도 있고, 결혼하고 싶은데도 불구하고 독신으로 사는 경우도 있다. 어떻게 독신 생활을 선택하느냐에 따라 생활 방식이나 삶의 질에 차이를 보이게 된다. 독신 생활은 자발적으로 선택했는가 또는 얼마

표 9-2 독신의 유형

자발적 · 일시적 독신	비자발적 · 일시적 독신
■ 현재 미혼 상태로 결혼을 고려하지 않으며, 연령이 비교적 어린 경우가 많음 ■ 우리나라의 경우 자발적 · 일시적 독신의 비율이 높으며, 결혼 제도의 구속 때문에 일시적으로 결혼을 연기하는 경우가 많음	■ 독신의 의사가 없으며 결혼을 원하는 비자발적 유형으로, 현재의 삶에 만족하지 못하는 경우가 많음 ■ 혼인 연령의 상승으로 많은 사람들이 이러한 형태를 일시적으로 경험하게 됨
자발적 · 안정적 독신	**비자발적 · 안정적 독신**
■ 자발적으로 '독신주의'를 주장하며, 영원히 독신 생활을 고수하기로 결정한 경우 ■ 이혼을 했으나 재혼 의사가 없는 경우, 또는 동거하고 있으나 결혼할 생각을 하지 않는 집단	■ 독신 의사는 없으나(결혼을 원했으나), 결혼적령기를 지나 결혼가능성이 희박한 유형 ■ 배우자를 구하지 못한 고학력 전문직의 40대 이상 독신자들 또는 농촌 총각들이 여기에 속함

출처: 임혜경 외(2017). 사랑과 결혼 재구성. 경기: 양서원.

나 지속 가능한가에 따라 4가지 유형으로 분류할 수 있다(Stein, 1981).

자발적으로 독신을 선택하는 경우, 즉 자발적 · 일시적으로 독신을 선택하는 경우와 자발적으로 평생 독신을 선택하는 두 경우는 삶의 만족도가 비교적 높다.

3) 독신생활의 특징

우리나라에서는 결혼의 대안으로 독신을 선택하도록 만드는 사회적 요인이 점점 증가하고 있다. 미혼의 경우, 개인적 측면으로는 학업 · 직업을 통한 자아실현의 욕구가 증가하게 되고, 사회적 측면으로는 결혼하지 않고도 자유롭게 성관계를 가질 수 있는 사회적 분위기가 조성되고, 가치 · 윤리적 측면으로는 성 의식이 개방되고 여성의 순결을 강요하던 전통적인 성 윤리가 해제됨에 따라 독신을 매력적인 대안으로 여기는 경향이 증가하고 있다. 이 외에도 이혼, 별거, 사별 등의 이유로 독신 생활을 하게 되는 경우도 있다. 이와 같이 독신에 이르게 되는 과정은 다양하다.

첫째, 미혼 독신자들의 경우 과거에 비해 학업, 직업 등의 이유로 결혼을 지연시키고 있는 경향이 있다. 성인기 초반에 자신에 대해 책임을 지고 학업을 마치고, 직장에서 기반을 잡아 경제적 및 정서적으로 독립을 하는 미혼 독신자들이 증가하고 있다.

둘째, 별거하거나 이혼한 독신자들의 경우이다. 별거하고 이혼한 사람들은 불행한 결혼 생활을 지속시키기보다 혼자 사는 생활이 더 낫다고 생각한다. 이들은 별거와 이혼 직후에는 다소 힘들어할 수 있으나, 점차 적응하면 비교적 안정적으로 독신 생활을 하게 된다.

셋째, 배우자의 죽음으로 독신이 된 경우이다. 배우자와 사별한 사람들은 자신의 의지와는 상관없이 독신이 된 사람들이므로, 혼자 사는 생활이 익숙지 않아 초기에는 심리적 · 경제적인 어려움을 겪지만, 긍정적으로 자신의 삶을 영위하는 사람들도 있다.

독신 생활의 장점 및 단점을 살펴보면 다음과 같다(이기숙 외, 2001; Macklin, 1986).

표 9-3 독신의 장점 및 단점

독신의 장점	독신의 단점
• 자유로움: 독신자는 기혼자에 비해 생활의 자유와 융통성, 직업과 여행의 자유로움 등을 누릴 수 있다. • 사회적 경쟁력: 기혼자들이 자녀나 배우자를 위해 투자하는 시간을 독신자들은 자신의 발전을 위해 투자할 수 있어, 사회적 경쟁력을 쌓기 용이하다. • 자유로운 대인관계: 동성, 이성 구분 없이 자유롭게 친구 관계를 유지할 수 있다.	• 외로움: 상호작용할 수 있는 가족 없이 외롭게 혼자 지내야 한다. 특히 정서적 애착을 형성할 대상이 없다. • 결혼한 사람과의 사회적 관계 시 제한적임: 우리 사회는 아직도 독신자와 기혼자가 자유로이 사회적 관계를 형성하는 것이 제한된다. • 독신에 대한 부정적 인식: 독신자에 대해 사회적 인식이 부정적이거나 편견이 존재함으로 인해 적응의 어려움을 야기할 수 있다.

출처: 김영희 외(2016). 결혼과 가족. 경기: 양서원, 재구성.

안정적인 독신 생활을 이루기 위해서 독신자들이 갖추어야 할 사항은 다음과 같다.

- 자신의 강점을 인정하고, 자신에 대해 긍정적인 사고방식을 가진다.
- 자기 인생에 대한 책임감을 가진다. 자기 자신에게 의존하고, 다른 사람에게 너무 많은 것을 기대하지 않는다.
- 풍요로운 여가 생활을 위하여 다양한 취미 활동을 즐긴다.
- 여러 사람과 잘 어울릴 수 있도록 대인관계망을 개발한다.
- 가족과의 관계도 원만하게 유지한다.
- 혼자 있는 시간을 즐길 수 있는 나만의 방법을 찾는다.

- 적당한 운동을 통해 건강을 유지한다.
- 규모 있는 경제 생활을 통해 젊어서부터 노후를 위한 대책을 마련한다.

4. 동거의 선택

1) 동거의 개념

동거란 혈연 관계나 친족 관계가 아닌 두 남녀가 혼인신고를 하지 않고 주거공간을 공유하는 생활 형태를 의미한다. 즉, 동거란 이성 간에 법적으로 혼인신고를 하지 않은 상태에서 공동 기거, 공동 취사, 성적 욕구 충족 및 경제적 기능을 수행하며 두 사람이 함께 거주하는 것이다.

우리나라 동거 문화의 시대적 변화를 살펴보면, 과거에는 저소득층이 경제적인 이유로 동거를 선택하는 경우가 많았다. 그러나 혼전 순결과 성에 대한 개방적인 태도가 확산됨에 따라 혼전 동거에 대한 인식이 개선되었다. 즉, 동거가 점점 증가하고 있는 이유는 동거를 결혼 준비 형태로 이해하는 동거에 대한 인식의 변화를 들 수 있다.

동거의 형태는 다양하지만 대체로 구혼 과정 중의 한 부분이거나 시험 결혼의 성격을 갖기도 하며, 결혼의 대안이 되기도 한다. 동거의 장점으로는 결혼을 전제로 한 동거의 경우, 결혼하기 전에 예비 배우자를 파악함으로써 보다 행복하고 안정적인 결혼 생활에 도움이 될 수 있다. 또한 반드시 결혼을 전제하지 않는다 하더라도 동거는 경제적 이점이 있으며, 결혼이라는 틀에 얽매이지 않으므로 역할분담 등에 있어서 비교적 평등한 관계를 형성할 수 있다.

그러나 동거는 법적 보호가 취약하다는 것이 가장 큰 단점이다. 동거하는 사람들은 사실상의 부부 관계를 유지하고 있으나, 우리나라는 법률혼 사회이기 때문에 법적 혜택을 보장받을 수 없다. 따라서 동거 부부가 법적으로 결혼한 부부에 비해 책임감도 적고, 생활의 만족도가 낮은 편이다. 동거는 결혼 생활에 비해 상대적으로 단기간 유지되며, 아직까지도 우리나라에서는 동거에 대한 편견이 존재하므로 동거를 선택할 때에는 보다 신중한 자세가 요구된다.

2) 동거의 유형

라이들리 등(Ridley et al., 1978)이 제시한 동거의 유형을 살펴보면 다음과 같다.

(1) 라이너스 담요형

라이너스 담요형 동거는 코미디 연재만화인 '피너츠(Peanuts)'에서 안전 담요를 어디든 가지고 다니는 라이너스(Linus)란 배역에서 유래된 유형이다. 이 관계의 경우 한쪽이 너무 의존적이어서 혼자 있기보다는 누군가와 항상 관계를 맺는 것을 좋아하는 유형이다. 이 유형은 약한 사람과 강한 사람이 관계를 맺는 경우이며, 약한 사람은 개방적인 의사소통을 하지 못하고, 강한 사람은 자신보다 약한 사람을 무조건 받아들여 주어야 하므로 관계는 성공적으로 유지되기 어렵다. 따라서 관계가 끝났을 때 약한 사람의 자존감은 더욱 낮아지며, 떠나는 사람은 죄책감을 느끼게 된다.

(2) 자유 추구형

동거의 동기는 사람마다 매우 다양한데 어떤 사람들은 부모의 영향력으로부터 벗어나기 위해 동거를 선택한다. 그러나 스스로 자립하지 못한 사람들은 동거생활에서도 완전한 해방감을 느끼지 못하여 상대를 자주 바꾸는 경향이 있다. 자유 추구형의 경우 상대방의 희생을 통해 자신의 자유를 추구하기 때문에 상대방은 어려움을 겪게 된다.

(3) 편리 추구형

편리 추구형 동거는 서로 주고받는 관계이다. 이 유형에서는 주로 남성이 여성에게 경제적 안정을 제공하고, 여성은 그에 대한 대가로 집안일을 하게 되는 경우이다. 다시 말해, 편리 추구형은 서로 편의를 제공해 주는 관계이다.

(4) 실험형

실험형 동거는 결혼을 실험하기 위한 장으로써 동거를 선택하는 경우이다. 이때 두 사람이 비교적 성숙되어 있고 함께 사는 데 필요한 책임감이 전제된 경우라면 동거는 결혼 생활과 어느 정도 유사할 수 있다. 그러나 동거에서는 실제 결혼생활에서 요구되는 커플 사이의 헌신을 찾아보기 힘든 경우가 많다.

이 외에 맥클린(Macklin, 1986)은 동거의 유형에 결혼에 대한 일시적인 대안형과 영구적인 대안형을 포함시켰다. 결혼에 대한 일시적인 대안형은 두 사람이 결혼을 하기로 약속했지만 결혼할 여건이 갖추어지지 않아 동거를 먼저 택하고, 결혼할 여건이 갖추어지면 동거 관계를 마무리하는 유형이다. 영구적인 대안형은 두 사람이 서로에 대한 장기적인 책임감을 가지고 함께 동거하는 유형이다.

3) 동거의 특징

동거는 결혼과 달리 합법적인 관계가 아니기 때문에 동거하기 전에 신중하게 법적인 문제를 고려해야 한다. 일반적으로 동거하는 사람들은 결혼한 사람들보다 관계에 있어서 안정성이 떨어진다. 동거 관계가 끝나면 개인 재산이나 함께 사는 동안 벌어들인 소득에 관한 문제가 발생할 수도 있다. 그러므로 동거를 하려는 사람들에게 자신을 보호하기 위한 법적 계약을 하도록 조언한다. 계약 내용에는 소득의 분배, 자녀에 대한 보호·양육 및 자녀 양육비 지불 등이 포함되어야 한다.

이러한 내용의 법적 계약은 동거가 끝났을 때 관계의 정리, 합리적이고 정당한 재산 분배, 향후 자녀 양육 문제 등을 위한 보완 대책이 될 수 있다. 특히 노년기 동거의 경우 동거 관계 해제 시 재산의 분배와 같은 경제력에 대한 문제로 인해 노인들은 젊은 사람들보다 더 심한 타격을 받을 수 있다.

동거라는 대안적인 생활 형태는 장·단점이 있다. 이기숙 등(2001)과 맥클린(Macklin, 1986)은 동거의 장·단점을 표 9-4와 같이 제시하고 있다.

표 9-4 동거의 장점 및 단점

동거의 장점	동거의 단점
• **편리함**: 결혼과 같은 복잡한 법적 · 행정적 절차나 결혼에서와 같은 책임감이 없다. • **서로에 대한 이해**: 특히 실험형 동거의 경우 결혼 전에 여러 가지 문제를 사전에 파악할 수 있다. • **개인적인 성장의 기회**: 동거의 경험 역시 동거자들의 개인적 성장과 성숙함을 가져온다.	• **법적인 보호 미흡**: 동거의 장점인 편리함 이면에는 동거 생활에 문제가 발생하였을 때 법적인 보호가 미흡하다는 단점이 있다. • **서로에 대한 책임감 부족**: 동거 자체가 갖는 관계의 모호성으로 인하여 주변의 지원이나 서로에 대한 책임감이 부족하다. • **부정적 고정 관념**: 동거가 증가하고 있음에도 여전히 일반인들은 동거에 대해 부정적인 고정관념을 가지고 있다.

출처: 김영희 외(2016). 결혼과 가족 재구성. 경기: 양서원.

5. 결혼의 선택

1) 결혼의 동기

결혼은 어떠한 형태로든 인류의 역사 속에서 지금까지 이루어져 왔고, 많은 사람이 부모-자녀관계를 유지하며 살아왔다. 앞으로도 결혼은 대부분의 역사 속에서 가장 오랜 전통을 가질 것이며, 사회화의 과정에서 사람들은 결혼하도록 자극받을 것이다. 그러나 현대사회에서 결혼이란 필수가 아니라 선택이며, 삶의 목표 중 일부분이지 반드시 궁극적 목표는 아니라는 의식이 크게 자리 잡고 있다.

결혼의 동기는 개인적 욕구를 충족하기 위한 개인적 측면과 사회적 욕구를 충족하기 위한 사회적 측면으로 크게 분류할 수 있다. 개인적 측면의 결혼 동기로는 성적 만족과 심리적 안정을 추구하기 위해서이며, 사회적 측면의 결혼 동기로는 사회적 유대감을 증진하고 가문을 계승하기 위해서이다. 최근에는 결혼 동기의 개인적 측면이 사회적 측면보다 더욱 중요하게 인식되고 있다.

무엇이 결혼하도록 자극하며, 왜 사람들은 결혼하려고 하는지 알 수 있는 결혼의 동기를 살펴보면 다음과 같다(허혜경 외, 2013).

(1) 사랑의 실현

우리 시대의 결혼욕구 중 가장 강한 동기는 사랑하는 사람과 함께 지내고 싶기 때문이다. 사랑의 실현을 위해서는 결혼이라는 관문을 통과해야 하며, 실제로 결혼생활을 통해 성숙한 사랑을 발전시켜 나간다.

(2) 합법적 성의 부여

성숙한 남녀는 생물학적으로 성욕구를 표현하게 되어 있는데, 사회가 합법적으로 부부로 인정하고 성관계를 허용하는 제도가 결혼이다. 즉, 개인적인 성욕구의 충족은 결혼에 의해서만 합법화될 수 있다. 이를 통해 안정감을 갖고, 종족계승의 기능을 달성하여 사회질서를 유지하게 하는 사회적 동기를 가진다.

(3) 경제적 안정추구

결혼하게 됨으로써 경제적 협력이 가능하다. 전통적인 성역할 수행 과정에서는 남편이 경제적으로 부양하고, 아내는 가정을 돌봄으로써 경제적 안정을 도모하였다. 최근 들어서는 맞벌이가정이 증가하고 있는데 배우자 선택 시에도 빠른 시일 내에 경제적으로 안정할 수 있는 직업을 가진 사람, 즉 안정된 직장을 가진 여성 또는 남성을 좋은 조건으로 여기는 경향은 결혼의 동기 중 경제적 안정이 중요하게 작용하기 때문이다.

(4) 자녀출산의 기회

전통사회에서는 자녀출산과 가계계승의 수단이 결혼의 가장 큰 동기였다. 적절한 시기에 자녀를 갖고 싶은 욕구도 결혼을 결정하는 요인이 된다.

(5) 정서적 안정의 추구

결혼은 개인에게 정서적·감정적 안정을 부여해 준다. 결혼함으로써 생의 동반자로서 서로 이해해 주고 감정적 뒷받침을 해 줄 수 있다. 또한 자신이 신뢰하는 사람과 더욱 친밀한 관계를 유지해 정서적 안정의 욕구를 충족시킨다.

(6) 성인으로서의 신분획득

결혼이라는 것은 어느 사회에서나 성인이 되는 신분을 부여한다. 우리나라에는 '성년의제(「민법」 제826조의2)'라는 제도가 있어 미성년자가 혼인하면 성년자로 간주한다. 다시 말해, 미성년자라 할지라도 혼인신고를 하면 성인의 신분을 주는 것이다. 결혼을 통하여 부모에게서 독립하면, 독립된 성인 신분을 획득할 수 있으므로 결혼을 하려는 욕구가 작용한다. 특히, 우리 사회는 결혼해야 성인으로 취급하는 의식이 강하게 나타나고 있다.

성년의제

미성년자가 혼인함으로써 성년자로 간주하는 것(민 826의2)을 말한다. 1977년 「민법」의 일부 개정에서 신설된 규정이다. 미성년자는 친권이나 후견에 복종하므로 혼인하더라도 부부의 일방 또는 쌍방이 미성년자인 경우는 부부의 생활이 제삼자의 간섭을 받게 되어 부당하다. 또한, 부부의 일방이 미성년자인 경우는 다른 일방이 후견인이 되는 것도 부당하다. 왜냐하면, 부부 평등의 원칙에 어긋나기 때문이다. 그러므로 미성년자도 혼인하면 친권 또는 후견을 벗어나서 행위능력을 갖추는 것으로 한다. 성년의제의 적용범위는 민법에만 한정된다고 하는 것이 원칙이다. 그러나 소송능력 같은 것은 인정된다(민소 55). 혼인이 취소된 경우에도 혼인에 의해 취득한 능력을 없애는 것은 거래의 안전 등을 해칠 수 있으므로 성년의제의 효과는 소멸하지 않는다고 봐야 한다.

출처: 네이버 백과사전.

(7) 사회적 기대의 부합

대부분 사회에서는 성인이 되면 당연히 결혼해야 한다고 생각한다. 특히 타인지향성이 강하고 가족주의가 강한 우리나라에서는 적절한 시기에 결혼하지 않고 있으면 주위 사람이나 환경으로부터 압력을 받게 된다. 따라서 결혼하는 것 자체가 이러한 압력에 대한 돌파구가 되기도 한다.

배우자 선택 후 결혼을 위해 반드시 필요한 것은 열정보다는 우정의 감정과 책임감이 포함된 사랑으로 부부관계를 맺는 것과 자신과 상대방 모두의 성적인 욕구가 만족해야 하는 것이 중요하다. 그러나 돈, 명예, 사회적 지위, 불행한 가정환경이나 고독감으로부터의 도피, 부모의 강요, 복수심, 동정심, 혼전 임신 등과 같은 부정적인 동기로 결혼하는 경우도 있다.

이와 같은 부정적인 결혼 동기로 결혼하면 행복하고 만족스러운 결혼생활을 영위하는데 어려움을 가져올 가능성이 크다. 결혼의 동기가 순수하면 순수할수록 더욱 나은 배우자를 선택할 확률이 크며, 결혼 실패의 가능성도 줄어든다(이경화 외, 1999; 신용주 외, 2011 재인용).

6. 결혼의 성립

현대사회의 가족관계는 대가족적 가족공동체에서 부부중심, 친자중심의 가족관계로 변화하고 있다. 이러한 사회 변화에 따라 국가는 개인의 권리를 옹호하고 사회의 질서를 유지하기 위해 결혼을 법적으로 통제하고 있다. 가족법상 가장 기본적인 규율 대상이 결혼관계이다. 일반적으로 결혼제도에서 중요한 문제가 되는 것은 결혼의 실질적인 성립 요건이다.

1) 결혼의 성립요건

우리나라의 결혼은 「가족 관계의 등록 등에 관한 법률」에 따라 신고를 해야 성립하는 신고혼주의 또는 법률혼주의를 채택하고 있다(「민법」 제812조, 제815조). 따라서 결혼의 성립 요건을 다음과 같이 들 수 있다.

(1) 결혼의 합의가 있을 것(「민법」 제815조)

(2) (혼인 적령) 만 18세에 달할 것(「민법」 제807조)

(3) 미성년자와 피성년후견인은 부모 또는 후견인의 동의를 얻을 것(「민법」 제808조)

미성년자가 결혼할 때 부모의 동의를 받아야 하며, 부모 중 한쪽이 동의권을 행사할 수 없을 때에는 다른 한쪽의 동의를 얻어야 하며, 부모가 모두 동의권을 행사할 수 없을 때에는 미성년후견인의 동의를 받아야 한다.

피성년후견인은 부모나 성년후견인의 동의를 받아 혼인할 수 있다.

(4) 근친혼이 아닐 것(「민법」 제809조)

근친혼의 범위에 관하여 ① 8촌 이내의 혈족(친양자의 입양 전의 혈족을 포함한다.) 사이에서는 혼인하지 못한다. ② 6촌 이내 혈족의 배우자, 배우자의 6촌 이내의 혈족, 배우자의 4촌 이내의 혈족의 배우자인 인척이거나 이러한 인척이었던 자 사이에서는 혼인하지 못한다. ③ 6촌 이내의 양부모계(養父母系)의 혈족이었던 자와 4촌 이내의 양부모계의 인척이었던 자 사이에서는 혼인하지 못한다고 명시하고 있다.

윤리적인 면이나 우생학적인 이유에서 일정한 근친 간의 결혼을 금지하는 것은 세계적으로 공통적인 현상이지만, 이 규정은 세계에서 유례를 볼 수 없는 가장 넓은 금혼의 범위이다.

(5) 중혼(重婚) 이 아닐 것(「민법」 제810조)

「민법」은 일부일처를 결혼의 기본 이념으로 하고 있기 때문에 배우자가 있는 사람은 결혼할 수 없다. 중혼이란 법률상의 결혼이 이중으로 성립하는 경우이므로 사실혼과 중복되는 경우는 중혼이라고 할 수 없다.

드라마 속 생활 법률

약혼한 사람이 집안, 학력, 경력 등을 속였다면 파혼할 수 있는가?

-드라마 '비밀남녀' 중에서-

미모의 성형외과 의사인 정아미 선생의 대타로 맞선을 보게 된 서영지, 영지는 대리운전 등 밤낮없이 아르바이트를 뛰며 동화작가의 꿈을 키우는 소녀 가장.
맞선남 준우는 외모에 실력, 재력을 갖춘 완벽한 백마 탄 왕자.
정아미 선생인 척해야 하는 영지는 좌충우돌 실수를 연발하는데…
맞선 상대인 준우는 그런 영지가 특별하게 다가온다.

드라마 '비밀남녀'에서는 영지가 가짜 정아미였다는 것을 준우에게 고백하면서 사랑과 조건 사이에서 갈등하는 싱글들의 모습이 그려진다.

Q. 그런데 만약, 끝까지 영지가 아미인 척하고 약혼하게 되고 후에 준우가 그 사실을 알게 된다면, 과연 파혼은 가능할까?

A. 「민법」은 제804조에서 약혼해제사유로서 상대방이, "약혼 후 자격정지 이상의 형을 선고받은 경우", "약혼 후 성년후견개시나 한정후견개시의 심판을 받은 경우", "성병, 불치의 정신병, 그 밖의 불치의 병질(病疾)이 있는 경우", "약혼 후 다른 사람과 약혼이나 혼인을 한 경우", "약혼 후 다른 사람과 간음(姦淫)한 경우", "약혼 후 1년 이상 그 생사(生死)가 불명한 경우", "정당한 이유 없이 혼인을 거절하거나 그 시기를 늦추는 경우", "그 밖에 중대한 사유가 있는 경우" 등을 규정하고 있다.

위 사안 같은 경우 위 약혼해제사유 중 기타 중대한 사유가 있는 때에 해당하는지 문제가 될 수 있다. 이에 관하여 관례를 보면, "약혼은 혼인할 것을 목적으로 하는 혼인의사를 결정하는 데 있어 중대한 영향을 미치는 사항에 관하여 이를 상대방에게 사실대로 고지할 신의성실의 원칙상의 의무가 있다. 이러한 신의성실의 원칙에 위반한 행위로 인하여 믿음이 깨어져 애정과 신뢰에 바탕을 둔 인격적 결합을 기대할 수 없으므로 「민법」 제804조 제8호 소정의 '그 밖에 중대한 사유가 있는 경우'에 해당하여 이로 인한 약혼해제는 적법하다."라고 하였다.
(대법원 2005, 12. 8. 선고 94므1676, 1683 판결).

출처: 법무부-드라마 속 생활법률(http: //www.moj.go.kr).

2) 결혼식과 결혼설계

결혼식은 제3자가 지켜보는 가운데 남녀가 부부관계를 맺는 서약하는 의식으로, 법적으로는 민사 계약의 하나로 생각되고 있으나, 이와는 별도로 전통적인 관습, 종교적 의식 등을 수반하여 이루어지는 경우가 많다.

우리나라의 결혼식은 전통 혼례방식과 현대식 혼례방식으로 크게 분류되며, 다양한 장소에서 여러 형태로 진행되고 있다. 먼저 전통 혼례방식은 주자가례가 가정의례로 권장되던 조선시대부터 장기간에 걸쳐 변화되었으며, 의혼, 납채, 납폐, 친영, 폐백 등의 절차에 의해 시행되었다(김양희 외, 2009). 현대식 혼례방식은 일본과 서구문화가 도입되면서 양복과 예식용 드레스를 입고 주로 결혼식장에서 치르는 혼례방식이다. 신부 집으로 신랑 친구들이 찾아가는 함들이, 혼수 등의 교환이 끝나고 행해지는 결혼식에서는 개식선언, 주례소개, 신랑입장 후 신부입장, 맞절, 혼인서약, 주례사, 내빈께 인사, 부부행진의 순으로 진행된 뒤 폐백이나 피로연의 선택 여부에 따라 종결된다. 현대식 혼례방식의 특징 중 하나는 결혼식을 마친 뒤 신혼여행을 가는 것을 거의 필수적으로 연결하고 있다(김양희 외, 2011). 선상 결혼식 또는 야외 결혼식 등 결혼식장이나 결혼방식에 개성을 추가하여 의미를 부여하는 이색 혼례방식도 종종 볼 수 있다.

혼인 당사자는 결혼이 결정되면 서로 상의하에 자신의 가치관이나 여러 상황을 고려하여 혼인예식일과 혼례방식을 정하여 결혼식을 올린다. 신혼여행은 국내 유명지, 외국여행, 크루즈여행 등 호화 신혼여행이 현대 결혼식의 문제점으로 주목되고 있는 바, 예비부부의 경제조건과 생활조건, 가치관 등에 따라 서로 상의하여 현명하게 결정하는 것이 바람직하다.

결혼식 외에도 혼수, 신혼살림, 거주지 결정 등과 같은 결혼생활의 설계가 필요하다. 결혼 날짜가 정해지면 자신의 가치관, 직업, 경제력, 거주지 등을 고려하여 혼수 목록과 혼수 예산을 수립한 후, 혼수와 신혼살림을 준비하는 것이 바람직하다. 서로의 직장과의 거리, 양가 부모님과의 거리, 경제 상황, 가치관 등을 고려하여 신혼집을 마련하거나 부모님과 함께 신혼살림을 시작하는 등의 거주지 결정을 내리고 신혼살림을 갖춘다. 예를 들어, 부모님과 함께 살면 신혼방을 꼼꼼히 점검한 후에 신혼살림을 마련하는 것이 중요하다. 자기 투자를 계속해야 하는 직업이나 학생의 경우 또는 예산이 부족한 경우에는 가능한 현금 내에서 우선순위를 정해서 결혼설계를 하는 것이 합리적이다.

물질적으로 풍요로운 혼수와 화려한 예식, 호화 신혼여행이 가정생활의 행복을 보장하는 것은 절대 아니다. 확실한 주관 없이 체면, 유행, 모방혼수 등으로 인한 무리한 혼수 준비는 양가 부모님이나 결혼 당사자에게 스트레스와 경제적 부담을 가중하여 행복한 결혼생활을 시작하는 데 저해요인으로 작용할 수 있다(김명자 외, 2012).

통계청(2019)에서 실시한 2019년 사회조사 결과에 따르면, 우리 사회의 결혼 비용이나 의식 절차 등을 포함한 결혼식 문화에 대해 70.6%가 '과도한 편이다'라고 응답한 것으로 나타났으며, 연령대별로는 30대(76.5%)와 40대(77.2%)가 높게 나타났다(그림 9-3 참조).

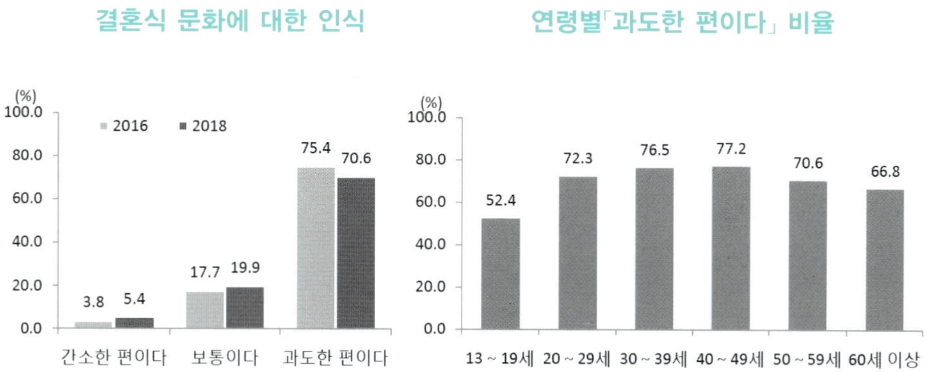

그림 9-3 결혼식문화에 대한 이해

또한 최근 우리사회에서 2010년대에 번지기 시작한 예식 트랜드로 스몰 웨딩(small wedding)을 들 수 있다. '스몰 웨딩' 또는 '작은 결혼식'이란 기존 결혼식의 문제점으로 지적되던 허례허식에서 벗어나 적은 비용으로 가족과 지인 등 친한 하객들만 초대하여 조촐하게 치러지는 결혼식을 의미한다. 스몰 웨딩은 거품 없는 결혼식을 지향하는 개념 있는 젊은 세대들의 새로운 결혼 문화로 여겨진다. 바람직한 신(新) 결혼 풍속도로 여겨지는 작은 결혼식에 대한 국가적 지원도 뒤따르고 있는데, 예를 들면 여성가족부는 '작은 결혼식' 장소로 일반인에게 개방된 공공시설 예식장을 확대하여 거품 없는 결혼식을 활성화하고 있다(이투데이, 2017).

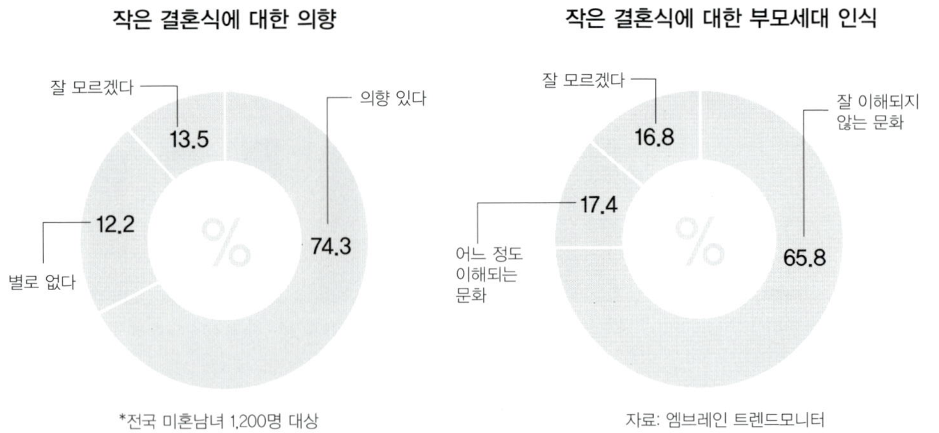

출처: https: //m.sedaily.com/NewsView/1OH8XWMPNG#_enliple.

그림 9-4 작은결혼식에 대한 인식

혼인 예식 이렇게 바꿉시다!

- 과시적이고 경쟁적인 혼례식을 자제하고 분수에 맞는 혼례를 치르자.
- 일생에 한 번뿐이라는 생각으로 혼례를 성대히 치르려는 가치관을 고치고, 합리적이고 실용적인 가치관으로 혼례를 치르자.
- 혼례의 참 의미를 이해하고, 번잡한 혼례절차는 지양하자.
- 상업주의에 편승한 상향된 호화 사치풍조를 지양하자.
- 자녀의 혼례비용을 주도하려는 부모들의 의식을 바꾸자.
- 혼례비용을 부모님께 의존하려는 미혼 남녀의 의식을 바꾸자.
- 공동체 의식을 가지고 건전한 혼례를 주도하려는 의식을 가지자.

출처: (사)한국가정생활개선진흥회. 혼례는 이렇게 치르도록 합시다.

혼수와 신혼살림 준비 등 결혼 설계에서 가장 중요한 것은 혼인 당사자의 확실한 주관이 있어야 한다는 점이다. 다시 말해 혼인 당사자들은 경제적 및 인격적으로 독립된 주체가 되어 결혼설계를 통한 준비된 가정경영인이 되어야 할 것이다.

잠깐만! 함께해요

■ 나의 사랑은 어떤 모양일까?

스턴버그(Sternberg, 1990)는 사랑의 3요소를 측정하기 위해 사랑의 삼각형이론 척도를 제작하였다. 현재 이성친구에 대한 자신의 사랑을 삼각형이론에 비추어 살펴보고자 한다면 아래의 척도를 활용하여 사랑의 삼각형 모양을 만들어 볼 수 있다.

아래 문장들은 현재 당신이 사귀고 있는 이성친구에 대한 당신의 심리상태를 기술한 것이다. ○○는 이성친구의 이름을 뜻한다. 각 문장을 읽고 ○○에 대한 당신의 상태를 잘 나타내는 정도라고 생각되는 적절한 숫자에 ○표 하라.

전혀 아니다	아니다	보통이다	그렇다	확실히 그렇다
1	2	3	4	5

문 항	1	2	3	4	5
1. 나는 ㅇㅇ의 행복을 위해 적극적으로 지원한다.					
2. 나는 ㅇㅇ와(과)의 따뜻한 관계를 맺고 있다.					
3. 나는 힘들 때 ㅇㅇ에게 의지할 수 있다.					
4. ㅇㅇ은(는)힘들 때 나에게 의지할 수 있다.					
5. 나는 ㅇㅇ와(과) 나의 모든 것을 공유할 수 있다.					
6. 나는ㅇㅇ로부터 상당한 정서적 지지를 받고 있다.					
7. 나는ㅇㅇ에게 상당한 정서적 지지를 주고 있다.					
8. 나는 ㅇㅇ와(과) 말이 잘 통한다.					
9. 나는 내 인생에서 ㅇㅇ을(를) 매우 중요시 한다.					
10. 나는 ㅇㅇ에게 친밀감을 느낀다.					
11. 나는 ㅇㅇ와(과) 편안한 관계를 느낀다.					
12. 나는 ㅇㅇ을(를) 정말 이해하고 있다고 느낀다.					
13. 나는 ㅇㅇ이(가) 나를 정말 이해하고 있다고 느낀다					

14. 나는 내가 ㅇㅇ을 (를) 정말 신뢰한다고 느낀다.						
15. 나에 관한 매우 개인적인 정보를 ㅇㅇ와(과) 공유한다.						
16. ㅇㅇ을(를) 보기만 해도 나는 흥분된다.						
17. 나는 낮에도 ㅇㅇ을(를) 생각하는 나 자신을 발견한다.						
18. ㅇㅇ와(과) 나의 관계는 정말 낭만적이다.						
19. 나는 ㅇㅇ이(가) 매우 매력적이라고 느낀다.						
20. 나는 ㅇㅇ을(를) 이상화하고 있다.						
21. 나는 ㅇㅇ처럼 나를 행복하게 만들 수 있는 사람을 상상할 수 없다						
22. 나는 다른 어떤 사람보다 ㅇㅇ와(과) 함께 있고 싶다.						
23. ㅇㅇ와(과)의 관계보다 더 중요한 것은 이 세상에 없다.						
24. 나는 ㅇㅇ와(과) 신체적으로 접촉하는 것을 좋아한다.						
25. ㅇㅇ와(과)의 관계에는 '마술적'인 점이 있다.						
26. 나는 ㅇㅇ을(를) 찬미한다.						
27. 나는 ㅇㅇ없는 인생을 생각할 수 없다.						
28. ㅇㅇ와(과) 나의 관계는 열정적이다.						
29. 낭만적인 영화나 책을 볼 때면 ㅇㅇ을(를) 생각하게 된다.						
30. 나는 ㅇㅇ에 대해서 공상을 하곤 한다.						
31. 나는 ㅇㅇ에 대해서 염려하고 있다.						
32. 나는 ㅇㅇ과(와)의 관계를 지속시키기 위해 최선을 다하고 있다.						
33. 다른 사람이 우리 사이에 끼어들지 않도록 나는 ㅇㅇ에게 헌신 할 것이다.						
34. 나는 ㅇㅇ와(과)의 관계가 흔들리지 않을 것이라는 점에 자신감을 가지고 있다.						
35. 나는 어떤 난관에도 불구하고 ㅇㅇ에게 헌신할 것이다.						
36. ㅇㅇ에 대한 나의 사랑은 남은 인생동안 계속되리라고 예상한다.						
37. 나는 ㅇㅇ을(를) 위해서 항상 강한 책임감을 느낄 것이다						
38. ㅇㅇ에 대한 나의 사랑은 확고하다.						
39. 나는 ㅇㅇ와(과)의 관계가 끝나는 것을 상상할 수 없다.						
40. 나는 ㅇㅇ에 대한 나의 사랑을 확신한다.						

41. 나는 ㅇㅇ와(과)의 관계가 영원히 지속될 것이라고 생각한다.					
42. 나는 ㅇㅇ와(과) 사귀는 것을 잘한 결정이라고 생각한다.					
43. ㅇㅇ에 대한 나의 사랑은 책임의식을 느낀다.					
44. 나는 ㅇㅇ와(과)의 관계를 계속 유지할 작정이다.					
45. 설혹 나는 ㅇㅇ와(과) 갈등이 생긴다 해도, 나는 여전히 우리 관계를 유지할 것이다.					

사랑의 요소	문항 번호	합
친밀감	1~15	
열정	16~30	
헌신(책임감)	31~45	

출처: 권석만(2017). 젊은이를 위한 인간관계심리학.

■ 채점 및 해석

- 1번에서 15번까지의 점수를 합산한다. 이 점수가 당신의 친밀감 점수이며, 16번에서 30번까지의 점수를 합하면 열정점수, 31번에서 45번까지의 점수를 합산한 것은 헌신점수이다.
- 이러한 3가지 점수를 가지고 사랑의 삼각형 이론에 따라 다양하게 자신이 경험한 사랑의 특성을 살펴볼 수 있다. 세 구성요소의 점수를 각각 세변의 길이로 하여 삼각형을 구성해 보라.
- 당신의 사랑 삼각형은 어떤 모양을 하고 있는가? 어떤 구성요소가 가장 크고 어떤 구성요소가 가장 작은가? 이것은 당신의 사랑에 대해 무엇을 의미하는가?

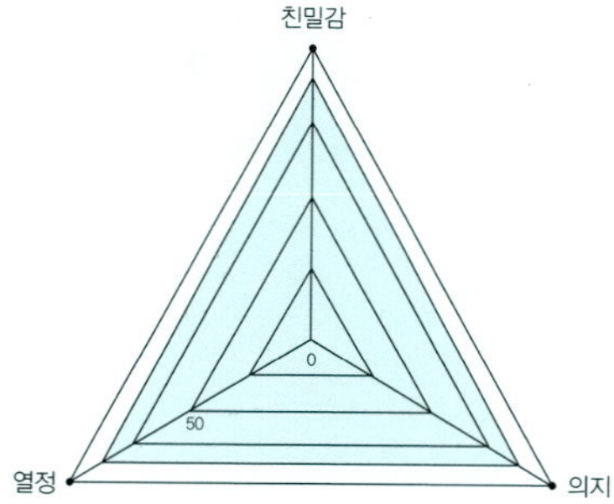

제4부

결혼의 적응

10장
부부관계의 적응

1. 부부관계의 적응

결혼을 하게 되면 자연히 부부관계가 성립되며, 그 영역은 법적, 인격적, 성적, 사회적, 경제적 등 다방면에 걸쳐 영향력을 발휘한다. 부부관계란 결혼한 남자와 여자, 두 사람이 서로의 생리적·심리적·사회적인 욕구를 충족시키기 위해 상호 적응하는 관계를 의미한다. 여기서 적응이란 부부간의 적응뿐만 아니라 사회 경제적 또는 모든 내적 및 외적인 환경에의 적응을 포함한다. 부부간의 적응은 성적 적응, 인격적 적응 그리고 경제적 적응 등 세 가지로 구분할 수 있다(신용주·김혜수, 2011 재인용).

1) 부부의 성적 적응

결혼생활에서 부부간의 성생활은 극히 자연스러운 일이며, 부부는 성적 적응을 통해서 재생산의 성공률을 증가시키고, 성적 욕구를 만족하게 한다. 원만한 성적 적응을 위해서는 부부가 서로 동등한 위치에서 서로에 대한 신체적 · 심리적 · 인격적인 이해가 수반되어야 한다.

부부관계에서 성의 의미를 살펴보면 다음과 같다(김용미 외, 2006). 첫째, 부부간에 성은 생식을 통한 자녀출산의 목적이 있다. 둘째, 성은 부부간의 사랑과 친밀감의 표현인 동시에 사랑과 친밀감을 위한 의사소통의 또 다른 유형이라 할 수 있다. 셋째, 부부는 성을 통해 쾌락과 즐거움을 누릴 수 있다. 넷째, 부부간의 성생활은 결혼이라는 합법적인 제도하에 상대방에 대한 상호 신뢰 및 소유의 표현이다.

부부의 성적 적응 정도는 결혼 만족도뿐만 아니라, 부부간의 친밀감을 형성하는 데에 상당히 중요하다. 그러나 부부간의 갈등이나 성에 대한 무지, 비현실적인 성적 기대감, 피로와 스트레스, 신체적 질병 등은 성적 부적응을 유발하는 요인으로 작용할 수 있다. 성적으로 만족감을 누리는 부부는 건강하고 행복한 삶을 누릴 수 있으므로 부부간의 성적 적응이 필요하다.

2) 부부의 인격적 적응

부부의 인격적 적응이란 심리적이며 내적인 적응을 의미한다. 이는 부부관계 속에서 자신의 인격이 지속적으로 변화될 수 있으며, 상대방의 인격 또한 적응시킬 수 있는 특징을 지닌다.

물론, 개개인의 타고난 성품이 원만하여 부부의 인격적 적응이 순조로운 때도 있다. 그러나 대부분은 부부가 인격적으로 적응하는 데 필요한 갈등을 정상적인 것으로 인식하되, 단시간 내에 발전적인 방향으로 갈등을 해결하려는 상호 간의 노력이 필요하다. 이를 위해서는 상대방의 인성과 행동을 이해하며, 서로 독립적인 존재로 인정하는 사고방식이 필요하다.

3) 부부의 경제적 적응

부부의 경제력은 교육적 배경이나 직업과 밀접한 관계를 지니며, 이는 가족이 생활해 나갈 수 있는 경제적인 능력을 의미한다. 결혼생활에서 경제적으로 적응하기 위해서는 유산이나 부모로부터 받은 재산의 상속보다는 부부의 경제력과 소비에 대한 태도가 무엇보다도 중요하다. 금전적인 문제는 결혼 초기 거의 모든 부부가 직면하는 현실적인 문제이자 갈등의 주요 요인이 될 수 있으므로, 신혼기의 경제적 적응은 중요하다.

경제적 적응을 위해서는 부부의 수입원을 고려하여 예산계획을 수립하고 지출 기록을 남겨서 부부가 함께 서로의 소비패턴을 분석함으로써 예산 한도를 초과하거나 무절제한 지출을 지양할 수 있다. 우리나라에서는 대부분은 부인이 경제권을 가지고 있으나, 부부 공동형으로 지출에 대한 의사결정권을 행사하는 것이 가장 바람직한 형태이다. 재정 관리도 부부가 공동으로 하거나 아니면 부부 중 경제 감각이 좀 더 나은 사람이 관리하는 것이 효과적이다.

부부간의 적응은 결혼생활의 만족도뿐만 아니라 부부관계의 유형을 좌우하는 결정적인 요인으로 작용한다. 인간은 누구나 자신이 선택한 배우자와 결혼하여 행복한 부부가 되기를 바란다. 결혼이란 개인적으로 둘 사이의 사랑을 가꾸어 나가야 하고 사회적으로는 부부라는 새로운 사회적 관계를 맺음에 따른 지위의 변화에 법률적 · 사회적으로 기대되는 성인으로서의 책임과 권리를 갖기 때문에 계속 적응하려는 노력이 필요하다. 결혼생활의 적응은 머물러 있는 것이 아니라 새로운 상황과 새로운 지위의 변화에 융통성 있게 대처하며 함께 살아가는 것을 터득하고, 상호 간의 기대에 부응하도록 자신을 적절히 변화시켜야 원만한 적응이 이루어진다.

2. 결혼생활에 대한 환상

결혼을 꿈꾸는 젊은이에게 결혼한 사람들은 흔히 결혼은 연애와 다르다고 한다. 연애는 사랑만으로도 유지될 수 있지만, 결혼생활은 사랑만으로는 유지될 수가 없기 때문이다. 결혼에 대한 환상은 결혼생활에 부딪히면서 서서히 무너지게 되는데 실제로 결혼생활을 경험하고 우리가 실망하게 되는 이유는 결혼생활의 실체에 대한 인식의 부족에서 비롯된다.

사람들은 결혼에 대해 실제와 전혀 다른 생각들을 하고 있다. 크녹스와 스캐치(Knox & Schachy, 1999)는 사회가 결혼에 대한 다음과 같은 비현실적인 믿음을 영속시키고 있다고 주장한다(채옥희 외, 2004).

• 환상 1: 우리의 결혼은 다를 것이다.

결혼에 임할 때 자신의 결혼은 다른 사람들의 결혼과는 다를 것이라고 믿는 사람 중 많은 사람은 자신의 기대를 충족시키기 위해 자신들만의 관계를 만들려고 노력을 기울이기보다는 무의식적으로 타인들의 결혼생활을 모방한다. 결혼생활이란 대부분 비슷한 양상을 보이지만 타인의 삶이 아닌 진실한 두 사람의 생활을 창조하는 것이 필요하다.

• 환상 2: 우리는 상대방을 행복하게 만들 것이다.

사람들은 자신이 배우자를 행복하게 할 책임이 있다고 믿는다. 부부는 서로에게 상당히 큰 영향을 미침에도, 배우자 개개인은 배우자라는 역할 이외에 다른 많은 역할을 수행하여야 한다. 마찬가지로 배우자를 행복하게 하려고 전력을 다하지만, 상황이 어려울 수 있다. 누군가가 자신을 행복하게 만들어 주기만을 기다린다면 평생을 기다려야 할 수도 있다.

• 환상 3: 우리의 갈등은 심각하지 않다.

많은 부부들은 그들이 문제가 있다는 것을 인식하지만, 자신들의 문제는 하찮은 것이며 단지 결혼생활의 일부분이라고 생각한다. 그러나 '해결되지 않은', '중요하지 않은' 갈등들이 실제로는 결혼생활을 위협할 수 있다. 따라서 사소한 갈등이라도 누적되지 않도록 하는 지혜가 필요하다.

• 환상 4: 내가 원하는 모든 것을 배우자가 충족시켜 줄 것이다.

사람들은 타인으로부터의 지원에 대한 욕구가 있다. 이런 욕구는 함께 영화를 보러 가거나, 개인적인 문제에 대해서 함께 이야기하거나, 상대에 대한 사랑을 육체적으로 표현하는 것 등 다양하게 표출된다. 사람들은 자신들이 가진 이러한 지적·육체적·감정적인 욕구를 배우자가 모두 충족시켜 줄 것이라는 믿음을 갖고 있지만, 그런 기대는 바람직하지 못하다. 따라서 부부는 서로 대화를 통해 자신이 바라는 욕구를 공유하는 것이 필요하다.

• 환상 5: 사랑이 깊을수록 갈등은 적을 것이다.

실제로 사랑이 깊다고 해도 시간이 지나면 갈등이 증가한다는 연구가 있다. 우리가 결혼에 대해 가지고 있는 여러 환상을 현실적으로 조정한다면 결혼생활의 적응에 많은 도움을 받을 수 있을 것이다.

3. 성공적 결혼, 행복한 결혼

결혼은 성적·인격적·경제적으로 적응하는 과정으로써 결혼을 선택한 부부는 행복한 가정을 이루고자 노력해야 할 것이다. 부부는 결혼생활에 대한 준비와 노력, 투자를 아끼지 말아야 하며, 이것은 곧 가족의 행복을 저축하는 전략이 된다.

결혼의 의미는 독신의 생활에서 완전한 성생활, 책임감 있는 태도와 능력, 가족원을 위한 구매, 우리의 생활, 배우자의 입장, 며느리·사위의 입장, 가족중심의 습관으로의 변화를 특징으로 들 수 있다(김양희, 2009).

• 독신의 불완전한 성생활에서 공인된 두 사람 간의 '완전한 성생활'로

• 낭만적 사랑에서 현실과 관련된 '책임감 있는 태도와 능력'으로

• 개인의 구매에서 배우자와 '가족원을 위한 구매'로

• 나의 생활에서 '우리의 생활'로

• 자녀의 입장에서 '배우자의 입장'으로

• 자녀의 입장에서 '며느리 · 사위의 입장'으로

• 개인적 습관에서 '가족중심의 습관'으로

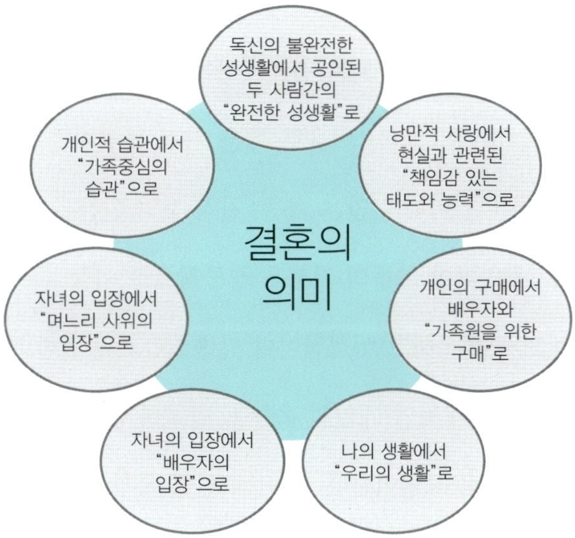

출처: 김양희(2009). 신혼기 건강가정을 위한 길라잡이; 우리 방금 결혼했어요. 동작구 건강가정지원센터.

그림 10-1 결혼생활의 의미

우리가 바라는 성공적 결혼, 행복한 결혼에 대하여 살펴보면 다음과 같다(허혜경 외, 2017).

1) 성공적 결혼

성공적 결혼이란 개인의 만족에까지 도달할 수 있도록 두 사람 상호 간에 역동적이고 발전적인 관계가 이루어지고 있는 결혼을 말한다. 성공적 결혼의 필수적인 요소는 상대방의 성격, 특성 등을 이해하고 서로 조화를 이루려고 노력하는 자세에 있다. 상대방의 능력, 자유, 자존심을 존중하고, 그의 목표에 도달할 수 있도록 용기를 주며, 격려하고 수용해 줘야 한다. 상대방의 모든 행동을 무시하거나 방해하거나 거부하는 태도는 두 사람의 관계를 저해하는 요소이다.

또한 성공적 결혼은 법률적 요소를 충족시켜야 한다. 즉, 사회적 기대나 그 사회의 문화, 도덕, 윤리의 규범 안에서 허용되는 결혼이어야 한다. 성공적 결혼이란 건전한 정서적 발달을 추구하여야 하며, 그러한 이유로 좋은 가정 분위기를 형성하는 것이다. 결혼이란 두 사람만의 관계뿐만 아니라 많은 가족, 친척 등의 인간관계를 포함하는 것이므로 그 사회의 기대 수준에 맞아야 그들의 결혼을 성공적으로 이끌 수 있다.

성공적 결혼이 반드시 행복하고 이성적이며 만족스럽고 완전한 것은 아니다. 다만, 이것이 외적인 측면과 함께, 내적인 개인의 욕구를 만족하게 해 줄 수 있을 때, 비로소 완벽한 것이 될 수 있다. 내적 요인이란 두 사람의 인성 특성, 적응능력을 말하며, 외적 요인은 사회적 · 경제적 · 가족 여건을 들 수 있다.

성공적 결혼의 결정 요인으로는 사회의 요구와 기대에 어긋나지 않게 이루어진 결혼, 당사자가 원하고 기대했던 사람과의 결혼, 양가의 가족들이 지지하는 결혼, 현대사회에서 살아갈 수 있는 경제적 능력이 있고, 이에 잘 적응할 수 있는 성숙한 배우자를 들 수 있다.

또한, 결혼생활의 성공 요인으로는 다음을 들 수 있다(유영주 외, 2000; 오영희 외, 2005).

첫째, 부부의 공동관심이 가정 · 자녀 · 사랑 및 종교와 같은 문제에 있을 경우가 돈 · 명예 · 향락 · 오락 등에 관심을 둔 부부의 경우보다 안정되고 성공적이다.

둘째, 부모들의 결혼생활이 행복할 때 자녀의 결혼생활도 행복하게 될 가능성이 많다. 행복한 가정과 부모 밑에서 자란 사람일수록 자기들의 생활을 행복하게 꾸려나갈 소양을 갖고 있다.

셋째, 결혼 전 교제기간이 길었던 사람들이 비교적 결혼생활에 행복하게 적응할 수 있다. 갑작스러운 기분이나 일시적인 충동으로 이루어진 결혼일수록 결혼생활의 만족도 또는 행복의 지속성이 낮다.

넷째, 교육수준 · 직업 · 생활 정도 · 취미가 비슷할 때에 적응이 비교적 쉽기 때문에 비슷한 사회적 · 문화적 배경을 지닌 배우자 간의 결혼이 성공적일 가능성이 크다.

2) 행복한 결혼

일반적으로 성공적 결혼과 행복한 결혼을 혼동하여 사용할 경우가 많다. 행복이란 주관적이고 단편적이며 순간적이기 때문에 일반화시켜 설명하기가 어렵다. 행복이란 오래가는 감정이 아니므로, 결혼에는 여러 가지 요인이 작용하여 부분적으로 행복을 느끼거나 만족을 느낄 수 있지만, 전적으로 행복한 결혼이라는 표현은 쓰기 어렵다.

성공적 결혼은 행복할 가능성이 크지만, 행복한 결혼이 반드시 성공적일 수는 없다. 왜냐하면 결혼한 두 사람의 조건이 앞서 제시된 성공적인 결혼의 조건에 따라가지 못하는 경우라도 두 당사자는 서로 행복할 수 있기 때문이다. 즉, 행복이란 어디까지나 주관적인 개념이므로 결혼의 행복 여부는 쉽게 판단하기 어렵다.

이처럼 행복이란 단편적이고 주관적인데 반해, 결혼은 오랜 기간의 생활이고 다양한 요인이 작용하므로, 결혼생활의 행복이란 단순한 행복감으로 표현할 수 있다. 행복감을 가진 사람은 우선 기분 좋은 상태의 감정을 가진다. 완전히 긴장을 풀고 자유롭고 편안하며 불편이 없는 상태로 모든 것을 완화할 수 있다. 또한 행복감을 가진 사람은 매일의 생활에서 충실감을 가지고 책임감 있게 행동하며, 자신의 생에 대한 계획을 단계적으로 실현하고, 아울러 자아발전의 욕구를 품고 전진해 나간다. 또한 생을 긍정적으로 받아들이고, 생활을 즐겁게 보낼 줄 알며, 쓸데없는 불평이나 불만으로 시간을 헛되이 낭비하지 않는다.

결혼생활에서 행복감이란 개인의 충동, 습관, 희망 등이 적절하게 방출되어 자기발견, 자아실현을 위해 안정감을 가지고 충실하게 생활할 수 있는 심리상태를 말한다. 이렇듯 결혼생활의 성공이나 행복은 그대로 얻어지는 획득물이 아니라 끊임없는 적응, 자기 노력, 수행, 투쟁으로 만들어지는 생성물이다. 따라서 결혼의 성공 및 행복은 부부 당사자의 노력 여하에 달려 있다(유영주 외, 2000).

4. 현대사회에서의 부부관계

1) 전통적 부부관계의 의미

한국의 전통적 부부관계는 유교적 가족주의하에서 결혼은 가문 대 가문의 결합으로서의 의미를 지니고 있어, 개인의 안녕보다는 가족 전체의 안녕을 더 중요하게 여겼다. 그러므로 개인의 자유의사에 의한 연애혼보다 부모의 의사에 의한 중매혼이 성행하였다. 따라서 결혼은 집안의 가계계승 및 발전을 목적으로 하였다. 이렇게 결혼은 가족의 대를 이을 자녀, 즉 아들을 출산하기 위한 공식적이고 합법적인 근거를 마련해 주는 하나의 형식적 절차나 도구로서의 부차적인 의미가 있기 때문에, 결혼에 의해 새로운 가족이 창출되기보다는 이미 존재하고 있는 부계가족에 단지 여성이 혼입하여 들어가는 것으로 간주하였다. 이러한 혼인의 목적 때문에 결혼생활의 지속성을 강조하고 이혼을 엄격하게 통제하였다.

부계를 영속적으로 계승해 나가는 것이 가족 전체 최상의 목표였던 만큼, '효'라는 가족 중심원리를 가지고 모든 가족원이 이에 상응하는 관계 그리고 지위와 역할이 형성되었다. 일단 가족의 중심축은 부자관계였으며, 부부관계는 부자관계에 부차적이고 종속적인 관계였다. 부자중심 가족문화에서 아내는 남편으로서 자신(남편)보다 자신의 부모가 좋아하지 않는다면 내쫓아야 하고, 반대로 사랑하지 않더라도 남편의 부모를 잘 섬기면서 평생 부부생활을 계속해야 했다.

또한 가족 간에 성과 나이를 기준으로 지위와 역할이 배분되었다. 남성 중 연장자가 '가부장권'을 가진다. 남편의 가장권은 가족의 의사와 이익을 대표하는 대표권, 가족구성원의 사소한 행위에서부터 집안 대소사까지를 지시하여 지배, 감독하는 감독권, 가족이 공동으로 소유하는 자산을 관리하는 재산권 그리고 조상에 대한 제사권으로 구성된다(허혜경 외, 2013 재인용). 이에 반해 아내에게 순종과 정절은 자신의 생명과도 바꿀 수 없으므로, 삼종지도, 부창부수, 여필종부, 칠거지악, 부부유별, 남존여비 등의 개념이 포함되었다.

아내는 한 개인으로 인정되는 것이 아니라 부인 혹은 며느리라는 예속적 지위에 머물렀다. 그러므로 자신의 감정이나 주장은 억압하고, 생각을 하는 인격체로서가 아니라 오로지 시댁의 가계를 계승하기 위해 아들을 낳고, 남편을 내조하며, 시댁의 생활에 필요한 노동력을 제공하는 역할만을 담당하였다. 전통적인 부부관계에서의 적응은 남편과 시댁에 대한 아내의 일방적인 적응이었다.

이렇게 부부간 역할수행에 따른 기능적 기대만 존재하였으므로, 가부장적이고 성 고정관념적인 가족문화가 팽배했다. 부부간의 사랑이나 애정과 같은 감정적 표현은 무시되거나 표현할 수 없는 것으로 여겨졌다. 또한 부부간의 성관계는 애정 표현이나 욕구를 충족하는 방법이 아니라 단지 자녀를 출산하기 위한 의무가 우선시 되었고, 자녀양육도 가계를 계승하기 위해서였다. 부부관계에서 중요하게 여겨지는 것은 자신에게 맡은 소임을 잘 수행하여 가족의 기능적 안정을 꾀하는 것이었다.

2) 현대적 부부관계의 의미

현대적 의미의 부부관계는 서구적 가족주의의 영향을 많이 받고 있다. 서구적 가족주의는 핵가족 단위 내에서의 가족결속을 강조하는 가치관이다. 따라서 부부관계, 부모-자녀관계를 포함하는 모든 가족관계에 대해 애정적 유대가 중요한 요소가 된다. 그러므로 현대적 의미의 가족은 우애적 가족으로서의 개념을 가진다.

이러한 우애적 가족에서 중심원리는 '사랑'이다. 부부관계에서도 역할보다는 부부간의 정서적 유대가 더 중요하게 여겨져 부부간의 성이나 사랑이 결혼의 성립과 유지의 중요한 쟁점이 되었다. 즉, 부부관계가 결혼의 중심축이 된 것이다. 부모-자녀관계도 부모와 자녀를 맺어주는 절대적 복종의 '효' 개념 대신 '사랑'이 중시되어, 부모가 자녀의 의견을 존중해 주는 더욱 평등한 관계로 변화가 나타났다(표 10-1 참조).

표 10-1 전통적 부부관계와 현대적 부부관계

	전통적 부부관계	현대적 부부관계
가족개념	• 제도적 가족	• 우애적 가족
결혼의 의미	• 가문 대 가문의 결합	• 개인 대 개인의 결합
결혼의 목적	• 가계계승을 위한 부차적 관계 • 결혼의 책임과 영원성 강조	• 개인의 자유와 행복 • 결혼해체의 가능성 증가
가족중심원리	• 효	• 사랑
가족관계 중심축	• 부모-자녀관계	• 부부관계
부부관계의 특징	• 가계계승을 위한 부차적 관계 • 지배와 복종의 예속적인 불평등한 관계 • 성과 나이를 기준으로 지위와 역할배분 • 역할수행에 따른 기능적 기대	• 사랑을 기반으로 한 평등한 관계 • 각자가 지니는 자원에 의해 편의적 역할 배분 • 감정적 유대에 따른 정서적 기대

출처: 문숙재 외(2005). 현대사회와 가정. 경기: 교문사.

가족구성원들이 평등해지고 또한 서로의 관계를 맺어주는 중심원리가 '효'에서 '사랑'으로 대체되면서 가족 간 역할은 개인의 자원에 의해 편의적인 방향으로 나아간다. 아직도 남성은 가계수입을 버는 가계부양 역할을 주로 담당하고, 여성은 가정에서 가사를 수행하고 자녀를 낳아 기르는 애정적·정서적 역할을 담당하는 성 고정관념인 도구적-표현적 역할분담은 여전하나, 기혼여성의 경제활동 참여율이 증가함에 따라 점차 부부간의 역할 구분이 예전처럼 엄격하지는 않을 것으로 예상한다.

부부간의 권력구조와 역할분담에도 변화가 나타나 과거의 권위주의적·수직적 부부관계에서 평등주의적·수평적 관계로 바뀌면서, 가장의 권위와 결정권의 집중 형태에서 부부 공동결정의 유형으로 변화되었다.

자녀에 대한 가치관도 변화하여 가계를 계승하기 위해서라기보다는 부부의 정서적 욕구충족에 관련하여 사랑을 주고받을 수 있는 목적이 더 우선되었다. 그래서 자녀양육 자체에 대한 보람과 자녀를 통한 자신의 자기발전에 의의를 두는 경향이 많아지고 있다.

이러한 부부간의 역할 수행에 대한 기능적 기대보다는 감정적 유대에 따른 정서적 기대가 더 많아졌다. 부부간에 사랑의 표현이 자연스럽고, 성생활 또한 이제는 자녀출산을 위한 것이 아니라 사랑의 확인이나 그 자체의 쾌락이나 만족을 위해 행해지게 된 것이다. 이처럼 우리 사회에서 가족관계를 규제하는 규범이 크게 달라지면서, 부부관계와 배우자 간의 지위와 역할에 대한 기대 역시 변화되었다.

5. 부부관계의 유형

큐버와 해로프(Cuber & Haroff, 1986)는 결혼 후 10년 동안 단 한 번도 이혼을 고려하지 않고 결혼생활을 하는 부부 211쌍을 대상으로 연구한 결과 표 10-2와 같이 부부관계를 여섯 가지 유형으로 범주화하였다(신용주·김혜수, 2011 재인용; 최규련, 2008).

표 10-2의 여섯 가지 부부관계 유형 이론에 의하면, 한 부부관계 유형이 평생 지속하는 것을 의미하는 것은 아니며, 갈등 유발 시 해결하는 방법도 부부관계 유형별로 다양

하다. 예를 들면, 배우자의 부정과 같은 사건이 발생하면 갈등이 습관화된 부부는 부부싸움을 통해 해결하고 다시 부부관계를 지속하는 반면, 전체적인 부부관계는 결혼생활의 해체라는 결론으로 갈등을 해결하는 경향이 있다.

표 10-2 부부관계 유형

유형	특징
주기적 부부관계 (The Cyclical Relationship)	부부가 극심한 갈등상황하에서 심리적으로 힘들어지나, 화해나 회복을 반복하여 다시 평정을 찾는 상황을 주기적으로 반복하는 부부관계이다.
갈등이 습관화된 부부관계 (The Conflict-Habituated Relationship)	만성적으로 갈등과 불만이 쌓여 있고 불화가 있지만, 이혼을 생각하지 않는 유형이다. 사소한 일상생활의 견해 차이에서부터 정치 및 종교와 같은 심각한 문제에 이르기까지 극심한 긴장과 갈등을 가진 불안정한 유형이나, 결코 부부싸움이 가정을 해체할 만한 이유로는 작용하지 않는 부부관계이다.
활기가 약화된 부부관계 (The Devitalized Relationship)	신혼 초기에는 열정적이고 활기가 넘쳤으나, 결혼생활을 지속함에 따라 점차 의무적으로 가족과 시간을 보내고, 자발적이기보다는 책임감으로 행동하며 그럭저럭 살아가는 부부관계이다. 즉, 결혼 초에는 부부간에 상호작용과 친밀감이 많았으나, 세월이 지나면서 부부 상호 간에 활력이 없어진 유형이다.
냉담으로 일관된 부부관계 (The Passive-Congenial Relationship)	신혼 초기부터 활기가 없었다는 점에서 활기가 약화된 부부관계와 큰 차이가 있다. 결혼을 친밀감보다는 자아실현, 경제적 안정, 자녀의 희망, 출세 등과 같은 안락한 삶의 방편으로 여긴다. 이 부부는 결혼에 대한 비현실적인 기대가 적으므로 이혼에 이르는 경우가 드물며, 상대의 불만족스러운 부분에 대해서는 개입하기보다는 체념하고 살아가므로 비교적 갈등도 적다.
활력적인 부부관계 (The Vitalized Relationship)	결혼 초부터 친밀감, 유대감, 상호작용이 활발하게 교류되고 계속 유지되는 유형이다. 이 부부에게는 부부관계 자체가 각자에게 중요한 삶이다. 각자가 독자성을 지니며 서로의 심리적인 행복과 사회적 성공에 모두 관심이 있다. 갈등이 생기면 현실적으로 문제의 핵심을 파악하여 조속히 갈등을 해결하고, 다시 활력적인 관계를 유지하려는 적응능력과 노력이 강한 부부관계이다.
전체적인 부부관계 (The Total Relationship)	부부 두 사람 간에 친밀감, 유대감, 동반활동이 가장 강하고, 다른 일보다 결혼생활과 배우자와의 관계에 우선순위를 두는 유형이다. 이 부부는 비슷한 직업, 같은 직장이나 함께 운영하는 사업에 종사하는 경우가 많으며, 생활의 많은 부분에서 활력적인 부부관계와는 차이가 있다. 이 유형은 갈등 시에는 갈등의 최소화에 주력하므로 누구의 잘잘못을 고려하기보다는 관계를 유지하며 해결하려는 데 초점을 둔다. 이 부부는 많은 시간을 부부 중심으로 지내기 때문에 자녀에게 소외감을 줄 우려가 있다.

6. 부부관계에서의 사랑

1) 부부관계에서 사랑의 개념

사랑은 남녀 간의 관계에서 중요한 요소이다. 사랑은 결혼하지 않은 연인관계뿐만 아니라 결혼한 부부관계에서도 중요하다. 현대사회의 가족관계는 부부관계를 중심으로 이루어지며, 부부관계의 중심원리는 사랑이다. 그러므로 배우자 역할은 상호 간의 사랑을 확인하고 발전시키는 데로 집중된다. 그러나 부부관계는 일반적인 연인관계와는 구별되어 결혼이라는 사회적·법적 약속으로 이루어진다. 또한 일생을 두고 그 관계를 유지하겠다는 결정과 책임을 근거로 시작되는 관계이다. 그러므로 부부관계에서의 사랑은 그 실체와 중요성, 관계의 역동성 또는 질, 그리고 일반적인 연인관계에서의 사랑과는 차이가 있다.

한 연구에서 결혼생활 50년 이상인 부부를 대상으로 결혼을 정의할 수 있는 단어를 열거하도록 함으로써, 행복한 결혼생활에 대한 연구를 수행하였다. 그 결과 여성 응답자들은 결혼을 정의하는 단어를 사랑, 주고받는 것, 자녀를 갖는 것, 가족, 가정, 두 사람의 결합, 하나님과 성경, 영원함, 행복의 순으로 응답하였다. 반면 남성은 영원함, 우애, 결혼생활을 위해 함께 노력하는 것의 순으로 결혼을 정의하였다. 이 결과를 통해 남성보다 여성이 결혼에 대해 더 많은 기대 혹은 생각을 하는 것을 알 수 있다. 또한 젊은 부부에게 하고 싶은 충고를, 여성은 종교적 중요성, 사랑, 주고받음, 가정, 가족, 자녀, 결혼생활을 위해 함께 노력하기, 이해와 인내의 순으로 응답하였으며, 남성은 결혼생활을 위해 함께 노력하기, 정직과 진실, 주고받는 것, 사랑, 종교, 가정, 가족, 자녀의 순으로 응답하였다.

결혼한지 50년 된 부부를 대상으로 한 이 연구에서 부부들은 결혼과 부부관계에서 사랑이나 정서적인 교류를 중요하게 여기고 있음을 알 수 있다. 아울러 부부간의 노력, 영원함, 종교 등의 결혼생활에 필요한 역할수행이나 의무 등과 같은 규범적인 측면도 강조하고 있다.

일반적으로 역할수행과 관련하여 부부관계를 설명할 때, 도구적 역할(instrumental role)과 표현적 역할(expressive role)로 구분한다. 도구적 역할은 가족의 생계와 집안일을, 표현적 역할은 애정, 성, 공감, 친구관계 등을 말한다. 표현적 역할은 애정적 유대에 기반을 두고 있기 때문에 사랑의 개념에 더 가깝다고 할 수 있다. 그러나 도구적 역할과 표현적 역할은 서로 독립적이거나 어느 한 역할만 중요한 것이 아니라 서로 밀접한 관계를 가지며 결혼생활에 이바지하는 것으로 나타난다.

예를 들어, 스캔조니(Scanzoni, 1988)의 연구에서, 여성들의 부부간 공감도에 대한 만족은 경제적 만족도와 가장 큰 관련이 있었다. 이는 남편이 돈을 잘 벌어오는 데 대한 기대도 크고, 남편의 도구적 역할수행 때문에 표현적 역할수행에 대해서도 만족스러워 한다는 것을 의미한다. 남성들의 부부간 공감도에 대한 만족 역시 아내의 도구적 역할수행에 의해 영향을 받는 것으로 나타났다. 아내의 가사능력, 가정 밖에서의 능력, 지성과 교양 등에 의해 영향을 받는 것이다.

현대 부부관계에서 지위와 역할에 대한 규정은 전통적 부부관계에서처럼 엄격하지는 않다. 현대 부부관계에서 중요한 것은 서로 감싸 안아줄 수 있는 사랑이다. 성공적인 결혼생활을 위해서는 부부 상호 간의 사랑에 대한 기대를 충족시켜 주고 서로의 사랑을 조화롭게 유지해 나가야 한다. 따라서 부부간의 사랑을 유지하고 발전시키기 위해서는 부부 각자가 자신의 지위와 역할에서 오는 기대를 적절히 충족시켜야 한다.

2) 부부관계에서의 사랑의 조정

행복한 결혼생활을 위해서는 부부 상호 간에 사랑을 조화롭게 유지해 나가야 하고, 사랑의 조화를 유지하기 위해서는 부부 상호 간의 사랑에 대한 기대를 충족시켜 주어야 한다.

(1) 사랑의 조화

결혼생활에서 사랑의 조화란 남편과 아내가 서로에 대한 사랑이 크기나 모양에서 균형을 이루는 것을 의미한다. 한 배우자의 사랑이 다른 배우자의 사랑보다 작으면 부부관계에 소극적으로 관여(underinvolvement)하는 것이고, 크면 과도하게 관여(overinvolvement)하는 것이며, 다른 모양이면 잘못된 방식으로 관여(misinvolvement)하는 것이다. 소극적이든, 과도한 것이든, 잘못된 방식이든 이러한 부조화의 정도가 클수록 부부간의 사랑이 어긋나게 되고 부부관계도 만족스럽지 못하게 된다.

이러한 부부간의 사랑이 얼마나 조화를 이루는지는 몇 가지 방식으로 진단해 볼 수 있다.

첫째, 자신과 배우자의 사랑을 비교해 볼 수 있다. 부부 서로가 갖는 사랑의 삼각형이 일치할수록 부부관계는 만족스럽다. 둘째, 부부가 각기 지각하는 사랑을 비교해 볼 수도 있다. 자신의 배우자에 대한 사랑을 실제로 그린 삼각형과 배우자가 나로부터 사랑받는 정도를 지각해서 그린 삼각형 간에 일치가 클수록 부부관계는 만족스러울 것이다. 셋째, 자신의 사랑에 대한 사고와 행동, 넷째, 사랑의 실제와 이상 간에 어느 정도나 일치하는지를 비교하는 방법이 있다.

요약하면 자신의 생각을 나타내는 삼각형과 실제로 표현하는 행동을 나타내는 삼각형이 어느 정도나 일치하는지, 또한 자신이 이상적으로 생각하는 사랑의 모습과 부부관계에서 실제로 경험하고 있는 사랑의 모습이 가능한 한 일치하는 것이 바람직하다.

설사 성숙하고 서로 일치하는 사랑의 상태에서 결혼한 부부라 하더라도 그 사랑을 유지하기 위해서는 끊임없이 적응하고 조정하는 노력을 기울여야 한다. 그 이유는 사랑이 시간의 경과에 따라 변화하는 속성이 있을 뿐 아니라 남녀 간에 사랑의 개념이 서로 다르기 때문이다.

(2) 시간의 경과에 따른 사랑의 변화

스턴버그(Sternberg, 1987)는 친밀감, 열정, 결심·헌신의 사랑의 세 요소가 시간에 따라 질적으로 다른 사랑의 유형 조합을 만들며, 이 세 요소의 상대적 중요성도 시간을 두고 변화한다고 하였다.

친밀감은 시간 경과와 함께 서서히 감소하다가 어느 시점에서 다시 점차 증가하게 된다. 열정은 욕망이라는 동기를 부여하여 남녀가 서로 매력을 느끼게 함으로써 초기에는 급속히 발달한다. 그러나 그 후에는 습관화가 나타나 더는 자극되지 않는 중독 증상과 같은 패턴을 보인다. 배우자가 같은 정도의 흥분을 하지 않으면 열정과 낭만은 증가하지 않고 안정된 상태를 지속하게 된다. 한편 결심·헌신은 관계의 초기에는 서서히 그리고 점차 속도가 빠르게 증가하며 발달하나, 결국은 안정된 상태를 유지하게 될 것이고, 관계가 실패하면 급속히 감소하거나 사라진다.

액커와 데이비스(Acker & Davis, 1992)는 18~68세인 남녀 204명을 대상으로 사랑의 세 요소의 변화를 연구하였다. 그 결과 여성들에게서만 시간이 지남에 따라 열정 수준이 줄었고, 친밀감 수준은 오랜 기간 지속해온 애정관계에서는 줄어들지 않은 것으로 나타났다. 또한, 오래 지속해 온 관계에서 결심 · 헌신과 같은 책임감이 결혼 만족도에 가장 강력하고 안정적인 예측 변인이었다. 그러나 이 연구는 횡단적 연구방법을 사용한 것으로서 시간의 경과에 따른 사랑의 변화를 과연 측정하였다고 보기에는 무리가 있다(문숙재 외, 2005).

사랑의 세 요소가 시간의 경과에 따라 어떻게 변화하는지를 결론적으로 이야기하기는 어려우나, 사랑의 세 요소는 정체된 개념이 아니라 전 생애 동안 역동적 과정을 거치는 것임에는 분명하다.

(3) 부부간 사랑의 성차

전반적으로 남성들이 여성들보다 그들의 결혼에 대해 더 높게 평가하고 더 만족하는데, 그 이유는 다음과 같이 설명할 수 있다.

첫째, 여성은 남성보다 사랑의 기교가 월등하다. 그래서 여성들이 남성들을 만족하게 하는 정도에 비해 남성들이 여성들을 만족하게 하는 정도가 작다. 둘째, 결혼과 가족은 여성에게는 전부이므로 이에 대한 기대가 크지만, 남성은 전부가 아니므로 이에 대한 기대가 비교적 적다. 따라서 같은 정도의 충족도 여성을 만족하게 하기가 어렵다. 이러한 두 가지 이유가 상호작용함으로써 여성보다 남성이 더 만족할 수밖에 없다.

이렇듯 성에 따라 사랑의 기교와 결혼에 대한 기대가 다른 것은 남녀 간에 사랑에 대한 개념이 다르기 때문이다. 여성은 주로 자기 노출이나 감정적 몰입, 애정표현 등 정서적인 측면을 중요하게 여기지만, 남성은 함께 활동하고, 시간을 보내고, 성관계를 하는 등 도구적인 활동이나 행동적인 측면을 중요하게 여긴다. 따라서 정서적인 측면을 강조하는 여성들은 친밀감을 표현하는 기교가 남성들보다 더 높지만, 행복의 유지를 중시하는 남성들은 그들이 여성들보다 빠른 속도로 관계에 책임감을 느끼며, 여성보다 더 오랫동안 관계에 헌신하는 경향을 보인다.

대화 · 치유의 기술을 공부하는 것도 방법

시들해진 사랑도 물을 주고 햇볕을 쬐주면 다시 꽃피울 수 있다. 그렇다고 멀어진 부부 · 연인 관계가 자석처럼 갑자기 들러붙진 않는다. 부부상담 전문가인 송길원 박사(하이 패밀리 대표)는 "뇌 호르몬에 이끌린 사랑의 단계가 지나면 전인격적 사랑으로의 모드 전환이 필요하다. 이때 부부관계에 도움을 주는 강좌를 듣거나 책을 읽어 사랑의 기술을 익히면 도움이 된다."고 말했다. 힐리언스 선마을 등에서 '행복 더하기 부부캠프'가 열리는 것도 그 일환이다.

사랑의 황홀함을 다시 느끼고 싶다면 스킨십을 통해 잠자고 있는 뇌의 사랑 영역을 깨우자. 심드렁해진 잠자리를 뜨겁게 회복하려면 배우자의 발을 주물러 보자. 뇌에서 발의 감각을 담당하는 영역은 음핵과 음경을 맡는 뇌 부위 옆에 있다.

향긋한 냄새는 성적 자극을 높인다. 여성에게 베이비파우더 향을 맡게 하면 아기를 갖고 싶다는 생각이 들면서 질 내 혈류량이 증가한다. 남성은 계피 · 라벤더 냄새를 좋아한다. 신체적인 흥분도 사랑의 감정을 키운다. 함께 롤러코스터를 타고 공포영화를 보는 등 흥분되고 긴장된 상태에서 서로 눈을 맞추면 심장박동이 빨라지면서 사랑을 느낀다.

출처: 중앙일보(2011.1.10.).

7. 부부관계에서의 역할

가족구성원은 가족 내에서 일정한 지위를 갖게 되며, 지위와 관련하여 가정적으로, 사회적으로 기대되는 구실을 해야 한다. 부부는 결혼에 의해 남편으로서, 또는 부인으로서의 지위를 가지게 되며 그에 따른 역할을 기대받게 된다. 즉, 책임 있는 남편으로서의 역할과 아내로서의 역할을 얼마나 잘 수행하느냐가 한 가족의 행복을 크게 좌우한다. 이처럼 역할수행은 개인에 국한된 것이 아니라 가정과 나아가 사회에 큰 영향을 끼치게 된다. 부부간의 역할은 성역할 개념의 변화에 따라 역할 기대가 달라진다.

전통적으로 남성은 남성성을, 여성은 여성성을 나타내는 구실을 하는 것이 건강하고 바람직하다고 하였다. 파슨스(Parsons, 1955)에 의하면 남성성은 목표 지향적이고, 주장이 강하며, 타인과 자신을 분리하는 독립적인 행동을 하고, 도구적이며, 기능적인 특성을 지니고 있으며, 여성성은 감성적이고 정서적이며, 이타적이고 독립된 개인이기보다는 상호관계를 추구하고, 표현적이며, 친화적인 특성을 지니고 있다. 이러한 남성성의 특성, 여성성의 특성은 각각의 성 모두에게 공존하지만, 남성은 기능성이 여성은 친화성이 좀 더 강한 경향을 보이는데 기능성과 친화성이 모두 공존해야 개인이나 사회가 존속될 수 있다고 하였다.

전통적으로는 양극으로 분리된 남성성, 여성성을 남녀가 각각 소유해야 한다는 성역할 개념이 지배적이었으나, 현대사회에서는 남녀 구분 없이 한 개인이 남성성, 여성성 특징 모두를 포함하는 양성성을 지녀야 훨씬 더 바람직하고 기능적이라는 견해가 대두하고 있다.

한편 남녀 간의 역할에 대한 견해는 전통주의, 여권주의, 신전통주의로 구분된다(Adams, 1980). 전통주의란 남녀 역할이 각각의 성별 특성에 근거하여 분담되어야 한다는 견해로 여성은 여성성을 나타내는 표현적 역할을, 남성은 남성성을 나타내는 도구적 역할을 담당해야 한다는 것이다.

여권주의란 남녀 역할을 공유해야 한다는 견해로 남녀 간에 수행되어야 하는 역할이 성별에 따라 구분되지 않고 개인의 특성에 따라 정해져야 한다는 것이다.

신전통주의란 전통주의와 여권주의의 절충적인 견해로 남녀 간의 기본적인 역할을 유지하면서 필요에 따라서는 상호 협조해야 한다는 것이다.

부부간의 역할에 대한 견해도 개인의 성역할 개념의 변화와 같은 맥락으로 변화되고 있다. 즉, 전통주의적 견해에서 여권주의 그리고 신전통주의의 견해로 바뀌고 있다.

사랑받는 아내가 되려면

· 남편이 하는 일에 감탄하자.
· 남편 인맥의 경조사를 챙겨 주자.
· 간식도 아이들보다 남편위주로 챙겨 주자.
· 뻔한 거짓말도 때론 눈감아 주자.

사랑받는 남편이 되려면

· 아내의 자기계발을 도와주자.
· 처가 식구들에게 더 많은 관심을 두자.
· 아내의 사소한 이야기도 정성껏 들어주자.
· 아내에게 휴식시간을 주자.

출처: 행복발전소 하이패밀리(2010). 건강한 가족.

활동자료: 결혼설계하기

자신의 가치관과 계획을 빈칸에 적어본 후, 상대방과 서로 토론하면서 여러분의 결혼설계를 구체적으로 적어보자.

	본인	파트너
현재 나이		
직업		
결혼 시기		
결혼 예상비용		
주거 형태		
결혼생활에서 중요한 것	① ② ③ ④ ⑤	① ② ③ ④ ⑤
혼수 우선순위 다섯 가지	① ② ③ ④ ⑤	① ② ③ ④ ⑤
신혼여행	___________에서 보내고 싶다. 예산: 일정: 계획:	___________에서 보내고 싶다. 예산: 일정: 계획:
자녀계획		
결혼생활을 통해 꼭 이루고 싶은 것		

출처: 김명자 외(2012). 아는 만큼 행복한 결혼, 건강한 가족. 경기: 양서원.

잠깐만! 함께해요(1)

■ 성격 자기진단 질문지(DSM-4에 근거)

각 질문에 해당되면 (o), 해당되지 않으면 (x), 애매하면 (△) 로 체크하십시오. 현재 자신의 기분이나 행동뿐만 아니라 과거 수년 간 자신이 어떠했는지를 잘 생각해서 가장 가까운 항목을 선택해 주십시오.

군집	구분	항목	질문문항	선택
C형	1 회피성 (4개 이상 해당)	1)	거절당하거나 배척당하는 것이 싫어서 사람들과 접촉이 많은 일은 하고 싶지 않다.	
		2)	나한테 호감을 갖고 있지 않은 사람과는 그다지 관계를 맺고 싶지 않다.	
		3)	남이 나를 싫어하면 안 되므로 친한 사이에서도 자신을 억제하며 사귀는 편이다.	
		4)	바보 취급당하지나 않을지, 동료들 사이에서 외톨이가 되지는 않을지 항상 불안하다.	
		5)	만나기로 한 약속을 바로 직전에 취소할 때가 자주 있다.	
		6)	어쨌든 나는 매력적이지 않으므로 남들이 나를 그다지 좋아하지 않는 것 같다.	
		7)	새로운 일을 하려 해도 잘되지 않을지 모른다는 불안감에 실행하지 못하다가 포기해 버릴 때가 종종 있다.	
	2 의존성 (5개 이상 해당)	1)	대수롭지 않은 일도 혼자서는 결정하지 못하는 편이다.	
		2)	중요한 일이나 귀찮은 일은 남한테 시킬 때가 많다.	
		3)	부탁 받으면 거절하지 못하고 응한다.	
		4)	일을 스스로 계획해서 솔선수범하기보다는 남들 하는대로 따라서 하는 편이 속 편하다.	
		5)	상대한테 잘 보이려고 하기 싫은 일을 할 때도 있다.	
		6)	나 혼자서는 살아갈 자신이 없다.	

		7)	애인이나 친구와 헤어지면 바로 대신할 사람을 구하는 편이다.	
		8)	소중한 사람한테 버림받을까 봐 불안하다.	
	3 강박성 (4개 이상 해당)	1)	사소한 데에 지나치게 얽매인다.	
		2)	일을 완벽하게 하려다 때를 놓칠 때가 많다.	
		3)	일이나 공부에 열중한 나머지 오락이나 사람들과의 교제는 뒷전으로 미루기 일쑤이다.	
		4)	부정이나 대충 넘어가는 것을 용납할 수가 없다.	
		5)	도움이 되지 않는다는 걸 알면서도 잘 버리지 못한다.	
		6)	자신의 말을 듣지 않는 사람과는 잘 지내지 못한다.	
		7)	돈은 가능한 한 절약해서 장래를 위하여 저축한다.	
		8)	완고하다는 소리를 자주 듣는 편이다.	
A형	4 망상성 (4개 이상 해당)	1)	남을 방심해서는 안 되는 존재라고 생각한다.	
		2)	친구나 동료라도 믿지 못할 때가 있다.	
		3)	내 비밀이나 개인 신상에 관해서 남한테 말하지 않는 편이다.	
		4)	남의 말에 쉽게 상처받는다.	
		5)	받은 상처나 원망을 잘 잊지 못하는 편이다.	
		6)	남이 나를 빈정거리거나 비난하면 톡 쏘는 편이다.	
		7)	배우자나 애인이 몰래 바람피우지 않는지 의심할 때가 있다.	
	5 분열성 (4개 이상 해당)	1)	고독을 즐기고, 아무하고도 친밀한 관계를 맺고 싶지 않다.	
		2)	혼자서 행동할 때가 많다.	
		3)	섹스에는 그다지 흥미가 없다.	
		4)	무엇을 해도 가슴 설레이는 기쁨이나 즐거움을 그다지 못 느낀다.	
		5)	진정으로 신뢰할 수 있는 친구가 없다.	
		6)	남이 뭐라 해도 그다지 신경 쓰지 않는다.	
		7)	희로애락을 잘 느끼지 못하고 언제나 냉정한 편이다.	

		1)	남들이 이야기하고 있으면 나에 대해 말하는 것처럼 느껴질 때가 많다.
	6 분열형 (5개 이상 해당)	2)	예언, 초능력, 영혼, 텔레파시, 제 육감과 같은 불가사의한 현상을 느낄 때가 있다.
		3)	소리, 미세한 움직임에서 무슨 신호나 의도를 느끼거나 순간적으로 몸에서 기묘한 감각을 느낄 때가 있다.
		4)	말을 빙 돌려서 한다거나 하고 싶은 말이 무엇인지 잘 모르겠다는 소리를 듣는다.
		5)	쉽게 사람을 믿지 못하는 편이다.
		6)	엉뚱하게 반응하거나 빗나갔다는 소리를 듣는다.
		7)	별종이라든가 독특하다는 소리를 들을 때가 있다.
		8)	진정한 친구가 없다.
		9)	세상은 두려운 곳이라고 생각한다.
B형	**7 히스테리형 (5개 이상 해당)**	1)	사람들의 관심을 끌거나 주목받기를 좋아한다.
		2)	이성의 호감을 사는 편이다.
		3)	변덕스럽고 기분이 잘 변한다.
		4)	외모나 패션에 상당히 신경 쓴다.
		5)	말을 잘해서 같이 있으면 즐겁다는 소리를 듣는다.
		6)	자기 기분이나 표정, 몸짓을 과장되게 표현하는 편이다.
		7)	상대의 태도나 장소의 분위기에 민감하다.
		8)	알게 되면 금방 편안하게 이야기하는 편이다.
	8 자기애성 (5개 이상 해당)	1)	나한테는 세상 사람들이 모르는 재능이나 뛰어난 점이 있다고 생각한다.
		2)	대성해서 유명인이 되거나 이상적인 애인을 만나기를 꿈꾼다.
		3)	나는 남들과 다른 데가 있는 특별한 사람이라고 여긴다.
		4)	주변 사람들의 칭찬이 더할 나위 없는 격려가 된다.
		5)	다소 무리를 해서라도 내가 원하는 바를 남들이 하게 만든다.

		6)	원하는 것을 손에 넣기 위해서라면 남을 이용하거나 감언이설로 넘어오게 할 자신이 있다.	
		7)	제멋대로 행동하고 남을 그다지 배려하지 않는다.	
		8)	친구나 알고 지내는 사람의 행복을 보면 내심 질투심이 생긴다.	
		9)	태도가 거만하거나 자존심이 높다고 평가된다.	
	9 경계성 (5개 이상 해당)	1)	소중한 사람한테 버림받지 않을까 하는 불안감에서, 버림받지 않으려고 필사적으로 매달려 상대를 곤란하게 만든다.	
		2)	상대를 이상적인 사람이라고 여기다가 환멸감이 느껴질 때 그 격차가 아주 크다.	
		3)	내가 어떤 인간인지 모를 때가 있다.	
		4)	충동적으로 위험한 일이나 좋지 않은 일을 할 때가 있다.	
		5)	자살을 기도하거나 하고 싶다는 말을 해서 주변 사람들을 곤란하게 만든 적이 있다.	
		6)	하루 동안에도 기분이 천당과 지옥을 오간다.	
		7)	마음속 어딘가에 공허감이 숨어 있다.	
		8)	대수롭지 않은 일도 내 뜻대로 되지 않으면 격노한다.	
		9)	지나치게 생각에 골몰하거나 기억이 나지 않을 때가 있다.	
	10 반사회성 (3개 이상 해당)	1)	위법적인 행동을 반복한다.	
		2)	나의 이익이나 쾌락을 위해 남을 속인 적이 있다.	
		3)	임기응변에 능하고 미래보다 현재에 만족하면 된다.고 생각한다.	
		4)	말보다 손이 먼저 나가거나 폭력을 행사한다.	
		5)	위험에 그다지 신경쓰지 않고 목숨을 두려워하지 않는다.	
		6)	일을 금방 그만두거나 빚을 갚지 않는다.	
		7)	약자를 괴롭히는 데 약간의 쾌감을 느낀다.	

출처: http: //blog.jinbo.net/insidecontradiction/35.

판정방법

1에서 10까지의 각 질문에 (o)으로 표시한 개수를 세어서 아래의 표에 기입한다. (o)의 수가 판정 기준 이상이면 진단 기준에 들어맞을 가능성이 있다. 다만 어디까지나 기준이다. 자기 진단의 정확도를 높이려면 자신을 잘 아는 사람에게 평가해 달라고 하면 참고가 될 것이다. 판정 기준에 도달하든 안 하든 간에 해당 항목 수가 많은 유형을 앎으로써 자신의 경향을 대체로 파악할 수 있다.

판정결과

구분	유형	결과값	장애 여부	판정 기준	특성
1	회피성	0	0	4	사회적인 관계의 억제, 부적절감/부정적 평가에 대해 과민한 성격장애
2	의존성	0	0	5	보살핌을 받고 싶은 과잉욕구 때문에 종속적으로 매달리는 행동을 하고 분리에 대한 공포를 느끼는 성격장애
3	강박성	0	0	4	질서, 완벽주의, 정신 및 대인관계의 통제에 지나치게 집착해서 유연성, 개방성, 효율성이 희생되는 성격장애
4	망상성	0	0	4	타인의 동기를 악의적으로 해석하고 광범위한 불신과 의심을 지니는 성격장애
5	분열성	0	0	4	사회적 관계로부터 유리되어 있고, 대인관계에서 제한된 감정표현을 보이는 성격장애
6	분열형	0	0	5	친밀한 관계를 갑자기 불편해하고, 그런 관계를 형성할 능력이 감퇴하며, 인지나 지각의 왜곡과 유별난 행동을 보이는 성격장애
7	히스테리성	0	0	5	과도한 감정표현과 남의 관심을 끌려는 성격장애
8	자기애성	0	0	5	자신의 위대함에 대한 생각이나 행동, 칭송받고 싶은 욕구, 공감의 결여를 보이는 성격장애
9	경계성	0	0	5	대인관계, 자아상, 감정이 불안정하거나 충동적인 양상을 띠는 성격장애
10	반사회성	0	0	3	타인의 권리를 무시하고 침해하는 성격장애

잠깐만! 함께해요(2)

우리 가족은 얼마나 건강한가?

■ 가족이 원활하게 기능하는 정도는 가족 건강성의 중요한 척도다. 자신이 속한 가족의 건강성을 평가해 보고자 한다면 아래에 제시된 문항에 답해 보기 바란다.

전혀 그렇지 않다	상당히 그렇지 않다	보통이다	상당히 그렇다	매우 그렇다
1	2	3	4	5

	문 항	1	2	3	4	5
1	우리 가족은 서로 돕고 의지하여 산다.					
2	가족에 관한 사항들에 대해서 부모의 의견은 대부분 일치한다.					
3	우리 가족은 상당히 친한 편이다.					
4	우리 가족은 취미생활을 같이 한다.					
5	대부분의 경우 우리 가족은 서로 이야기로 모든 문제를 해결할 수 있다.					
6	의견의 차이가 있어도 서로 간의 사랑이 줄지는 않는다.					
7	우리 가족은 의도는 좋겠지만 서로 간의 간섭이 너무 심하다.					
8	우리 가족은 서로 좋지 않은 감정을 많이 가지고 있다.					
9	우리 가족은 서로 오해하는 경우가 많다.					
10	우리 가족은 모든 사항에 대해서 계획을 하지도 못하고 결정도 잘 내리지 못한다.					
11	우리 가족은 서로를 크게 변화시키기 위해서 노력한다.					
12	문제에 대해서 가족과 의논하기보다 제삼자와 의논하는 것이 편하다.					
13	가족의 중요한 결정사항에는 모든 구성원들의 의견을 존중한다.					
14	우리 가족은 개개인이 무엇을 하든지 유연하고 개방적인 입장을 지닌다.					
15	가족의 결정사항에서 가족원 모두가 의견을 제시할 수 있다.					
16	부모는 모든 결정 전에 자녀의 의견을 듣는다.					

17	부모는 모든 결정사항에 대해서 자녀들의 의견을 물어보고 같이 참여시킨다.
18	우리 가족은 모두 다른 사람의 도움 없이 각자의 능력껏 살아가고 있다.

<본 척도는 김유숙 등 (2003)이 번안한 ICPS family functioning Scales (Noller et al., 1992)의 문항을 일부 발췌한 것임>

[채점 및 해석]

이 척도는 가족관계의 3가치 측면 (친밀감, 갈등, 민주성)을 간이검사의 형식으로 평가한다.

→ 1~6번 문항은 가족의 친밀감을 측정하며 가족원 간의 심리적 가까움, 공유활동, 의사소통의 개방성 등을 평가한다. 총점 (6~30점)에 따라 다음과 같은 해석이 가능하다.

6~8점	가족관계가 매우 소원한 편이다. 가족원 간의 지속적인 갈등이 존재할 수 있으며, 이를 해결하기 위한 적극적 노력이나 이에 대한 적응이 필요하다.
9~15점	가족관계가 소원한 편이며, 가족 간 친밀도를 높이는 노력이 필요하다.
16~20점	보통 정도의 가족 친밀도를 지니나 좀 더 친밀도를 높이는 것이 바람직하다.
21~26점	상당히 친밀한 가족관계를 지닌다.
27~30점	매우 친밀한 가족관계를 지닌다. 그러나 가족관계에 비해 다른 인간관계가 소원하지는 않은지 생각해 볼 필요가 있다.

→ 7~12번 문항은 가족의 갈등을 측정하며 가족 간의 오해, 문제해결과 계획의 어려움 등을 평가한다. 총점 (6~30점)에 따라 다음과 같은 해석이 가능하다.

6~8점	가족관계가 원활하며, 가족문제의 해결능력이 매우 우수하다.
9~15점	가족관계가 원활하며, 가족문제의 해결능력이 우수하다.
16~20점	보통 정도의 가족 갈등을 지닌다.
21~26점	가족 간의 갈등과 관여가 상당하여 불만을 지닌다.
27~30점	가족 간의 갈등과 관여가 심해 보이며, 가족문제를 함께 해결해 나가는 능력이 매우 부족하다.

→ 13~18번 문항은 가족관계의 민주성을 측정하며 가족원의 독립성, 원활한 의사소통, 개인 의견의 존중 등을 평가한다. 총점 (6~30점)에 따라 다음과 같은 해석이 가능하다.

6~8점	가족관계에서 민주성과 독립성이 매우 부족하다. 개인의 의사 존중 및 자유로운 의사소통과 참여가 매우 필요하다.
9~15점	가족관계에서 민주성과 독립성이 상당히 부족하다. 개인의 의사 존중 및 자유로운 의사소통을 위한 노력이 필요하다.
16~20점	보통 정도의 원만한 의사결정 과정이 이루어지는 가족관계다.
21~26점	가족관계가 상당히 민주적이고 독립적이다.
27~30점	가족관계가 매우 민주적이고 독립적이다. 그러나 가족관계에 리더십이나 중심점이 없어, 어떤 일에서 결정을 쉽게 내리지 못하는 경향이 있지는 않은지 생각해 볼 필요가 있다.

가족의 친밀감		가족의 갈등		가족관계의 민주성	
1		7		13	
2		8		14	
3		9		15	
4		10		16	
5		11		17	
6		12		18	
합		합		합	

11장
부모되기

인간은 그 어느 생명체보다 가장 오랜 시간에 걸친 누군가의 양육과 보호를 받아야 할 불가피성을 지니고 있다. 인간의 이러한 특성은 자녀에게 투영되는 부모의 모습이 얼마나 중요한가를 나타낸다. 따라서 부모가 된다는 것은 기존의 부부관계에서의 책임과 새로운 책임 간의 균형을 이루어야 하므로 많은 긴장을 불러일으키는 발달적 과정이다.

이 장에서는 부모 되기의 시작으로 왜 부모가 되어야 하는지의 동기, 부모의 유형을 비롯해 부모의 역할은 어떠해야 하는지, 그리고 자녀의 성장에 따른 부모역할 단계와 마지막으로 건강한 부모-자녀관계를 유지해 나가기 위한 기능적 부모-자녀관계를 알아보고자 한다.

1. 부모됨의 출발

인간은 일정 시기가 되면 결혼을 하고 자녀를 낳아 기르면서 부모가 되는 것을 당연시했다. 누구나 부모가 있고 또한 부모가 되는 것은 자연스러운 사회적 현상으로 간주해 심리학, 사회학 등의 학문에서조차도 자식을 낳아 돌보는 것은 인간, 특히 여성의 본능에서 오는 자연스러운 생물학적 현상이라고 보았다.

그러나 현대에는 과거에 자녀가 있던 경제적 가치는 사라지고 부모에 대한 '효' 의식도 사라져 가고 오히려 자녀에 대한 부모의 의무만 더 많이 강조되고 있다. 더욱이 과학문명과 의학의 발달로 과거에 불가능하던 일이 현실화되면서 현대인은 부모가 되는 동기를 스스로 선택하게 되었다. 결혼하여 언제 몇 살 터울로 몇 명을 낳을 것인지 안 낳을 것인지를 부부가 합의하여 부모가 되기를 결정하거나 부모가 되지 않기를 결정할 수 있다. 또한, 아내나 남편의 공동의 문제든지 아니면 어느 한 쪽의 임신이 어려운 신체적 및 그 밖의 문제로 임신이나 출산할 수 없는 때도 있으나, 의학의 발달로 일정부분 해소되고 있다.

그럼에도 결혼한 사람의 대부분은 자녀출산을 아직도 자연스러운 현상임과 동시에 의무로 받아들이고 있다. 우리 사회에서 부모가 된다는 것은 출산과 더불어 신체적 안정을 비롯하여 의·식·주를 포함한 기본적인 자원을 제공해 주는 것과 무한한 사랑과 애정을 주는 것이다. 그러므로 부모가 된다는 것은 거듭되는 선택의 과정이며 가족관계에 많은 변화를 가져온다. 부모됨은 즐거움뿐만 아니라 역할과 관계, 책임감 증가, 가족구성원 간의 상호작용 등의 변화 때문에 자신의 정체성에도 변화를 가져다준다(송진숙 외, 2006).

1) 부모됨의 동기

부모가 된다는 것은 하나의 사회적 과정으로 단순하게 인식하기 쉬우나, 부모가 되는 데에는 동기가 존재한다. 부모가 되는 동기는 심리적 과정으로서 부모로서의 태도를 결정하는 요인이다. 오늘날 부모가 되는 것을 결정하는 데 있어서 자신의 선택이 결정적이다. 현대의 부모는 의학의 발달과 과학기술의 발달로 말미암아 과거 부모와는 다르게 부모가 되는 것을 선택하게 되었다. 부모가 될 것인지와 부모가 되는 시기는 이제 자연스러운 선택과정이다.

라빈(Rabin, 1965)은 부모가 되는 동기 유형을 다음 4가지로 제시하였다.

- 숙명적 동기(fateful motive): 부모가 되는 동기는 숙명적으로 받아들이는 태도에서 비롯된다. 자녀를 갖는 것이 인간이 존재하는 이유라고 믿으므로, 부모가 되는 것은 선택의 문제가 아니라는 입장이다. 피임하는 것은 신에 대하여 죄가 되며, 부모가 된다는 것은 인간에게 주어진 운명으로 가계를 이어갈 수 있는 동기가 된다.
- 이타주의적 동기(altruistic motive): 자녀에게 관심과 사랑을 표현하고자 하는 이타주의적 동기에서 부모가 되고자 한다. 자녀를 돌보아주고 싶은 부모의 비이기적인 욕구 때문에 부모됨을 의미한다.
- 자기도취적 동기(narcissistic motive): 성인으로서 자녀를 가질 수 있을 만큼 성숙했다고 기대하는 점에서 자기도취적 성향을 보인다. 성인으로서 자녀를 가짐으로써 자녀가 있는 다른 성인들과 동료의식이나 공감대를 형성할 수 있기 때문이다. 자아도취적 동기는 자녀를 가짐으로써 성인 대열에 속했다는 심리적 안정감에서 부모가 되는 것을 의미한다.

• 도구적 동기(instrumental motive): 도구적 동기는 부모가 자녀를 통해 제2의 삶을 살고자 하는 욕구에서 비롯된다. 자녀를 통해 부모의 꿈을 실현함으로써 대리보상을 하고자 하는 동기 때문에 부모가 된다. 따라서 부모를 대신하여 자녀가 어떤 목적을 성취해 주길 바라며, 그러한 것들이 부모에게 만족감을 주기 바라는 데에서 시작한다.

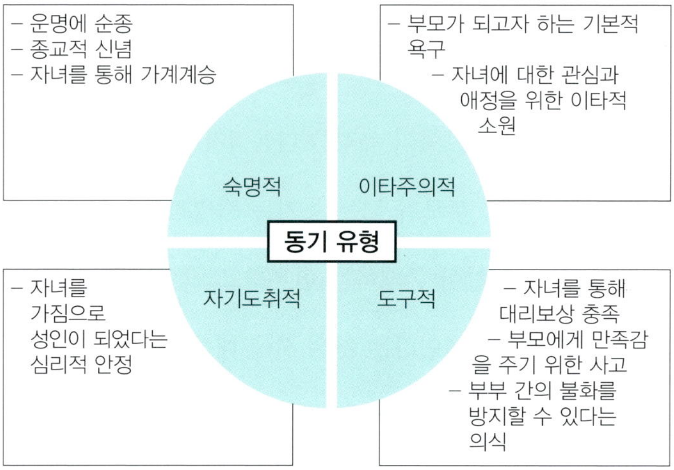

출처: 허혜경 외(2013). 현대가정의 이해. 서울: 문음사.

그림 11-1 부모가 되는 동기 유형

2) 부모됨의 의미

부모됨의 동기는 본능이 아니라 획득된 동기이며, 각 개인에 따라 내부적 요인이 복합적으로 작용할 수 있기 때문에 정확히 설명하기 쉽지 않다. 따라서 부모가 된다는 것이 내포하고 있는 의미를 자아확장, 사랑 · 애정의 욕구, 지위 획득, 성취감, 지도와 권위,

희열과 행복, 발달 증진의 측면에서 살펴보고자 한다(김정옥 외, 2012; 이숙 외, 2010).

(1) 자아확장

부모는 자녀를 통해 자기를 이어주는 지속감(sense of continuity)인 자아확장을 느낄 수 있다. 부모됨을 통해 자기 세대가 연장되는 자아확장감을 가지거나, 자신의 연장으로서 또는 분신으로 생각하기도 한다. 일반적으로 부모는 자신의 성격이나 행동특성이 어떻든지 자신을 그대로 자녀에게 투사하고 반영한다. 때로는 자녀를 정성껏 양육함으로써 자기 보상(compensation)의 대상으로 삼기도 하고, 자녀를 통해 못다 이룬 자신의 소망을 실현하여 자기를 확장하려 하기도 한다.

(2) 사랑 · 애정의 욕구

부모됨은 인간의 기본 욕구 중 하나인 사랑 · 애정의 욕구를 채워줄 수 있다. 부모가 됨으로써 자녀를 양육하고, 위험으로부터 보호하며, 감정적 교류와 상호작용을 통해 사랑 · 애정의 욕구가 충족될 수 있다.

(3) 부모됨의 지위 획득

부모됨에 따라 자녀에 대한 양육적 · 경제적 · 교육적 책임과 의무를 져야 하지만, 부모가 되기 원하는 것은 부모라는 사회적 지위를 얻게 되기 때문이며, 자녀를 양육함에 따라 요구되는 발달과업을 수행할 수 있기 때문이다.

(4) 성취감

부모는 자녀를 가짐으로써 성취감을 느끼게 된다. 부모됨으로 인한 성취감은 어머니보다 아버지가 더 강하게 갖는 심리적 동기라고 한다. 일반적으로 아버지는 아들에게, 어머니는 딸에게 동일시 과정(identification process)을 통해 성취적 동기를 투사하고자 한다. 또한, 부모는 자녀를 통해 자신의 계획을 성취하고, 자기보다 나은 자녀를 남기고 싶은 욕구를 지닌다.

(5) 지도와 권위

인간은 권위에 대한 사회적 욕구를 지닌다. 부모들은 자신의 자녀를 지도하고 양육함으로써 이러한 사회적 욕구의 일부를 해결한다. 부모는 자신의 사회적 지위의 고하를 막론하고 자녀를 훈육하거나 지도할 수 있으며, 부모의 권위를 가질 수 있다. 자녀에 대한 부모의 태도는 가정마다 다르겠지만, 여기서 부모는 자녀들에게 권위 있는 존재라 할 수 있다.

(6) 희열과 행복

부모가 됨으로써 누리는 만족은 단순한 일을 통해 얻게 되는 만족감과는 달리 자아확장, 성취, 권위, 애정, 긍지 등의 감정이 종합된 포괄적인 만족감이다. 자녀를 가지므로 누리는 부모됨의 만족은 인간이 누릴 수 있는 창조적인 희열이자 행복감이며, 희생감이 내포된 미적 정서라 할 수 있다.

(7) 발달 증진

부모가 된다는 것은 부모 개인의 성장 및 발달의 값진 경험을 할 수 있다. 부모됨을 통해 부모 자신의 인지적·정서적 발달이 촉진되며, 자녀의 롤 모델로서 끊임없이 자아 성찰과 발전을 하게 되는 기회를 가진다.

3) 부모됨의 어려움

과거에는 성인의 발달단계에서 결혼을 하고 자녀를 낳는다는 것은 자연스러운 발달 과정 중의 하나였다. 그러나 현대사회에서 부모가 된다는 것은 이전 세대와는 다른 많은 어려움이 있어 부모됨을 선택하는 것은 매우 중요한 결정이다. 여성 교육수준의 향상과 취업의 증가 및 다양한 사회적 환경의 변화는 결혼과 가족에 대한 태도에 많은 영향을 미쳤다. 그 결과 현재의 부모들은 과거보다 부모역할을 하는 데 많은 어려움이 있다. 따라서 부모가 된다는 것은 많은 준비와 부부간의 합의가 요구되며 문제해결에 대한 의사소통이 요구되는 과정이다(정현숙 외, 2001).

(1) 부모됨 선택의 어려움

현대사회의 경제적·구조적 변화는 결혼한 사람들이 그들의 부모세대와 비교해서 자녀출산과 관련하여 더 많은 선택을 하게 한다. "자녀를 낳을 것인가 혹은 낳지 않을 것인가?", "낳는다면 언제 낳을 것인가?", "터울은 어떻게 할 것인가?", "불임일 경우 어떤 방법(시험관 아기, 무자녀, 입양 등)을 선택할 것인가?", "직장에 다니면 자녀양육은 어떻게 해결할 것인가?" 등 부모가 되는 과정은 끊임없는 선택의 과정이다. 여성취업의 증가와 자녀양육에 드는 경제적인 비용의 증가는 이러한 결정을 더욱 어렵게 하고 있다. 게다가 다양한 피임법의 개발 및 임신 중절에 대한 신체적·심리적·도덕적 논쟁들도 부모됨을 선택해야 하는 이유가 되고 있다. 특히 임신 중절은 다른 사회문제와는 달리 도덕적 문제와 결부되기 때문에 더 많은 논쟁이 되고 있다. 임신 중절이 태아의 생명을 살해하는 행위로서 윤리적 문제로 인식되기 때문이다. 이러한 현상은 의사나 산모 모두에게 가치와 행동 사이의 모순을 드러내는 것이므로, 부모들은 부모가 되기 위해 다양한 선택에 직면하게 된다. 이처럼 오늘날의 부부들은 이전 세대의 부모들보다 더 많은 선택을 하며, 그 과정에서 더 많은 갈등을 경험하게 된다.

(2) 여성의 역할 변화로 인한 어려움

우리 사회에서는 많은 남편이 과거보다 가사일에 더 많이 참여하고 자녀를 돌보는 데 적극적이나, 전일제로 취업한 여성들도 여전히 남편들보다 가사일과 양육에 더 많은 책임이 있다. 혹실드(Hochschild, 1989)가 지적한 것처럼 여성의 직업역할은 변화했으나, 여성들의 가족역할이 변화하지 않음으로써 인하여 과중한 부담이 있는 아내들은 역할 갈등에 시달리게 되었다. 그러나 이러한 가족을 위한 사회적·정책적 배려의 부재로 맞벌이 부부들의 부모역할 수행은 많은 어려움을 갖고 출발하게 된다.

건강한 가족들의 일상 패턴이 다른 가족과 가장 구별되는 것은 건강가족의 부모들이 가정 안과 밖의 생활간에 균형을 잡고 있다는 사실이다. 남편들은 직장에서의 어려움을 가정에서의 안식으로 보상받으려고 하며, 여성들은 가정에서 많은 에너지를 써 버리고 직장이나 다른 친구와의 상호교류로 행복을 추구하려 한다(Larson & Richards, 1999). 이러한 불균형은 배우자 각자에게는 감정적 유지를 위하여 생활의 특별한 부분에 의존하도록 하고, 이것이 결국에 왜곡된 가족관계로 발전된다. 행복한 가정의 이미지는 함께 할 때 만족을 느낀다. 따라서 현대사회에서 맞벌이가정의 증가로 일과 가족에 대한 조화의 중요성이 강조되면서 부모역할이 과거보다 어려워지고 있다.

(3) 사회의 기대

사회적 역할에 대한 개인의 역할수행이 사회의 기대에 얼마나 일치하는가에 따라 개인들은 긍정적이거나 부정적인 영향을 받는다. 우리나라에서 여성은 전통적으로 집안일을 하고 자녀를 양육하는 역할이 강조됐다. 이에 따라 상대적으로 눈에 보이지도 않으며, 보수가 없는 가정에서의 역할이 여성의 최우선 역할로 기대되었다. 또한 가사일 소홀은 사회적 비난의 대상일 뿐만 아니라 여성 자신에게도 죄의식이나 불편한 감정을 느끼게 하였다(Lopata, 1993). 특히 자녀의 가치가 결혼생활에서 부부관계의 가치보다 중요시되는 우리나라에서 여성이 직업을 가짐으로써 가지게 되는 부모역할 갈등은 가족관계의 전반에 큰 영향을 미칠 수 있다.

비록 가사와 양육을 가족이 분담하는 경향은 증가하고 있으나, 일인다역을 수행하는 여성들은 많은 어려움을 겪고 있다. 또한, 우리나라는 '어린 자녀를 둔 기혼여성의 취업'에 대한 사회적 편견이 여전히 남아 있으며, 부모가 아동의 행동에 가장 큰 영향을 미치는 사회적 대행자라는 인식이 팽배하므로 맞벌이가정에서 여성들이 느끼는 긴장수준은 매우 높다고 볼 수 있다.

(4) 새로운 역할모델에 대한 요구

대부분의 부부가 자신이 성장했던 가족에서의 생활방식과는 다른 형태의 부모역할을 기대하지만 실제로 새로운 패턴을 확립하기는 어렵다. 현대사회에서 부모됨의 의미는 역할이나 의무수행 등 규범적인 부모-자녀관계가 중시되었던 과거와 달리 개인적이고 인격적인 관계에 기반을 둔 애정과 정서적 유대감을 강조한다. 그러나 현대사회의 핵가족 속에서 부모들은 자녀양육이나 교육에 과거보다 커다란 영향력을 행사하고 있으나, 과거처럼 친족이나 이웃, 공동체의 지지와 도움을 받지 못하므로 부모역할에 부담을 느끼고 종종 자신을 잃기 쉽다(정혜정 외, 2009).

(5) 정서적 부담의 증가

여성의 역할에 대한 사회적 기대뿐만 아니라 사회가 가지고 있는 가정에 대한 환상, 즉 '냉혹한 세상에서의 안식처'로서의 가정에 대한 인식도 부모역할을 어렵게 하는 요인이 된다(Cowan & Cowan, 1999). 개인주의가 발달하고, 교육수준이 향상됨에 따라 부부 개인의 자아실현욕구와 자기능력개발욕구가 증가한다. 또한, 성공에 대한 강한 욕구와 더 많은 즐거움을 추구하는 삶, 독립성의 추구 등 현대에 중요시하는 가치체계는 부모로서의 역할수행과는 경쟁되는 가치이기 때문에 부모역할을 수행하기가 점차 어려워진다(Anderson & Sabatelli, 1999). 그러나 사회에서는 가족을 위해서 개인의 관심사를 하위에 두어야 하기 때문에 이러한 사회적 기대는 부부들에게 큰 정서적 압박이 되고 있으며, 부모가 되는 것이 과거보다 어려운 이유이기도 하다.

(6) 아동성장을 위한 가족구조의 다양성

이혼과 사별로 인한 한부모가정이 증가하고, 미혼부모와 10대 청소년들의 임신이 증가하며, 재혼가족의 증가 등의 사회적인 변화 때문에 과거의 핵가족이나 확대가족과는 다른 다양한 가족구조가 형성되었다. 다양한 가족구조에 따라 아동이 직면해야 할 갈등과 사회적 요구가 독특하다. 따라서 모든 가족은 그 가족의 독특한 구조와 상황 및 가족 구성원에 따라 적절한 적응을 이루어야 하는 어려움이 있다. 생애과정에서 한 개인은 다양한 가족구조를 경험하게 되지만, 이러한 다양성에 대해 부모들이 준비되어 있지 못하기 때문에 과거보다 부모역할 수행이 더 어려워지고 있다. 또한 다양한 가족구조에 대한 사회적 규범이 없어서 다양한 가족구조에서 부모역할을 수행하는 것은 매우 어렵다.

2. 부모양육모형

자녀가 태어나면 가장 먼저 부모는 자녀를 양육하는 역할과 함께 자녀의 사회화를 도와주는 다양한 역할을 담당하게 된다. 이렇게 부모가 자녀를 성인이 될 때까지 보호하고 발달을 도와주는 모든 활동, 자녀를 보살피고 키우는 행위를 양육이라고 한다. 또한 부모가 자녀를 양육하는 가운데 취하는 일반적인 태도나 행동의 경향성을 양육태도라고 한다. 부모의 자녀양육태도는 부모 역할수행과 부모-자녀관계의 질을 결정해 주며, 유아의 전반적 발달에 큰 영향을 미친다.

부모의 양육태도를 이론적으로 체계화한 최초의 학자는 사이몬드(Symonds, 1949)이다.

그는 부모의 양육태도를 거부적–과보호적, 우세적–복종적이라는 두 차원으로 구분하였는데 이는 부모양육방식을 체계화하는 데 큰 이바지를 하였으나, 부정적 측면을 중심으로 설명했다는 한계를 가지고 있다.

이후 쉐퍼(Schaefer, 1959)와 바움린드(Baumrind, 1973)에 의해 부모양육태도에 대한 연구가 이루어져 최근까지 활용되고 있다. 여기에서는 쉐퍼의 양육태도 유형과 바움린드의 양육유형(허혜경 외, 2013), 그리고 가트맨의 감정코치 양육 모형(유윤영, 2015)에 대해 살펴보고자 한다.

1) 쉐퍼의 양육태도 유형

쉐퍼가 30년 이상 장기적으로 수행한 종단 연구 결과를 살펴보면 부모의 양육에 가장 중요한 두 요소로 애정과 자율을 제시하였다. 쉐퍼는 애정과 자율을 축으로 하는 양육모형을 구성하였는데, 애정의 반대쪽을 거부, 자율의 반대쪽을 통제로 보아 양육태도를 '애정–거부(love-hostility)'의 차원과 '자율–통제(autonomy-control)'의 차원으로 분류하였다.

애정–거부 차원에서 애정 차원은 칭찬이나 애정표현 또는 자녀의 요구에 민감하지만, 거부 차원은 비난하지도 않고 애정도 표현하지 않는 등의 행동을 말한다. 자율–통제 차원은 부모의 통제를 측정하는 데 연구자 간의 차이를 보이므로 애정–거부 차원이 자녀의 발달에 미치는 영향력만큼 뚜렷한 영향력을 제시하지는 못한다. 자율–통제 차원이 자녀 발달에 미치는 영향력은 부모의 애정–거부 차원의 정도에 따라 차이를 보인다.

쉐퍼는 '애정–거부' 차원과 '자율–통제' 차원을 고려하여 다음과 같은 네 가지 양육태도 유형으로 분류하였다.

(1) 애정적-자율적 태도

애정적-자율적 태도는 부모가 자녀에게 자율적·허용적·민주적·수용적인 양육태도를 보이는 유형이다. 이런 양육태도를 보이는 부모는 자녀에게 관심을 두고 함께 대화를 나누며 자녀의 의사를 존중하고 허용적이며 관용적 태도를 보인다. 또한 통제나 복종을 피하고, 부정적 감정도 표현할 수 있도록 허용하여 자녀의 정서적인 안정을 지원한다.

애정적-자율적 태도의 부모를 둔 자녀는 능동적이고 외향적이며 독립적이고 사회 적응능력이 높다. 또한, 창의적이고 자신이나 타인에 대한 적대감이 없다.

(2) 애정적-통제적 태도

애정적-통제적 태도를 보이는 부모는 자녀에게 애정을 주면서도 자녀의 행동에 제약을 많이 하는 유형이다. 부모가 의존성을 조장하고, 소유적인 태도를 보이는 경향이 많다. 자녀를 소유물로 생각하므로, 자녀가 독립적 행동을 할 때 오히려 좌절감을 느끼기도 한다. 자녀에게 새로운 탐색의 기회를 제한하여 궁극적으로 자녀가 스스로 학습할 기회를 축소한다.

따라서 이러한 부모의 자녀는 애정-자율적인 부모의 자녀보다 더 의존적이고 사교성, 창의성이 적은 편이며 상상적 적대감을 품는 경향을 보인다.

(3) 거부적-자율적 태도

거부적-자율적 태도의 부모는 자녀를 수용하고 받아들이지 못하는 동시에 자녀를 마음대로 행동하도록 두는 형태이다. 이러한 양육유형의 부모는 자녀에 대해 거리감, 무관심, 태만 및 냉담한 태도를 나타낸다. 따라서 자녀가 불안정한 정서를 갖게 되어 공격적이고 위축된 행동을 보이거나 자신의 행동 조절이 자유롭지 못하게 된다.

(4) 거부적-통제적 태도

거부적-통제적 태도의 부모는 자녀를 따뜻하게 받아들이지 않을 뿐만 아니라 자녀를 체벌하거나, 심리적으로 통제하는 특성을 지닌다. 즉, 권위적·독재적·거부적 태도를 나타내게 된다. 특히 이 유형의 부모는 정서적으로 미성숙하고 불안정하여 일관성 없는 태도로 심하게 훈육하며, 절대적 기준에 따라 자녀의 태도와 행동을 평가하는 경우가 대부분이다.

이러한 부모 밑에서 성장한 자녀는 자아에 대한 분노가 발생하며 내면적 갈등과 고통을 지니게 되어 사회적 적응이 어려우며 자학적·퇴행적이 되기도 한다. 특히 정신질환을 보이는 사람들의 부모에게서 이러한 태도가 많이 나타난다.

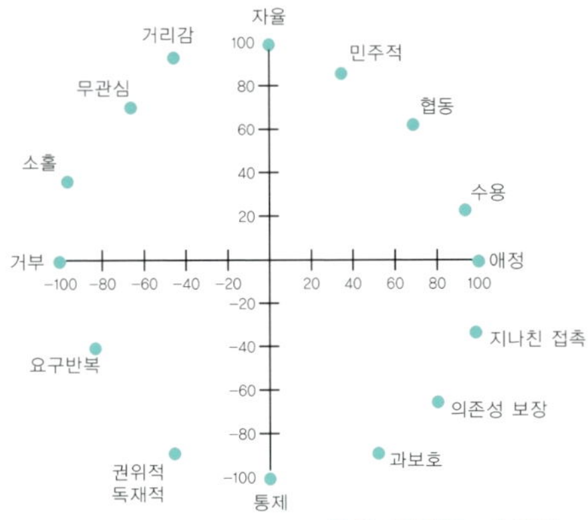

출처: 김현주·손은경·신혜영(2003); 허혜경 외(2013).

그림 11-2 쉐퍼의 양육태도 모형

2) 바움린드의 양육유형

바움린드의 부모양육유형은 두 가지 차원으로 설명할 수 있다(허혜경 외, 2015). 첫 번째는 부모가 자녀에게 베푸는 사랑과 따뜻한 정도다. 이것은 사랑과 증오(love-hostility) 또는 따뜻함과 거부(warmth-rejection) 등 학자에 따라 사용하는 용어는 다양하나, 궁극적으로 그 개념은 유사하다. 두 번째는 부모가 자녀에게 허용하는 자율성-통제(autonomy- control)다. 자율성이란 자녀가 부모나 다른 성인의 영향력으로부터 자유를 얻고자 노력하는 과정이라 할 수 있다(Collins, Lausen, Mortensen, Luebker, & Ferreira, 1997). 자율성-통제 차원은 자녀가 청소년기에 접어들면서부터 자율성을 점점 더 누리고자 하는 자녀의 요구와 부모가 기존에 해오던 양육행동 간에 미묘한 갈등과 도전을 받게 된다.

바움린드(Diana Baumrind, 1967, 1991)는 유아교육기관에 다니고 있는 유아들의 행동 특성에 따라 부모양육유형(parenting style)을 분류하였는데, 부모양육유형은 애정(responsive)과 통제(demanding)라는 두 요인으로 설명하였다. 그녀는 부모가 자녀에게 표현하는 애정의 정도, 그리고 규칙의 분명함과 적용에서의 일관성으로 표현되는 통제의 정도에 따라 부모 양육태도를 다음 세 가지로 나누어 설명한다(허혜경 외, 2013).

Baumrind(1927~2018)

첫째, 애정과 통제 수준이 모두 높아 가장 바람직한 양육 형태로 여겨지는 권위 있는 양육(authoritative parenting), 둘째, 애정은 낮으나 통제 수준이 높은 독재적인 양육(authoritarian parenting), 셋째, 애정은 높으나 통제가 낮은 허용적인 양육(permissive parenting)이며, 그 특징은 다음과 같다.

(1) 권위 있는 양육(Authoritative parenting)

권위 있는 양육유형의 부모들은 자녀를 애정과 수용으로 대하여 어느 정도 제한된 범위 내에서 아동이 자율성을 갖도록 격려한다. 부모가 민주적이고 합리적인 방식으로 통제하면 이성적 설득과 명백한 권위 혹은 심리적 강화 등을 통제할 줄 아는 사람으로 자라도록 한다. 또한 부모-자녀 간의 의사소통도 잘 이루어지는 가장 바람직한 양육유형이다.

(2) 독재적인 양육(Authoritarian parenting)

독재적인 양육유형의 부모들은 합리적인 통제 방법을 사용하지 못하며 자녀의 행동을 통제하는 데 벌이나 강압적 방법을 사용하기도 하고 권위적인 행동을 하며 부모가 내린 결정이나 규칙을 절대적으로 준수하도록 강요하며 자녀에게 매우 성숙한 행동을 요구한다. 이 경우 자녀는 쉽게 불안정해지며, 퇴행적이고 신뢰심이 적고 또래집단에 흥미가 없는 아동으로 자라게 된다. 부모는 자녀에 대한 애정과 동정심이 적고, 양육에서 융통성이 없으며, 자녀와 원활한 의사소통을 하지 못한다.

(3) 허용적인 양육(Permissive parenting)

허용적인 양육유형의 부모들은 자기신뢰감이 없고 자기 통제력도 부족하며 온정적이기는 하나, 자녀를 통제하지 못하고 자녀에게 성숙한 행동을 요구하지도 않는다. 부모의 역할이 자녀의 친구와 같이 되려고 하므로, 자녀에게 자유를 제공하지만, 훈육은 거의 하지 않는다. 가정도 체계적으로 운영하지 못해 이러한 유형의 부모를 둔 자녀는 미숙하고 의존심이 많으며 자아통제를 하지 못하고 퇴행성이 심하며 새로운 경험을 회피하려는 경향이 많다.

이후 맥코비와 마틴(MacCoby & Martin, 1983)은 바움린드의 양육유형을 더욱 발전시켰다. 그들은 바움린드의 허용적인 양육(permissive parenting)을 방임적인 양육(indulgent parenting)으로 명명하였으며, 애정과 통제 수준이 모두 낮은 무관심한 양육(neglectful parenting)을 포함하여 네 가지 유형의 양육형태를 제시하였다(https: //en.wikipedia.org/ wiki/Parentin_styles).

표 11-1 양육유형의 분류

바움린드의 세 양육유형 및 맥코비와 마틴의 네 가지 양육유형		
	통제적(Demanding)	비통제적(Undemanding)
애정적 (responsive)	권위 있는 양육 (authoritative parenting)	허용적인 양육(permissive parenting) 방임적인 양육(indulgent parenting)
비애정적 (unresponsive)	독재적인 양육 (authoritarian parenting)	무관심한 양육(neglectful parenting)

출처: https: //en.wikipedia.org/wiki/Parenting_styles

방임적 양육(indulgent-parenting)은 허용적이고(permissive), 비지시적이며(non-directive), 자유분방한(libertarian) 양육방식이다. 방임적인 부모는 자녀에게 바른 행동도 요구하지 않으며, 적절하게 행동하도록 규제하지도 않는, 즉 행동적 기대 수준과 통제 수준이 매우 낮은 것이 특징이다. 방임적인 부모는 애정 수준은 높으나, 양육에 대한 책임감이 낮아 방임적인 부모 슬하에서 자라난 청소년은 비행이나 반사회적 행동을 할 경향이 높은 것으로 나타났다.

무관심한 양육(neglectful parenting)은 애정과 통제 수준이 모두 낮으며, 자녀 양육에 관여하지 않는 양육유형이다. 양육유형 가운데 가장 부정적으로 유형으로, 부모가 양육에 관심을 집중하지 않아 자녀와 정서적 유대관계를 맺지 못하고 양육에 거의 참여하지 못하는(uninvolved) 경우이다. 또한 자녀와의 애착 수준은 상당히 분리적이며(detached), 자녀의 감정이나 의견에 부정적이고(dismissive), 자녀 양육에 관심이 없는(hands-off) 특성을 보인다. 자녀에 대한 어떠한 요구와 책임도 지지 않으려 하며, 심하면 자녀를 거부하는 극단적인 양상을 보이기도 한다. 무관심한 부모 밑에서 양육된 아동은 정서적으로 고립된 특성을 보이거나, 의존적이거나 화를 잘 내고, 충동적인 경향을 보인다.

이처럼 부모의 양육태도가 다양하게 나타나는 것은 부모들의 사회 경제적인 지위, 가정환경, 가족구조 등이 부모와 자녀와의 관계, 부모의 태도, 요구 및 기대에 영향을 미칠 수 있기 때문이다(Simons, Whitbeck, Conger, & Melby, 1990). 현대사회에서 부모의 양육은 신체적 양육과 정신적 양육 과정이 모두 포함된 통합적인 역할이 강조되므로 다양한 부모 양육유형을 이해할 필요가 있다.

3) 가트맨의 감정코치 양육모형

가트맨(Gottman, 2007)은 기노트(Ginott)의 인본주의 부모교육 이론을 기초로 하여 감정코치 양육모형을 제시하였다. 가트맨은 부모와 자녀 사이에 감정과 정서의 교류가 이루어지는 관계이므로 감정이 수반될 수밖에 없으며, 이에 따라 좋은 양육법이란 지성 이상의 것을 필요로 한다고 보았다. 또한 현대사회는 이혼율이 높고 청소년 비행 등과 같은 문제점이 유발될 수 있으므로 시대에 부응하는 새로운 양육 모형이 필요하다고 보았다.

가트맨은 3,000여 가구를 대상으로 한 연구를 통해 축소전환형, 억압형, 방임형 그리고 감정코치형의 네 가지 양육 모형을 제시하였다. 그는 모든 분야의 성공과 행복을 좌우하는 요인은 지능지수(IQ)가 아닌 정서인식과 감정대처 능력이라 주장하며, 자녀의 감정에 관여하는 부모를 '감정코치(Emotion Coach)'라고 정의하였다(https: //www.gottman.com).

그가 감정코치라는 용어를 쓴 이유는 부모도 마치 운동코치처럼 자녀에게 삶의 희로애락에 대처하는 방법을 가르쳐야 한다고 보기 때문이다. 가트맨은 기쁨과 행복만을 느끼게 하고 인정하는 것이 아니라 분노, 슬픔, 두려움과 같은 부정적인 정서 속에서 인생의 교훈을 얻을 수 있으므로 무시하지 않았다. 감정코치로서 부모는 자녀의 행동을 훈육하되, 감정을 제한해서는 안 된다.

가트맨은 축소전환형, 억압형, 방임형, 감정코치형을 제시하였다. 그는 자녀에게 '정서지능(EQ)'을 가르치는 데 실패한 부모의 양육유형으로 축소전환형, 억압형, 방임형을 제시하였다(유윤영, 2010).

- 축소전환형 부모: 축소전환형 부모는 자녀의 부정적 감정에 무관심하거나 대수롭지 않게 여긴다.
- 억압형 부모: 억압형 부모는 자녀가 부정적인 감정을 드러내는 것을 비판하고, 감정표현을 했다는 이유로 나무라거나 벌을 주기도 한다.
- 방임형 부모: 방임형 부모는 자녀의 감정을 인정하고 공감하지만, 자녀의 행동을 바람직한 방향으로 이끌거나 한계를 제시하지는 못한다. 방임형 부모는 자녀의 행동을 좋

은 방향으로 이끌기보다는 아이의 눈높이에서 타협하는 경향을 보인다.

• 감정코치형 부모: 감정코치형 부모는 자녀의 감정에 관여하여 적절히 대처하도록 양육하는 바람직한 양육모형이다.

John Gotman(1942~)

감정코치형 부모는 다음과 같이 분명한 한계를 정한다는 점에서 방임형 부모와 차이가 있다.

① 자녀의 부정적 감정을 인정한다.

② 자녀가 느낀 감정을 그대로 느끼도록 한다.

③ 자녀가 우는 동안 곁에서 함께 있어 준다.

④ 슬퍼하는 자녀의 관심을 결코 딴 데로 돌리려고 하지 않는다.

감정코치형 부모에게 양육된 자녀는 문제상황에서 대처하는 능력과 감정회복력이 뛰어난 것으로 나타났다. 양육유형에 따른 부모의 반응과 자녀에게 미치는 영향을 표로 정리하면 표 11-2와 같다(Gottman, 2007).

표 11-2 양육유형별 부모의 반응 및 자녀에게 미치는 영향

유형	부모의 반응	자녀에게 미치는 영향
축소전환형	• 자녀의 부정적 감정은 독이 되므로 빨리 사라지기를 바란다. • 자녀의 감정은 비합리적이기 때문에 중요하지 않다고 본다. • 부정적 감정에 초점을 맞추면 문제를 더 악화시킨다고 여긴다. • 부정적 감정을 보이는 것은 자녀가 정서적으로 안정되지 못해서라고 믿는다. • 자녀와 문제를 함께 해결하지 않고, 시간이 지나면 문제가 해결될 것이라고 믿는다.	▷자녀는 자신의 감정이 옳지 않으며, 부적절하다고 느끼며, 자신이 상황을 느끼는 방식이 본질적으로 옳지 않다고 생각할 수 있다. ▷자녀가 자신의 감정을 조절하기 어려워한다. ▷자기 자신과 다른 사람의 감정을 인식하는 능력이 부족할 수 있다.
억압형	• 많은 행동이 축소전환형과 유사하나 더 부정적이다. • 자녀의 감정표현이 옳은지 그른지 판단하고 비판한다. • 자녀에게 한계를 정할 필요성을 지나치게 의식한다. • 부정적 감정은 성격이 나쁘기 때문이며, 억제해야 한다고 여긴다. • 감정은 나약하게 만들기 때문에, 자녀가 정서적으로 강해지기를 바란다. • 자녀에게 권위에 대한 복종을 기대하며, 부모가 옳다고 생각하는 기준에 순응하기를 요구한다.	▷축소전환형과 같은 결과를 가져온다.
방임형	• 자녀의 모든 감정 표현을 거리낌 없이 수용한다. • 부정적 감정을 위로하지만, 감정에 대해 가르치지는 않는다. • 지나치게 관대하여 한계를 설정해 주지 않으며, 문제해결법을 가르쳐주지 않는다. • 부정적 감정은 이겨내는 것 외에 할 수 있는 일이 없다. • 감정이 분출되면 모든 것이 해결된다고 믿는다.	▷감정을 조절하는 법을 터득하지 못한다. ▷집중력이 부족하고 친구 사귀기와 타인과 좋은 관계맺기가 어려워진다.
감정코치형	• 자녀가 부정적 감정을 느낄 때가 곧 부모와 친밀감을 높일 기회라고 생각한다. • 슬퍼하거나 화를 내거나 두려워하는 자녀와 시간을 보낸다. • 자녀의 감정을 존중하며, 부정적 감정을 놀리거나 무시하지 않는다. • 자녀를 위해 자신이 모든 것을 해결해야 한다고 느끼지 않는다.	▷자신의 감정을 신뢰하게 된다. ▷감정을 조절하고 문제를 해결하는 방법을 터득한다. ▷자긍심이 높고, 학습능력이 뛰어나며, 다른 사람과 원만한 관계를 형성한다.

3. 부모양육유형 발달에 영향 미치는 요인

수용과 통제의 양육 방식들은 자녀양육에 대한 부모의 태도, 부모와 자녀의 성격, 자녀의 나이, 자녀 수, 사회적 규범 등 여러 가지 변인들에 의하여 형성된다. 부모-자녀관계에서 부모역할에 영향을 미치는 요인을 벨스키(Belsky, 1984)는 그림 11-3과 같이 설명하였다.

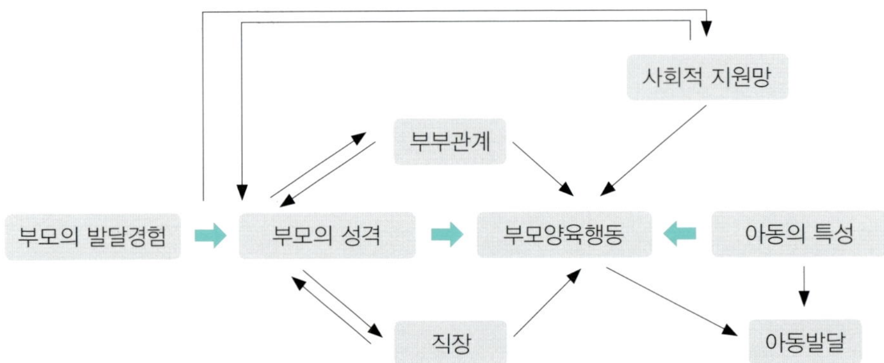

출처: 정현숙 외(2007). 가족관계. 서울: 신정.

그림 11-3 부모역할의 영향요인에 대한 과정 모델(Belsky, 1984)

부모-자녀관계는 부모의 성장환경에서의 경험과 성격뿐만 아니라 현재의 부부관계 및 직장과 같은 사회적 환경에 의해서 영향을 받으며, 자녀의 특성에 의해서도 영향을 받는다. 또한, 가족생활주기에 따라 부모-자녀관계도 변화하는데, 부모와 자녀의 개인적 성장발달과 함께 부모역할에 대한 인식도 변화하기 때문이다.

갈린스키(Galinsky)는 전 생애과정적 관점에서 자녀의 성장과 함께 부모도 발달하여야 하며, 자녀의 발달단계에 따라 6단계의 부모기를 거치는 것이 필요하다고 제안하였다. 이처럼 부모-자녀관계는 아동의 성장뿐만 아니라 부모의 성장과 발달 및 사회의 다양한 조건에 의해 영향을 주고받는다. 이처럼 부모-자녀관계는 고정된 것이 아니라 변화·성장하는 과정이다.

1) 부모의 영향

부모 자신의 원가족에서의 발달적 경험은 아동양육행동에 많은 영향을 미친다. 또한, 부모의 성격과 양육태도도 큰 영향요인이다. 예를 들면, 학령기의 자녀의 자존감 발달은 성취감과 자율감에 기초하여 형성되는데, 아동의 자존감은 부모의 양육태도와 성격에 의해 차이가 나타난다(Rosenberg, 1965). 자존감이 높은 부모는 일정한 환경 내에서 자녀에게 자유를 허용해 주고 따뜻하게 수용하는 경향이 있으며, 부모들의 성격이 적극적이고 안정되어 있으며 자기 확신적인 경향이 있다. 특히 위험이 따르지 않는 범위 내에서 아동의 호기심을 자극해 주고 자유를 주며, 자녀에게 관심이 많으며, 애정어린 태도로 양육하기 때문에 자녀는 자존감이 높게 성장한다. 또한, 다른 사람의 입장을 고려하는 성격을 가진 부모들이 양육적인 행동을 나타낸다.

2) 자녀의 영향

자녀의 성별과 나이는 부모의 자녀양육태도 및 행동에 큰 영향을 미친다. 그러나 자녀의 영향은 한 방향으로 부모에게 영향을 미친다기보다 양방향적으로 상호 영향을 주고

받는다. 즉, 부모양육행동은 자녀의 기질에 영향을 받을 뿐만 아니라 부모 자신의 성격특질에 따라 자녀의 요구에 어떻게 반응을 할 것인가도 결정된다. 따라서 자녀의 기질이나 자녀의 개인적인 특질뿐만 아니라 부모 자신의 기질도 함께 상호작용한다. 즉, 부모와 자녀가 더 잘 맞을수록 부모-자녀관계 상호작용의 질은 향상하게 된다(Belsky, 1984).

3) 상황적인 요인

자녀양육은 신체적·정서적 노력이 많이 드는 과업이기 때문에 스트레스가 많은 부모는 자녀에게 효과적으로 반응할 수 없다. 부모의 생활에 다양한 스트레스와 지지를 제공하는 상황적인 요소인 부부관계와 사회적 지원망 및 일과 관련된 영역 그리고 자녀의 수는 부모양육행동에 많은 영향을 미치는 요소이다.

(1) 부부관계

부부관계는 부모역할을 하는 데 가장 중요한 지지원으로 정서적·도구적 지원을 제공한다. 결혼생활이 불행한 부모들은 부정적인 부모역할을 수행하게 되어 자녀에게 덜 애정적이고 덜 지지적인 태도를 나타낸다. 즉, 결혼관계에서의 스트레스와 갈등은 가족체계 전체에 반향을 일으켜 부모-자녀관계에 영향을 미친다.

(2) 사회적 지원망

부모역할을 위해 부부관계가 일차적 지원망이라면 친구나 친인척, 이웃은 그 다음으로 중요한 사회적 지원망이 된다. 사회적 지원망을 통한 지지는 부모의 자신감과 자존감을 높여주고, 언어적, 정서적 반응을 증가시키며, 부모의 통제나 벌을 감소시키고, 자녀에 대한 민감성을 증가시킨다(Belsky et al., 1991).

(3) 일과 가족

대부분 부모에게서 일과 결혼생활과 부모역할의 균형을 이루는 것은 매우 어려운 과업이다. 직장에서의 일에 대한 요구와 업무의 융통성 및 시간적 제약 등은 부모역할에 많은 영향을 미치며, 부모의 직업에 대한 태도 등은 부모들의 자아개념과 연결되므로 부모역할과 책임을 어떻게 받아들이는가에 영향을 미친다.

(4) 자녀의 수

가족의 크기에 따라 부모-자녀의 상호작용 패턴의 차이가 나타나는 이유는 가족의 크기에 따른 부모의 양육행동이 차이가 나기 때문이다. 즉, 규칙을 제정하는 방식이나 행동수정의 방식, 애정표현 방식에서 차이가 나타난다. 또한 가족의 크기가 커지면 가족에서의 갈등의 양이 많아지며 부모들이 더 통제적 양육방식을 나타내게 되기 때문이다(Hurlock, 1978).

가족의 크기에 대한 연구는 블레이크(Blake, 1989; Hogan & Eggebeen, 1997 재인용)에 의해 제안되었다. 블레이크는 대규모 자료 분석을 통해 형제의 수가 아동의 인지발달과 사회적 발달(특히 교육적인 성취)에 부정적인 영향을 미친다는 사실을 발견하였다. 이러한 현상을 한정된 자원을 가진 부모는 자녀가 많을수록 각 아동에게 투자할 수 있는 자원의 유입(input)이 제한되어 낮은 결과(output)를 낳을 수밖에 없다는 '희석 이론(dilution model)'으로 설명하였다. 즉, 가족의 크기는 부모의 자녀양육방식과 부모-자녀 상호작용에 영향을 미치며, 가족의 다양한 자원과 관련되므로 아동발달에 중요하다.

4. 부모역할

과거에 사람들은 결혼하면 자연스럽게 자녀를 출산하고 양육하는 것이 정상적인 가족생활이라고 생각하였으나, 현대에는 자녀출산과 부모됨이 결혼과 자동으로 이어지는 단계가 아니라 선택의 문제로 바뀌었다. 이러한 시점에서 부모-자녀관계는 급격한 사회변동, 전통적인 가치관과 현대적인 가치관의 혼재, 학벌 위주의 사회구조와 풍토 속에서 부모-자녀관계도 변화를 일으켰다. 전통적으로 자녀양육에서 아버지 역할이 미비했었던 것에서 벗어나 여성의 사회진출이라는 사회적 변화가 어머니 역할뿐만 아니라 아버지 역할까지도 변화를 일으켰다.

1) 부모역할의 특성

부모역할(parenting)은 자녀를 둔 성인 남녀가 가정에서 수행하는 가장 중요한 역할이라 할 수 있다. 부모역할이란 첫째, 자녀를 양육하는 것으로 자녀를 낳아서 그 자녀가 성장하여 성인이 되어 독립할 때까지 돌보는 것을 의미하며, 둘째, 부모로서 행동하는 것으로서 최근에는 하나의 기술(technique)이며, 역할, 기대, 태도 등을 포함하는 개념을 의미한다(최혜순, 2013).

부모역할의 일반적인 특성을 정리해 보면 다음과 같다(류왕효, 2009).

- 부모역할은 부모에게 가장 중요한 역할이다.
- 부모는 자녀의 최초 교사이다.
- 부모역할은 어머니와 아버지가 함께 수행하는 팀 리더십이다.
- 부모역할은 임신부터 시작되어 부모의 죽음으로 끝난다.
- 부모역할은 그 중요성에 비해 부모됨에 대한 준비나 교육이 부족하다.
- 부모역할은 자녀에 따라, 자녀의 나이에 따라 달라질 수 있다.
- 부모역할은 취소할 수 없다.

부모역할은 임신 기간부터 시작하여 부모가 사망할 때까지 장기간 수행하여야 하는 역할이다. 또한 자녀가 성장함에 따라 다양한 형태로 변화된 부모-자녀관계에서 상호작용하며 부모역할을 수행해야 한다. 브룩스(Brooks, 1981)는 부모역할이란 자녀의 발달과 함께 자녀가 필요로 하는 영양, 보호, 지도 등을 위한 과정을 수행할 뿐 아니라 부모-자녀가 상호 변화되어 가는 것으로서, 자녀만 성장·발달하는 것이 아니라 부모 역시 자녀와 함께 인간관계의 기능을 향상해 나간다고 하였다. 즉, 부모역할은 일방적인 역할 담당(role-taking)의 개념이 아니라 부모와 자녀가 상호 발달해 가는 과정이다.

일반적인 부모역할인 양육자로서의 부모, 개인 발달로서의 부모, 직업인으로서 부모, 사회구성원으로서의 부모 그리고 교육자로서의 부모에 대해 살펴보고자 한다(박화윤 외, 2006).

(1) 양육자로서의 부모

양육자로서의 부모역할은 가정환경 내에서 가장 대표적으로 요구되는 부모역할이라 할 수 있다. 부모는 양육자로서 자녀가 잘 성장할 수 있도록 애정 있는 보호와 관심을 기울이며 양육하는 것이다. 양육자로서의 부모역할의 특성은 다음과 같다.

첫째, 양육자로서의 부모역할은 항상 자의적이거나 선택의 기회를 주는 것은 아니다. 부모가 된다는 것은 항상 원하거나 선택해서 되는 것도 아닐뿐더러 설령 피임한다 하더라도 실패할 수 있기 때문이다.

둘째, 양육자로서의 부모역할은 원할 때 언제든지 그만둘 수 있는 성질의 것이 아니다.

셋째, 부모역할을 위한 준비가 대체로 부족하다. 결혼하면 대부분 1~2년 이내에 부모기에 접어들게 되며, 부모기를 위한 구체적인 교육이나 경험 부족은 성공적인 부모역할을 준비하기에 미흡하다.

넷째, 부모역할은 자녀의 모든 일에 대하여 총체적인 책임을 지는 것이다. 부모는 궁극적으로 자녀의 모든 일에 대한 일차적 책임자의 역할을 한다.

다섯째, 부모는 부, 모 두 사람이 한 팀이 되어야 한다. 따라서 부부가 행복한 결혼생활을 하면 그것이 자녀를 양육하는 데 있어 장점으로 작용하는 반면, 부부관계에 문제가 있는 경우 부모역할을 제대로 수행하는 데 심각한 문제가 발생할 수 있다.

(2) 개인 발달로서의 부모

개인 발달은 전 생애에 걸쳐 진행되므로 부모 역시 발달의 연속선상에 놓여 있다. 부모는 결혼과 부모기의 발달과업을 수행하는 과정에서 자신의 정체성을 재정비하게 된다. 부모는 자녀가 성공적으로 발달 과정을 진행하면서 자녀의 발달단계에 적합하도록 부모로서 유능감과 정체성을 느끼고 자신의 능력을 발달시키게 된다.

(3) 직업인으로서의 부모

부모에게 있어서 직업과 양육의 역할 균형을 이루는 것은 어려운 문제다. 최근에는 여성의 고등교육 기회의 확대, 새로운 직업 기회의 창출로 여성의 경제활동의 확장, 유아양육비 및 생활비 지출의 증가, 가사노동 시간의 축소, 삶의 질 향상 추구, 양성평등적 가치관 등의 요인 때문에 여성의 사회 진출이 증가하고 있다. 하지만 여성의 경우 직업을 가지고 있으면서 자녀양육의 책임도 수행하여야 하므로 많은 육체적·정신적 스트레스를 갖게 된다.

(4) 사회구성원으로서의 부모

가족 기능은 지역사회와 밀접한 연관이 있다. 부모는 사회구성원으로 사회 공동체에 도움을 줄 수 있을 뿐만 아니라 자신의 가족이나 자녀양육을 위해서 지원을 받을 수도 있다. 부모는 사회 공동체 내에서 사회자원을 활용하고 학습함으로써 부모역할을 보다 기능적으로 수행할 수 있다. 또한 부모는 사회 내에서 자녀와 가족의 권리와 의무를 지지해 줄 수 있다.

(5) 교육자로서의 부모

부모는 자녀가 사회에서 효율적으로 적응하는 데 필요한 지식과 기술을 가르치는 교육자로서의 역할을 담당하여야 한다. 부모가 수행하는 교사로서의 역할 중 주요 과제는 자녀의 사회성 발달을 지원하는 것과 학습자로서의 아동 발달을 돕는 일이다(Geskwicki, 2000).

대다수 부모가 아이를 기르는 데 부모 모두의 역할에 대한 인식이 높아지고 있다. 양성평등한 부모역할을 수행하기 위해서는 아버지들도 가부장적 권위주의에서 탈피하여 더욱 적극적으로 자녀양육에 참여해야 하며, 가족 중심의 생활을 뒷받침할 수 있는 고용구조와 국가 정책이 마련되어야 한다.

5. 어머니 역할과 아버지 역할

파슨스와 베일즈(Parsons & Bales, 1955)는 전통적인 부모역할을 도구적 역할(instrumental role)과 표현적 역할(expressive role)로 구분하였다. 아버지는 가정의 생계유지자로서 도구적 역할을 주로 수행하며, 어머니는 가족구성원의 양육과 정서적 욕구를 충족시켜주는 표현적 역할을 할 때 가장 기능적이라고 보았다. 과거에는 어머니가 아버지보다 상대적으로 더 막중한 부모역할을 수행하고 있으며, 그에 따른 책임감도 더 무거운 편이다. 그러나 이러한 성 고정관념적으로 뚜렷하게 구분되었던 부모역할은 사회변화에 따라 점차 그 구분이 모호해지고 있다.

1980년대부터 아버지의 중요성이 주목받으면서 아버지 역할(Fathering)과 어머니 역할(Mothering)이 모두 강조되고 있다. 물론 바람직한 부모역할은 어머니 역할과 아버지 역할을 함께 충실히 수행하는 팀 리더십이지만, 여기서는 어머니 역할과 아버지 역할을 각각 나누어 살펴보고자 한다.

1) 어머니 역할

어머니 역할은 임신 기간부터 출산 이후 자녀의 성장발달에 지대한 영향을 미친다. 태어나면서부터 자녀가 처음으로 대면하게 되는 사람인 어머니는 자녀의 영양 공급, 신체적 요구 충족, 그리고 기본 신뢰감과 애착의 형성과 같은 다양한 욕구를 일차적으로 해결해 준다. 어머니 역할의 특성을 살펴보면 다음과 같다(류왕효, 2009; 허혜경 외, 2013).

(1) 인격 형성의 역할

아이가 태어나서 가장 먼저 만나게 되는 대상은 어머니이며, 이때부터 형성하게 되는 어머니와의 애착은 이후 자라서 형성하게 되는 인격의 기초를 이루게 된다. 특히 어머니의 사회화 과정, 양육방식 그리고 수유나 배변훈련 등의 신체적 보살핌이 어떻게 이루어지는지와 같은 생애 초기 경험은 아동의 성격 형성에 결정적인 영향을 미친다.

(2) 여성의 성역할 모델

어머니는 자녀가 최초로 만나는 여성으로서, 자녀에게 여성의 존재를 알게 하는 역할을 한다. 자녀는 어머니를 느끼고, 보고, 듣고, 말하고, 상대하는 과정에서 어머니를 여성의 대표성을 가지는 사람으로 경험하게 된다. 일반적으로 '어머니와 같은 여성'이 가치판단의 기준으로 자연스럽게 자리 잡게 되어, 어머니와 같은 여성에게 친근감과 편안함으로 호감을 느끼게 된다. 반대로 어머니에 대한 경험이 부정적일 경우에는 여성에 대하여 부정적인 인식이 생길 수 있다.

(3) 대화자 · 중재자의 역할

어머니는 자녀를 보살피면서 자녀의 상호작용능력을 발달시킨다. 어머니와 자녀의 상호작용은 대화를 통한 의사소통뿐만 아니라 비언어적 의사소통도 포함한다. 어머니의 양육행위는 자녀에게 자극을 제공하며, 상호작용과 사회화를 통해 자녀의 미래 삶의 질을 결정할 수 있는 다양한 반응들을 창출한다는 데 의의가 있다. 자녀는 무엇을 원하는지 무엇을 느끼는지 어떻게 하고 싶은지 상대방이 어떠한지를 지각하게 되어 사회화 과정에 성공하게 된다.

자녀의 변화하는 성장 환경 맥락 속에서 언어적으로 중재하는 어머니의 능력은 자녀의 발달에 상당한 영향을 미친다. 또한 가족 개개인을 잘 파악하여 가족구성원 간의 관계를 대화를 통해 중재하는 역할을 한다. 아버지와 자녀, 자녀와 자녀, 기타 가족구성원과의 관계를 중재하여 가족관계가 원만하도록 조정하는 중심적 역할을 한다.

(4) 교육자의 역할

어머니는 자녀를 사랑으로 돌보는 최초의 교사이다. 자녀의 의식주와 관련된 신체적 욕구를 충족시키며, 신체 발달을 지원한다. 자녀의 삶 속에서 상호작용하면서 희로애락의 정서를 유발하고, 하고 싶은 일과 하지 말아야 할 일을 구분하고 통제하면서 정서 및 심리발달을 도모한다. 언어발달의 결정적 시기에는 자녀와 끊임없이 의사소통을 하여 언어발달을 촉진시킨다.

(5) 부양 실행자의 역할

어머니는 가족 부양의 세부적인 실행자 역할을 한다. 과거의 어머니는 생활의 필요에 맞게 경제를 분배하고 통제하며, 가족구성원을 양육하거나 돌보는 표현적 역할을 담당하였다. 그러나 최근에는 여성의 사회참여가 활성화됨에 따라 가족부양의 역할과 함께 부양실행자의 역할을 담당하는 취업모가 증가하고 있다.

(6) 기타

이 외에도 어머니는 가정에서 필요한 모든 일을 주관하는 가사전담자의 역할을 한다. 최근에는 양성평등한 가족문화의 확산 때문에 부부가 가사분담을 하는 예도 있다. 그러나 아직은 어머니가 주로 가사를 전담하고, 아버지나 다른 가족구성원이 일부를 분담하는 예가 많다.

어머니는 자녀와 신체적 움직임이 적고 조용한 상호작용, 즉 정적인 상호작용을 주로 하지만, 아버지는 놀이와 양육행동에서 보다 역동적인 상호작용의 특성을 보인다.

2) 아버지 역할

아버지는 자녀가 태어나서 처음 접하게 되는 남성으로, 어머니와 함께 자녀의 성장발달에 큰 영향을 준다. 아버지는 어머니와 함께 교육자의 역할과 성역할 모델을 함께 수행한다. 아버지의 양육행동과 태도, 어머니와의 애정적인 관계와 협력, 가족구성원과의 바람직한 관계형성 등은 자녀의 균형적인 발달에 필수적이다. 어머니가 신체적·정서적·언어적인 면에서 자녀에게 주로 영향을 미치는 데 비해 아버지는 자녀의 사회성 발달, 인지발달, 성취동기, 도덕적인 면에서 영향을 미친다. 최근에는 아버지 역할도 어머니 역할에 못지않게 중요하다는 인식이 확산되고 있다. 아버지 역할의 특징을 살펴보면 다음과 같다(류왕효, 2009; 오영희 외, 2012; 허혜경 외, 2013).

(1) 남성의 성역할 모델

아버지는 자녀가 처음 만나게 되는 남성이다. 자녀에게 아버지는 남성의 대표성을 가진 사람으로서, 아버지를 통해 남성이 하는 일을 경험하게 된다. 자녀에게 아버지는 남성에 대한 가치판단의 기준이 되어, '남자란 아버지와 같은 사람'이라 여기게 된다.

아버지는 남성성과 여성성의 문화적 개념을 자녀에게 일차적으로 전달하는 사람으로(Lamb, 1981), 아들뿐만 아니라 딸의 성역할 행동에도 많은 영향을 미친다. 아버지가 내리는 의사결정은 아들의 자아개념, 남성성과 여성성, 성역할 선호성, 성역할 행동의 선택 등에 영향을 주며, 나아가 이성과의 관계에도 영향을 미치게 된다.

(2) 사회성 발달

아버지가 따뜻하고 민감하게 행동하여 자녀와 안정된 애착관계를 형성할 때 자녀는 다른 사람과의 긍정적인 관계능력을 함양할 수 있다. 아버지와의 애착관계를 통해 자녀는 정서적 안정에 도움을 받을 수 있으며, 이러한 아버지와의 관계에서 축적된 긍정적인 경험은 사회성 발달에 중요한 학습원이 된다.

자녀양육에 적극적으로 참여하는 아버지는 자녀에게 이타주의와 관대함을 길러주며, 특히 자신을 동일시하고 자신의 도덕성을 내면화하는 아들을 가진다고 한다(Hoffman, 1970).

또한 자녀는 아버지가 자신을 대하는 방법을 통해 의사소통기술과 사회성을 발달시켜 나간다. 아버지가 애정적일 때 남아는 높은 자아존중감을 가지며 성격 조절도 쉽다. 아버지가 양육적일 경우 여아는 이성관계에 적응하기 쉽고 행복감을 느끼지만, 아버지가 소원하면 심리적 부적응을 겪을 수 있다.

(3) 인지발달

아버지는 자녀의 양육행동에 있어서 어머니보다 상대적으로 더 역동적이다. 특히 아버지는 어린 자녀의 놀이 상대됨으로써 인지발달에 긍정적으로 이바지한다. 아버지는 다양한 놀이상황에서 자녀들에게 칭찬, 격려, 자극 등을 제공하면서 자녀의 인지발달을 촉진할 수 있다.

아버지의 양육과 자녀의 인지발달에는 여아보다 남아에게서 명백하게 나타났다. 양육적인 아버지를 가진 남아들은 아버지와의 동일시를 통해 지적인 과제에서 진보된 능력을 보였다.

(4) 성취동기

아버지는 자녀의 성취동기에 상당한 영향을 미친다. 특히 학업, 직업, 경제적 생활 등의 영역에서 자녀에게 포부를 갖게 하고 성취동기를 부여하는 데 아버지의 역할은 결정적이다.

아버지와 자녀가 친밀한 관계를 유지하고, 또 아버지가 권위가 있으면서도 민주적일 때 남아와 여아 모두 높은 성취동기를 가진다. 반대로 성취동기가 낮은 남아들은 아버지와 부적절한 관계를 맺고 있으며, 자신의 아버지를 적대적으로 생각하였다.

아버지가 여아를 표현적인 방식으로 양육하는 예가 있으며, 지적 수행을 촉진하는 방식으로 대하는 경우가 있는데, 그 결과는 다양하게 나타났다. 여아에게 지적 수행을 격려한 경우에만 성취 욕구를 증가시키는 것으로 나타났다.

6. 자녀 발달단계에 따른 부모기의 단계

부모는 가정에서 자녀의 사회화를 담당하는 중요한 역할을 한다. 자녀는 출생 후부터 영유아기, 아동기, 청소년기를 지나 진학이나 취업, 결혼 등으로 부모를 떠나 독립할 때까지 지속적으로 성장·발달하는데, 이 과정에서 가장 훌륭한 교사가 바로 부모이다. 한 생명을 잉태하는 순간부터 세상을 떠나는 시점까지 진행되는 부모기는 자녀의 발달하는 양상에 따라 함께 변화한다.

이처럼 자녀의 성장발달에 따라 변화되는 부모역할 및 수행해야 할 과제에 대하여 갈린스키(Ellen Galinsky, 1980)는 성장하는 부모기의 6단계 이론(The six stages of Parenthood)을 정립하였다. 발달심리학자인 갈린스키는 부모기를 성인의 발달과정으로 보았으며, 생명을 잉태하는 시기부터 자녀의 발달단계와 맞물려 발달해가는 부모의 발달단계를 다음과 같이 나누었다.

- 이미지 형성 단계(image-making stage): 출산 및 부모기에 대한 준비
- 자녀 양육 단계(nurturing stage): 영아기
- 권위 형성 단계(authority stage): 유아기
- 설명하는 단계(interpretive stage): 학령기
- 상호 의존하는 단계(interdependent stage): 청소년기
- 떠나보내는 단계(departure stage): 성장한 자녀가 가정을 떠나는 시기

부모기는 연습이 없이 이루어진다는 점이 특징이다. 바람직한 부모기를 보내기 위해서는 인간 발달에 대한 이해와 대인관계 기술이 요구된다. 갈린스키가 제시한 부모역할의 6단계의 특징을 살펴보면 다음과 같다(김명희, 2011; 허혜경 외, 2013).

1) 이미지 형성단계

첫 번째 단계는 이미지 형성단계(image-making stage, 예비부모기)로서 부모역할을 어떻게 수행할 것인지에 대하여 생각하고 이상적인 부모역할을 연습하는 시기이다. 이 단계는 부모기를 준비하는 예비부모기로서, 부모들은 출산과 부모기에 대한 이미지를 형성하는 시기이다.

이 시기에는 태아에게 애착을 갖기 시작하며, 곧 이 세상의 존재가 될 것이라는 사실을 이해하고, 출산을 준비한다. 또한 임신한 것에 대한 성취감, 여성이란 존재의 재확인, 인간의 창조로 말미암은 자랑스러움, 자녀가 생기는 것에 대한 환희 등을 느끼게 된다.

한편, 태어날 자녀와 출산 과정에 대한 두려움과 성인으로서의 책임감을 느끼기도 한다. 예비부모들은 자신의 부모보다 더 나은 부모가 될 것을 기대하고 다짐하며, 자신의 부모 이미지를 형성해간다.

2) 자녀 양육단계

두 번째 단계는 자녀 양육단계(nurturing stage)로서 자녀의 출생 후부터 애착관계를 형성하는 약 2세까지의 시기이다. 이 단계에서는 부모와 영아 간에 신뢰롭고 안전한 애착을 형성하는 일이 중요하다. 애착형성에서 자녀의 초기경험과 부모와의 접촉이 자녀의 인생에 장기적으로 중요하기 때문이다. 부모는 새로운 가족구성원이 된 영아를 양육하면서 가족 내 불균형을 바로잡고 부모 자신의 자아감도 재정의할 필요가 있다.

부모는 자녀 양육 때문에 부부관계에 소홀하거나, 예상치 못한 자녀의 기질과 성격, 육아의 어려움 때문에 당황할 수 있다. 따라서 부모는 자녀에 대한 기대와 현실 간의 차이를 인정하고 자녀와 애착을 형성하면서 자녀와 적응하는 부모기로의 성공적인 전이가 필요하다.

3) 권위 형성단계

세 번째 단계는 권위 형성단계(authority stage)로서, 자녀가 어린이집이나 유치원에 들어가는 시기(2~4,5세)이다. 이 시기 유아들은 어린이집, 유치원 등과 같은 기관에서 2차 사회화 과정을 거치게 되며 성역할을 습득하고, 자아개념을 형성하며, 인성의 틀이 만들어지는 성격 발달의 중요한 시기이다. 이 시기에 부모는 자녀에게 좋은 본보기(modeling)를 보임으로써 부모로서의 신뢰감과 권위를 형성해 나가는 중요한 시기이다.

또한, 자녀와 어떻게 상호작용하며 의사소통할 것인지를 선택하는 시기이기도 하다. 부모는 자녀의 발달을 이해해야 하며, 자녀가 고집부릴 때 다루는 기술, 자녀의 변화에 대처하는 기술 등을 알아야 한다. 때로는 부모의 기대와는 다르게 커가는 자녀를 보면서 예상치 못한 실망과 분노가 생기기도 하지만, 자녀의 발달적 욕구에 따른 행동의 옳고 그름, 적절성과 부적절성 등 책임감을 수용하고 유아를 능가할 수 있는 권위를 가져야 한다.

4) 설명하는 단계

네 번째 단계는 설명하는 단계(interpretive stage)로서, 만 4, 5세부터 12, 13세 정도까지이다. 자녀가 유치원이나 초등학교에 입학하면 부모는 부모기에 대한 이미지를 검토하고, 그 이미지가 얼마나 실현되었는지 자신에게 묻게 되는 단계다.

부모는 상황에 따른 현실을 어떻게 설명하고, 그들의 질문에 답하고, 훈육하고, 가르칠 것인지 생각해야 한다. 부모는 자녀의 기술습득을 돕고 가족의 가치를 자녀에게 전달하는 역할을 한다. 또한 어떠한 가치관으로 자녀의 잠재력을 발굴하여 향상해 줘야 하는지 탐색하는 시기이다.

특히 이 시기는 개별화와 분리에 대한 욕구가 충돌하는 시기이므로, 부모는 자녀의 건전한 발달을 지원해야 하며, 자녀와의 다양한 갈등을 효과적으로 처리하는 기술이 요구된다. 또한, 가족의 역할과 권위를 재조정함으로써 부부의 경계와 자녀의 경계를 재조정하는 것도 필요하다.

5) 상호 의존하는 단계

다섯 번째 단계인 상호 의존하는 단계(interdependent stage)는 자녀의 청소년기 동안에 계속된다. 신체적 성장급등, 생리적 변화, 이성에 대한 관심, 자율성 증가 등 때문에 청소년 자녀는 심한 스트레스를 받게 된다. 10대 자녀를 둔 부모는 훌쩍 자란 자녀의 모습을 발견하고, 자녀와의 관계 속에서 어떻게 상호작용을 할 것인지 고민하게 된다. 자녀가 제2차 성징이 나타나는 사춘기를 맞이하게 되면, 부모는 자녀를 성적욕구를 지닌 존재로 받아들여야 하며, 자녀의 독립에 대한 욕구와 정체성 등을 인정하고, 이를 충족시키는 역할을 하는 것이 중요하다.

청소년기 자녀는 심리적 갈등과 정서적 불안감이 증가하고, 현실과 이상, 기존의 가치와 새로운 가치 간에 갈등을 겪으며, 자신의 진로와 자아 정체성을 획득하기 위하여 고민하므로, 부모의 깊은 관심과 배려가 필요하다.

부모는 이 시기에 중년기의 스트레스를 받게 되게 되며, 자녀가 성장하여 부모로부터 심리적으로 점차 멀어지게 되면서 받게 되는 빈 둥지 증후군, 삶의 허탈감 등과 같은 심리적 갈등을 겪기도 한다.

6) 떠나보내는 단계

마지막 단계는 떠나보내는 단계(departure stage)로서 자녀가 가정을 떠나는 시기이다. 부모는 부모기의 모든 경험을 평가하고, 자녀를 떠나보내며, 부모의 권위를 자녀에게 이양시키는 것이다. 그동안 키워 온 자녀에 대해 평가하고, 떠나는 자녀와 자신과의 이미지를 생각하며, 성공과 실패를 맛보기도 하는 시기이다.

자녀를 잘 떠나보내기 위해서는 부모입장에서 자녀를 떠나보낼 준비가 이루어져야 하며, 자녀를 떠나보낸 상황에서 부부관계를 새롭게 재정립하는 것이 중요하다. 이처럼 떠나보내기 위한 준비, 떠나보내고 나서의 적응, 자녀가 떠난 후 변화된 부모역할에의 적응, 부부관계의 변화 등을 경험하는 단계이다.

아울러 부모는 자녀를 잘 키웠나? 부모로서 살다 보니 나의 존재는 무엇인가? 등과 같은 부모기 동안의 자신에 대하여 평가해 보게 된다. 또한, 나는 엄마처럼 살 거야, 아빠처럼 살지 않을 거야, 등과 같은 자녀의 평가에도 직면하게 된다.

요약해 보면, 갈린스키가 부모기의 6단계 이론에서 제시한 것은 부모역할은 본질적으로 정체되기보다는 발달단계에 따라 변화한다는 것이며, 그 상호작용과 역동성은 양방향적이라는 것이다. 부모역할은 자녀의 성장과 함께 변화하는 개인성장의 과정이며 매우 오랜 기간에 걸쳐 지속하는 과정이다. 평균수명이 연장됨에 따라 부모역할을 수행해야 하는 기간이 과거보다 더 늘어났다. 효과적인 부모역할을 위하여 자녀의 발달적 요구와 부모의 발달적 요구를 조화시키면서 부모역할을 수행할 수 있도록 준비해야 한다.

7. 기능적인 부모-자녀관계

부모가 되면서 가족체계에서는 부부관계 외의 부모-자녀관계가 성립된다. 부모는 아동이 성인이 될 때까지 의식주 생활과 함께 아동의 발달이 원만하게 이루어지도록 책임질 뿐만 아니라 상생의 관계가 될 수 있도록 양육할 책임이 있다. 변화하는 21세기 사회경제적 특성에 맞추어 적응능력을 갖춘 인간상을 기르는 첫 번째 책임과 의무가 부모이며 부모와 기능적인 상호작용능력의 학습은 아동의 대인관계 기술의 바탕이 되는 매우 중요한 발달과제라고 할 수 있다.

가족이 전체로서 어떻게 기능을 잘 수행하고 있는가에 대해 측정되는 영역은 가족의 응집력 · 성장능력 · 적응력 · 정서적 관여 · 통제력 · 의사소통 등이다. 올슨(Olson)은 가족의 적응력 · 응집력 · 의사소통을 가족진단의 핵심적 영역으로 선정하였으며, 이러한 관점에서 잘 기능하는 건강한 부모-자녀관계에 대하여 서술해 보기로 한다.

1) 적응력 있는 관계

적응력이 있는 부모-자녀관계란 가족체계가 상황적으로 또는 발달과정에서 발생할 수 있는 문제에 대응하여 가족의 권력구조나 역할, 관계의 규칙을 변화시킬 수 있는 능력, 즉 융통성의 정도가 높은 가족을 말한다. 가족체계가 제대로 기능하기 위하여 안정과 변화를 모두 필요로 하는데, 변화능력은 기능적 가족과 역기능적 가족을 구분하는 기준이 된다.

가족적응력의 차원에서 역기능적인 부모-자녀관계란 부모-자녀체계가 경직되어 있거나 혼돈된 관계를 말하며, 그 특징은 다음과 같다. 부모-자녀관계가 지나치게 안정 지향적이고 자녀의 주장이 수동적 · 공격적이며, 부모가 권위주의적 리더십으로 자녀를 통제하고, 훈육이 매우 엄격하고 부모-자녀 사이에 제한된 협상을 하므로 문제해결능력이 매우 빈약하다. 또한 역할분담의 측면에서 고정타입의 경직된 역할수행과 경직된 규칙을 갖고 있어서 명시된 규칙이 많고 함축적인 규칙이 적으며 엄격하게 규칙 준수를 요구한다.

혼돈된 부모-자녀관계는 지나치게 변화 지향적인 관계로서 가족원의 주장이 수동적·공격적이고 리더십이 없으며, 훈육이 매우 관대하다 못해 방임적이고 무한정한 협상으로 문제해결능력이 매우 빈약하다. 역할분담의 측면에서 역할의 극적인 변화가 많고 규칙의 극적인 변화, 함축적인 규칙이 많으며 명시적인 규칙이 거의 없이 규칙을 마음대로 적용하는 관계이다.

기능적 부모-자녀관계란 부모-자녀 간에 주장이 단호하고 동등한 리더십으로 통제하며 민주적이고 부모-자녀 간에 타협적이어서 문제해결능력이 좋은 관계이다. 역할확립 및 역할분담이 자연스럽고 가족 규칙의 변화가 가능하며 명시적 규칙보다는 함축적 규칙이 많고 때로는 가족 규칙을 강요할 수도 있는 관계이다.

2) 응집력이 적절한 부모-자녀관계

부모-자녀 사이에 응집력은 가족체계 내에서 부모와 자녀 상호 간에 지니는 정서적 유대감과 부모 또는 자녀 개인이 경험하는 자율성의 정도를 의미하는 것으로 부모-자녀 간의 친밀감이나 일체감, 유대감을 느끼는 정도이다. 부모-자녀 간의 응집력이 지나치게 높은 관계를 속박관계라 하고, 응집력 수준이 지나치게 낮은 관계를 과잉분리관계라 한다.

속박관계는 부모-자녀 간에 지나치게 밀착되어 있어서 개인의 자율성이 모자라고 사생활 침해를 받으며, 개인의 목표를 실현하지 못하므로 역기능적인 관계가 된다. 속박은

전 가족원에 해당하는 현상이 아니고 가족 내의 하위체계에 국한되는 것이며, 건전하고 높은 수준의 응집력과는 구분되는 속박이다. 이러한 속박관계의 특징은 정서적 유대가 매우 높은 대신 외부와의 경계가 폐쇄적이고 내부의 경계는 혼잡하다. 함께 보내는 시간이 매우 많고, 개인 친구가 거의 없으며 대부분의 활동과 관심사는 가족과 함께 나눠야 하고 모든 결정은 가족만이 결정해야 하는 관계이다. 이러한 부모-자녀 간의 연합이 속죄양의 현상을 빚기도 한다.

과잉분리관계는 응집력 수준이 지나치게 낮아 부모-자녀 간의 정서적 유대나 친밀감이 거의 없이 서로 무관심하며, 외부와의 경계가 개방적임에 반해 부모 또는 자녀 간의 연합 정도가 약하고 부모-자녀 간의 물리적 · 정서적 · 시간적 분리가 매우 크다. 의사결정이 개별적으로 이루어지며 부모와 자녀가 함께하는 시간보다 개별 활동이 많다. 부모-자녀 각자가 지나치게 자율성과 개성을 지니는 가족이므로 역시 역기능적이다.

기능적인 가족은 속박관계와 과잉분리관계의 중간 수준인 분리-연결관계이다. 부모와 자녀간에 적절한 수준의 응집력을 지니므로 기능적이다. 분리-연결관계란 외부와의 경계가 반개방적이고 내부와의 경계가 개방적이며 세대간의 경계가 명확한 관계이다. 가족 하위체계에서 부부의 연합 정도가 강하다. 가족이 함께 보내는 시간을 중요시하고 개인 친구와 가족 친구가 함께 활동하며 개별적으로 내려야 할 결정도 함께 나누고 가족활동을 함께 하지만, 합당한 이유라면 개별시간을 허용하며 가족은 개별활동에 관심을 보이는 것이 특징이다.

3) 의사소통이 잘되는 부모-자녀관계

기능적인 부모-자녀관계에서 의사소통의 방식은 매우 중요하다. 의사소통은 남들과 어떤 관계를 맺고 무슨 일을 겪는가를 결정하는 요인이다. 그러므로 의사소통 기술은 관계를 잘 가꿀 수 있는 기술이다. 의사소통은 인간의 신체와 가치들과 감각기관들, 말할 수 있는 어휘와 음성, 과거의 경험과 학습내용을 축적하는 두뇌의 작용들이 통합작용함으로써 이루어지게 된다. 그러므로 잘못된 의사소통 방법은 두통과 같은 신체적 고통을 수반하기도 한다. 의사소통은 학습되며 최초의 학습장소는 가정이다. 이러한 의사소통 방식이 잘못 학습되었을 때 아동은 수평적인 자기표현이 어렵고 학습이나 교우관계 발달에 장해를 받을 수 있으며, 가족 전체의 잘못된 의사소통 방식은 문제 있는 가정을 만들기도 한다.

건전한 가족의 특징은 가족의 권력구조가 신축성이 있고 자녀는 가족의 의사결정에 자유스럽게 참여하며 상호 우호적이다. 가족 특성 면에서 지나친 가족 집단의식이나 미분화된 이기심이 없으며 의사소통 방식에 이중속박이나 미혹됨 없이 자기표현이 자연스럽고 분명하다. 가족의 자율성 면에서 자체가정, 행위 목표를 위한 책임감이 분명하고 감정·사고·책임의 표현이나 소재가 분명하며, 부모와 자녀는 서로를 빈정대거나 조롱하지 않는다. 부모는 자녀의 의견을 존중하고 자녀는 부모의 의견을 존중하여 부모와 자녀가 서로의 독자성을 인정하며 투사·비난·부정 등의 방어기제를 사용하지 않는다. 부모와 자녀 사이에는 서로 개방적이며 서로를 수용하는 자세를 가진다. 문제에 대해서는 창의적 협상에 의하여 타결을 보며 시간과 공간 관념에서 '현재 이곳'에서 일어나는 문제를 중요시한다.

즉, 기능적이고 건강한 부모-자녀관계는 개인의 정서적 안정과 정신건강 행복감 증진에 큰 영향을 미친다. 건강한 가족이란 부부간의 결혼만족도가 높고 부모-자녀 간의 만족도가 높으며 가족원 상호 간의 욕구를 충족시켜 주는 가족이라고 정의할 수 있다.

이러한 건강한 부모-자녀관계의 특성을 다시 요약해 보면 다음과 같다.

① 부모-자녀 간에 긍정적인 감정을 지니며, 상호 심리적으로 격려하고 지원하는 관계로서 상대방의 장점을 부각하며, 이에 관심을 보이고 존중하며 인정하는 분위기이다.

② 가족 내외에서 함께 지내는 시간이 많으며 함께 활동하면서 많은 일을 공유한다. 이들은 의미 없이 유연히 함께 시간을 보내는 것이 아니라, 함께 있는 자체를 즐기며, 많은 생활 영역에서 함께 지낼 수 있도록 각자의 생활을 구조화한다. 집 밖에서의 산책, 여행, 관찰, 운동 등에 부모와 자녀가 함께 하면서 가족 간의 유대감을 더욱 돈독히 한다.

③ 부모 또는 자녀의 행복과 만족에 상호 깊이 관여한다. 많은 일을 처리해야 하는 바쁜 사회생활 가운데에서도 가족 간의 행복을 우선시하고, 보다 적극적으로 부모-자녀관계의 질을 향상하도록 생활을 구조화한다.

④ 바람직한 의사소통 유형을 발전시키고 부모-자녀 간에 함께 대화를 나누는 시간이 많으며, 상대방의 견해에 존중감과 관심을 보이며, 갈등에 대하여 개방적으로 토론함으로써, 갈등을 효율적으로 활용하는 법을 터득한다.

⑤ 부모-자녀가 함께 종교의식이나 종교활동에 참여하며, 가족원 모두가 종교단체의

구성원이 되며 신앙심도 깊다.

⑥ 위기나 문제에 당면했을 때, 긍정적으로 대처할 수 있는 능력이 있다. 현실 생활에서 당면하는 어려움 때문에 가족원 간의 갈등을 유발하기보다는 온 가족이 결속하여 후원적으로 대처해 나가는 것이 기능적이고 건강한 부모-자녀관계의 특징이라고 할 수 있다.

기능적으로 대화하는 방법은 토마스 고든의 효율적인 의사소통의 세 가지 방법 나-메시지 전달법, 적극적 경청법, 무패법을 활용할 수 있으며, 고든의 〈부모교육〉 등의 책을 활용할 수 있다.

잠깐만! 함께해요

■ 부모-자녀관계 만족도 검사

여러분은 자신이 평소 느끼고 있는 부모-자녀관계에 대한 만족도의 수준이 어느 정도인지를 살펴볼 수 있습니다. 하지만 검사를 통해 제시된 만족도 수준이 절대적이고 객관적인 것은 아니라는 점과 이 검사가 어디까지나 여러분이 스스로 자녀와의 관계를 돌아보고 개선하기 위한 도구로 활용되는 것이라는 점을 꼭 기억해 주세요. 그리고 만약 불만족 수준이 높게 나왔다면 마음산책을 통해 개인상담을 받아보시길 권합니다. 상담을 통해 사랑하는 아이와 보다 친밀하고 만족스러운 관계를 맺을 수 있게 됩니다. 지금부터는 문항의 내용을 읽고 '그렇지 않다'와 '그렇다' 사이에서 평소 자신의 느낌과 생각과 일치하는 것을 체크해 주세요.

절대로 그렇지 않다	대체로 렇지 않다	보통이다	대체로 그렇다	매우 그렇다
1	2	3	4	5

번호	문 항	1	2	3	4	5
1	나는 내 자녀와 잘 통한다고 생각한다.					
2	나는 내 자녀의 친구들에 대해서 잘 알고 있다.					
3	내 자녀는 고민이 있을 때 나에게 털어 놓는 편이다.					
4	나의 자녀들은 외출하면 잘 돌아오려 하지 않는 것 같다.					
5	내 자녀는 불만이 있으면 대부분 표현하는 편이다.					
6	나와 자녀는 유행 때문에 의견 차이가 많이 생긴다.					
7	내 자녀는 항상 명랑하다.					
8	나는 내 자녀와 이야기하다가 언성을 높일 때가 많다.					
9	내가 얘기를 할 때 내 자녀들은 잘 듣는 편이다.					
10	나는 내 자녀와 생활방식의 차이를 많이 느낀다.					
11	자녀들이 학교에서 돌아오는 시간이 무척 기다려진다.					
12	나는 자녀와 함께 시간을 보내는 것이 즐겁다.					
13	나는 자녀와 이야기를 많이 나누는 편이다.					

14	내 자녀들은 나와 함께 식사하는 것을 즐거워한다.					
15	나는 자녀와의 갈등이나 의견 차이를 잘 해결한다.					
16	내 자녀가 유명 연예인을 좋아하는 것에 대해 실망스럽다.					
17	나는 내 자녀에게 인정받고 있다고 생각한다.					
18	나는 내 자녀의 장래 희망에 대해서 잘 안다.					
19	내 자녀는 자신의 의견을 잘 이야기한다.					
20	나는 자녀들이 시청하는 TV 프로를 잘 안다.					
21	나는 자녀와 나눈 이야기를 깊이 생각하는 편이다.					
22	내가 속상해 하면 자녀들은 나를 위로하려고 노력한다.					
23	나는 내 자녀의 학교생활이 만족스럽다.					
24	나는 내 자녀를 칭찬해 주는 경우가 많다.					
25	나는 내 자녀의 마음을 잘 이해하는 편이다.					
26	내가 자녀와 갈등이 있을 때는 대부분 자녀 때문이다.					
27	내 자녀의 성격은 나를 힘들게 한다.					
28	나는 내 자녀의 학업성적 때문에 항상 걱정한다.					
29	내 자녀들은 나의 도움이 필요하면 즉시 요청한다.					
30	내 자녀는 나의 결정사항에 대해 불만스러워 할 때가 많다.					

출처: 변경화(1999). 부모-자녀관계 만족도 검사.

★ 4, 6, 8, 10, 16, 26, 27, 28, 30문항은 역채점

부모-자녀관계 만족도 검사 해석 기준 값

구분	매우 낮음	낮음	보통	높음	매우 높음
만족도 총점	30~44점	45~74점	75~104점	105~134점	135~150점

결과 해석

- 매우 낮음: 당신의 부모-자녀관계 만족도 수준은 매우 낮습니다. 현재 자녀와 심각한 갈등을 겪고 있을 가능성이 높습니다. 상담을 통해 자녀와의 사이에 놓인 마음의 벽을 조금씩 허무는 시도를 하시면 좋겠습니다.
- 낮음: 당신의 부모-자녀관계 만족도 수준은 낮습니다. 현재 자녀와 대화가 잘 통하지 않고 서로 서먹서먹할 가능성이 높습니다.
- 보통: 당신의 부모-자녀관계 만족도 수준은 보통입니다. 현재 자녀와 아주 좋지도 나쁘지도 않은 평범한 관계를 유지하고 있을 가능성이 높습니다. 지금 상담센터의 문을 두드려주세요. 상담을 통해 자녀와 보다 친밀하고 서로 존중하는 관계를 맺는 법을 발견할 수 있습니다.
- 높음: 당신의 부모-자녀관계 만족도 수준은 높습니다. 현재 자녀와 좋은 관계를 유지하고 있을 가능성이 높습니다. 앞으로도 자녀와 친밀하고 좋은 관계를 유지하시고 만약 혼자서 감당하기 어려운 문제가 생긴다면 언제라도 본 심리상담센터의 문을 두드려주세요.
- 매우 높음: 당신의 부모-자녀관계 만족도 수준은 높습니다. 현재 자녀와 매우 좋은 관계를 유지하고 있을 가능성이 높습니다. 앞으로도 계속 자녀와 친밀하고 좋은 관계를 유지하시길 바랍니다.

12장

결혼생활의 의사결정과 갈등해결

결혼생활에서 이루어지는 의사결정은 자원이나 문화적 규범뿐만 아니라 다양한 상호작용을 바탕으로 하여 이루어진다. 결혼생활에의 의사결정 행동에 관한 연구들은 가족구성원 간에 존재하고 있는 다른 역할 및 가족 내 권력구조와 아울러 중요한 사항들이 어떠한 과정을 통하여 어떻게 가족 내에서 결정되고 있는가를 파악하는 점에서 가족관계의 역동적인 측면을 보여주고 있다.

이러한 관점에서 우리의 가족관계구조는 일반적으로 현대적 경향을 띠면서도 개인의 행동에서나 자기 자신의 문제에는 전통성이 높게 나타나고 있는 것이 사실이다. 남녀평등 사상이나 여성교육 및 여성 경제력의 신장 등으로 외형적인 입장과 위치는 향상되었지만, 과거 유교사상에 기인한 남성중심의 전통적 가치관이 아직도 우리 생활 속에 남아 있다(임정빈 외, 1983).

그러므로 이 장에서 다루고자 하는 결혼생활에서 가족의사결정 과정의 다양한 측면을 보여줌으로써 이를 토대로 앞으로 상호교류적인 의사소통과정을 통하여 가족의사결정의 모든 과정이 이루어지도록 돕고자 한다.

1. 가족의사결정의 개관

1) 가족의사결정에 대한 개념

의사결정은 가족조직의 중심이 되는 활동이다. 의사결정은 사람들이 여러 대안 중에서 선택할 때마다 일어난다. 한 가지 선택에만 직면하고 있거나 한 가지 행동방식만을 인식하고 있는 사람들은 의사결정을 체험하지 못한다.

의사결정이란 여러 가지 문제를 내포하고 있는 상황에서 다양한 행동과정 중 가치관이나 기준에 비추어 하나 혹은 여러 행동과정의 조합을 선택하는 활동이라고 할 수 있다. 여러 가지 문제를 내포하고 있는 상황이란 자기가 하고 싶은 일과 사회규범과의 갈등, 자신의 의견과 다른 사람이 가진 의견 사이의 갈등 및 불확실성, 자신이 추구하고자 하는 여러 목표 간의 갈등이나 이에 관련된 제한된 자원분배문제 등을 포함하는 상태를 말한다. 인간생활은 자주 이러한 상태에서 이루어지기 때문에 개인적으로 의사결정을 해야 하는 많은 경우에 직면할 뿐만 아니라 가족이나 다른 사회집단의 일원으로서 집단의 의사결정에 참여해야 한다(유영주 외, 2004).

가족은 여러 개인으로 이루어진 소단위 집단이므로 각 개인은 자신 내부에서의 갈등, 다른 가족구성원 간의 갈등, 가족과 환경 사이의 갈등 등 많은 갈등을 경험하게 된다. 더욱이 현대사회에서 물질적 환경과 사회적 환경이 다양하고 복잡화됨에 따라 선택하고 결정해야 할 사항은 증가해 인간은 더욱 더 많은 갈등과 부조화를 겪게 된다. 의사결정이 가족구성원 사이의 불일치뿐만 아니라 가족과 환경 사이의 불일치를 줄이는 과정이고, 가족관계에서의 현명한 결정은 가족원이 자신의 잠재력을 개발시킬 수 있는 가정환경을 창조하는 데 핵심적 역할을 한다고 볼 수 있겠다(Paolucci, Hall & Axinn, 1997). 그러므로 현명한 가족의사결정은 생활의 만족도 증진에 영향을 미치며 합리적인 가정경영을 수행하게 할 것이다.

2) 가족의사결정의 유형

가족의 권력과 의사결정에 관한 생각을 결합하여 흥미 있는 접근을 한 브로데릭(Broderick, 1975)은 서로 다른 문화권의 아동을 연구하여, 보편적 단계를 거쳐 성숙에 도달한다고 한 콜버그(Kohlberg, 1964)의 연구를 기초로 하여 합리화의 보편적 단계로 세 가지의 통치양식을 설정하였다. 결정을 내리기 위한 합리화에서 가장 낮은 단계는 쾌락적인 자기관심 또는 제로섬이며, 다음 단계는 관습과 규칙준수 그리고 세 번째 단계는 사회계약과 양심의 원칙에 기초한 것이다(이재연·최영희 역, 1990).

(1) 제로섬(zero-sum) 결정

갈등상황에서 의사결정을 할 때 우선적이고 가장 초보적인 방법은 단순히 자기방식을 고집하는 것이다. 브로데릭은 이러한 방법을 쾌락적인 '제로섬(zero-sum)' 권력대결(power confrontation)이라고 불렀다. 이것은 논쟁에서 한 사람은 이기고 한 사람은 지는 것을 의미한다. 승리(+)와 패배(-)의 합은 항상 0이 된다. 이것은 나눠 갖기를 싫어하는 아동들 사이에서 많이 볼 수 있는데, 아동들은 "그건 내 것이니까 넌 못 가져."라고 소리친다. 불행하게도 가족구성원들은 유아기를 벗어나서도 이러한 행동을 그만두지 못한다. 이러한 의사결정에서는 모든 가족구성원들이 타협하지 않고, 자기 방식만을 주장한다. 이것은 결국 상대를 위협하게 되고, 언성을 높이면서 진실을 왜곡시킨다.

이러한 의사결정과정 모델에 따르면 계속 승자가 되기 위해서는 방어적인 행동을 하고 패자의 복종적 행동을 즐기는 것이 필요하다. 계속 지는 사람은 자아존중감을 낮춰 살면서 점진적으로 강력한 사람을 뒤엎으려고 애써야 한다. 제로섬 가족관계에서는 괴리감이 커지고 응집의 기회는 줄어들게 된다. 제로섬 관계를 유지하는 데 필요한 적응양식으로는 가족체계 내의 구성원들이 긍정적 자기평가를 발전시킬 수 없다. 이러한 가족에서의 승자는 더 이상적이고 의미 있는 해결책을 낼 수도 있는 다른 사람의 생각을 말살시키고 의사결정 능력을 제한하기 때문에 그 승리는 무의미한 것이다.

(2) 규칙에 따른 결정

규칙에 따른 결정은 규칙을 만들고 그것을 시행하는 것이다. 가족은 규칙에 따라서 대부분의 생활을 이끌어나가며, 그 때문에 성장할 기회뿐만 아니라 권력 충돌도 회피한다.

상당한 기간 문제발생 시 규칙에 따라 움직여 왔기 때문에 그 규칙은 의사결정에 영향을 미치게 된다. 규칙은 가족구성원들의 사회적 맥락에서, 그리고 가족원들 간에 반복되는 상호작용에서 만들어진다.

브로데릭은 가족의 의사결정에 사용되는 규칙을 다음의 세 가지로 분류했다. ① 직접분배(direct distribution)의 규칙, ② 권한위임(designated authority)의 규칙, ③ 협의(negotiation)를 위한 규칙이다(유영주 외, 2004).

■ 직접분배의 원칙

이것은 가족자원을 구성원들에게 직접 분배하는 것이다. 가족 수입은 식비, 주거비, 교육비, 휴가비, 오락비 등에 분배된다. 주거공간도 마찬가지로 분배되어 어떤 아이가 어떤 방을 쓰고, 누구는 누구와 함께 방을 사용해야 하고, 어떤 책장은 누구의 것이며, 자기 물건은 어디에 보관하는지와 같은 것이 그 예이다. 이러한 규칙들은 가중한 문제들을 미리 해결함으로써 가족 간의 대립을 막고 권력 싸움을 감소시킨다. 이러한 규칙을 지키기 위해서는 가족구성원들이 가족생활의 문제에서 미리 정해진 결정들을 머릿속에 기억하고 있어야 한다.

■ 권한위임의 규칙

이것은 누가 어떤 영역에서 권한을 갖게 되는가를 의미한다. 예를 들면, 어머니가 세금을 내므로 돈을 맡아서 예산을 수립한다. 아버지는 칠하기나 집수리를 담당하기 때문에 거기에 쓸 재료를 결정한다. 아들은 밴드부에 있기 때문에 학교가 끝난 후 일을 못해도 굳이 이유를 댈 필요가 없고, 밴드부가 여행을 갈 때는 주말에 가사를 돕지 않아도 된다.

권한위임의 규칙은 '누가 무엇에 관련되어 있다.'는 명확한 관계를 결정해 주는 경향이 있다. 어떤 사람은 다른 사람들보다 더 큰 의사결정 권한을 가질 수 있다. 아이들도 자신들이 맡은 의사결정 영역을 가질 수 있다. 그들이 해야 하는 과제를 하고 나면 자유시간을 마음대로 쓸 수 있다. 예를 들어, 만약 아이들이 음식을 오븐에 굽는 일을 좋아하여 굽는 음식의 재료를 사서 만드는 일까지 한다면, 그 아이는 오븐과 부엌에 관한 권한을 가질 수 있다.

■ 협의를 위한 규칙

규칙의 세 번째 유형은 협의에 근거하고 있다. 협의는 변화와 융통성을 의미하며, 체계를 개방적이고 융통성 있는 것으로 유지해 줄 수 있다. 가족들은 갈등이 생길 때 의사결정을 해나가는 과정에 대한 규칙을 만든다. 이러한 유형의 규칙은 가족들의 의견 차이를 좁히는 데 많은 노력을 쏟는다. 즉, 상대방에게 가할 수 있는 강제력이나 위협을 제한한다는 뜻이다. 소리 지르고 때리는 것과 같은 책략은 위법이 되며, 모두가 서로를 방해하지 않겠다고 해야 협의가 이루어진다. 이러한 접근법에서 결정에 이르기 위해서는 절충하거나 한 사람 혹은 몇 명의 성원들이 일부를 희생해야 한다. 최근 부부강화 프로그램이나 가족관계 강화 프로그램들은 모든 가족구성원들이 참여하여 차이점을 협의하는 방법을 강조하고 있다.

이러한 접근법의 하나로 베른하드(Bernhard, 1975)는 각자가 협의할 수 있는 것과 할 수 없는 것을 결정하는 권리를 가져야 한다는 점을 강조하였다. 친밀한 관계에 있는 사람들은 무엇이 협의할 수 없는지를 알 권리가 있으며, 그에 대해 묻거나 평가할 수 있지만, 최종 결정권은 개인 각자에게 주어져야 하며 존중되어야 한다고 베른하드는 주장하였다. 그녀는 '자율성이란 상호수용과 협의를 지키는 관계 속에서 각자가 자신에게 부여된 생활 영역에 대해 최종 의사결정을 할 권력을 가지는 것'이라고 정의하였다.

따라서 규칙의 세 번째 유형은 협의할 수 없는 것에 대해 잠재적인 협의를 하는 것도 포함하고 있다. 이 방법은 가족의 응집력을 높이고 적응방법을 제시해 준다. 성공적으로 협의하기 위해서는 가족구성원들이 자신의 소망에 대해 모든 구성원과 직접 의사소통해야 하며, 자신들이 언급한 말에 책임을 져야 한다.

(3) 원칙에 따른 결정

브로데릭의 세 번째 양식은 계약이나 원칙에 의한 통치를 의미한다. 이렇게 높은 단계에서 적극적으로 기능하는 가족은 거의 없으며, 이런 단계에 있는 가족은 대개 나이가 든 자녀나 성인들로 이루어져 있다. 이것은 각 구성원이 인간의 선함을 믿고 가족의 복지를 자신의 것보다 우위에 놓으려는 바람이 기본이 된다. 각 가족구성원들은 공정성(fairness)과 염려(concern)의 원리를 따른다. 예를 들어, 남편이나 아내가 늦게까지 일하면 다른 가족구성원들에게 전화를 걸어서 설명해 준다. 그렇게 함으로써 먹지 않게 될 음식을 준비한다든지, 또는 나중에 취소될 활동을 계획하지 않도록 할 수 있다. 이러한 가족에게는 몇 시에 들어오고 나가야 하는지에 관한 규칙 대신에 상대방의 시간을 낭비하게 하지 않고 걱정을 끼치지 않는다는 원칙이 있다.

이러한 통치양식은 부모들이 자녀들에게 올바른 판단을 하는 법과 서로의 권리 및 장단점을 가치 있게 여기는 방법을 가르쳐온 가족에게서 나타난다. 그러기 위해서는 조화와 협동이 필요하다. 일시적으로 부조화 상태가 있을 수 있으나, 그것은 가족체계의 균형을 유지하는 공정한 결정으로 해결될 것이다. 즉, 각자는 자기에게 주어진 시간을 지킴으로써 자기 개인의 시간과 가족이 함께하는 시간을 구분해 놓는다. 이 형태의 통치양식에서는 모든 성원의 정당한 요구를 채워주기 위해서 절충을 하기도 한다.

2. 가족의사결정의 과정

1) 가족의사결정의 단계

가족의 의사결정은 누구 한 사람을 위한 것이 아니라 가족의 응집력을 높이는 데 매우 중요한 역할을 한다. 이러한 가족의 응집력을 측정하는 한 가지 방법으로 의사결정 과정을 관찰할 필요가 있다. 가족구성원 간의 응집을 위해서는 정서적 결속이 필요한데, 혼합메시지, 이중구속(double binds), 모욕적 언동, 꾸중, 비난 같은 부정적 의사소통으로 결정하게 되면 그 결속이 이루어지지 않는다. 적응력이 있으려면 가족체계가 변화되어야 한다. 효율적인 의사결정을 통해서 가족은 이전의 의사결정 상호작용에서 발전된 긍정적 이념, 규칙, 역할 기능 그리고 권력 차원을 유지하면서 필요한 변화들을 이루어 갈 수 있다.

가족의 의사결정은 한 가족원이 그가 바라는 결과를 예측할 수 있는 만큼 또는 그 결과에 영향을 미칠 수 있는 정도만큼 권력과 관련되어 있다. 예를 들어, 남편은 자신이 원하는 방향으로 아내가 결정하도록 영향을 줄 수 있다. 그 권력의 정도는 남편의 설득에 따른 아내의 선택과 설득에 관련된 사람들의 지각과 의도에 달려 있다. 따라서 남편의 의도와 남편이 아내의 의사결정에 미치는 영향을 알면 권력을 측정할 수 있다.

가족의 응집과 적응의 연속선상에서 어디에 있는가가 의사결정 행동에 영향을 미친다. 매우 억압적이고 유리된 가족 분위기에서는 변화나 분리가 위협될 수 있으므로 예측할 수 있고, 위험부담이 적은 결정을 하도록 강요할 것이다. 유리된 체계(disengaged system)는 합리적인 결정을 할 만큼 충분한 정보를 갖지 못할 것이며, 혼란에 빠진 가족들은 실행될 수 있는 결정을 거의 하지 못할 것이다.

이렇듯 가족 내에서 의사결정이 이루어지는 방식은 천차만별이다. 우드와 탈몬(Wood & Talmon, 1983)은 의사결정이란 '가족이 결정해 나가는 영역의 유형을 나타내는 것'이라고 제시하였다. 이 '결정 영역'에 따라 어떤 결정은 개인이 해도 되나 어떤 결정은 특정 하위체계나 전체 가족의 승인을 얻어야 한다. 예를 들어, 부모는 자녀를 놓아두고 여행을 간다는 결정에 대해 전 가족의 의견을 물어야 할 것이다. 때때로 가족원들은 다른 사람들의 결정 영역을 침범하기도 한다. 예를 들어, 아버지가 다른 사람에게는 필요하지도 않고 반갑지도 않은 것을 설득하여 개인이나 하위체계가 그것을 결정하도록 압력을 가할 수도 있다(이재연 외, 1990).

의사결정은 단순하게 선택을 하는 것 그 이상이다. 의사결정은 선택에 선행하는 활동이며 하나의 과정, 즉 실제적인 선택뿐 아니라 그 외의 것을 포함하는 일련의 분명한 단계이다(임정빈 외 역, 1994). 그러므로 의사결정 단계를 분명히 인식하고 결정에 임하는 자세가 필요하다(유형주 외, 2004).

(1) 1단계: 목표와 목적을 분명히 한다

모든 조직에는 목표와 목적이 있다. 목표와 목적은 조직이 지향하는 바와 왜 그러한 지향을 하는지에 대한 이유를 말해 준다. 이것은 조직적 계획과 행동에 대한 일반적인 청사진이며 의사결정과정의 첫 번째 단계이다.

(2) 2단계: 문제를 인식한다

종종 우리는 우리가 바라는 목표 및 목적과 실제 관찰된 것과의 불일치를 발견하게 되며 이로써 문제를 인식하게 된다. 문제인식은 실제로 두 가지 행동을 포함하고 있다. 첫째, 관리자 또는 의사결정자는 무엇이 일어나고 있는지를 구체적으로 조사해서 기억하고 있어야 한다. 그러므로 불일치가 언제 일어나는지를 민감하게 인식해야 한다. 둘째, 의사결정자는 불일치를 평가해야 한다. 불일치한 사항이 중요한 것으로 여겨질 때에만 다음 단계로 진행된다.

(3) 3단계: 정보를 탐색한다

의사결정자는 문제의 원인을 파악하고 문제해결을 위해서 가능한 몇 가지 방법과 관련된 모든 정보를 수집해야만 한다. 이 단계에서는 시간과 독창성이 요구된다. 하지만 불행하게도 종종 이 단계가 적절하게 다루어지지 않고 있다.

(4) 4단계: 대안을 만든다

일단 정보가 수집되면 정보를 합쳐서 대안적인 선택이나 행동과정을 탐색해야 한다. 대개 수많은 대안 중에서 더 구체적인 소수의 대안으로 좁혀진다. 그럴듯한 해결대안을 산출하기 위해서는 경험, 창의성, 수많은 정보를 통합시키는 능력, 미래를 내다보는 능력이 요구된다.

(5) 5단계: 선택을 한다

선택하게 되는 단계로 대안평가가 있다. 이 단계에서는 가능한 행동과정 모두가 펼쳐진다. 행동과정은 서로 비교하여 최선의 대안을 만들어야 한다. 대부분은 어떤 대안이든지 장단점이 있으므로 각 대안에 대한 장단점을 신중하게 비교해야 한다. 무엇이 각 대안의 장단점인지를 실제로 판단하고 결정하는 데 가치가 결정적인 중요한 역할을 한다.

(6) 6단계: 결정을 수행하고 평가한다

바라던 것과 관찰된 것 사이의 불일치는 사라졌는가? 문제는 해결되었는가? 만약 그렇지 않다면 다시 두 번째 단계로 되돌아가 다시 시도한다.

2) 가족의사결정에 미치는 영향요인

가족의 의사결정에는 그 결정을 내리게 한 여러 요인이 관련되어 있다(이재연·최영희 역, 1990).

(1) 의사결정에서의 자녀의 역할

첫 아이의 탄생으로 가족 내에 삼각관계나 동맹관계가 최초로 형성된다. 아동은 종종 한쪽 부모와 동맹을 맺음으로써, 또는 제안된 어떤 결정에 정면으로 반대함으로써 결정에 영향을 미친다. 어떤 가족에서는 영원한 동맹이 맺어지기도 한다. 예를 들어, '아빠, 언니, 남동생은 문제가 생기면 항상 동맹을 맺어 뭉치기 때문에, 종종 엄마와 내가 반대편에 서게 된다.'와 같은 경우이다.

어떤 상황에서는 자녀가 의사결정의 주도를 함께하기도 한다. 러셀(Rusell, 1979)은 이러한 경우는 자녀나 배우자가 다른 가족원들로부터 지지를 받고 있다고 느끼는 분위기에서 나타난다는 것을 발견했다. 이러한 분위기는 또한 자기주장이 약한 성원들도 감히 문제를 떠맡아서 해결해 보려는 것을 쉽게 해 주기도 한다. 문제해결과정에 있는 가족원들을 관찰한 결과 콜브와 스트라우스(Kolb & Straus, 1974)는 자녀가 결과를 주도하는 때도 있으나, '자녀의 높은 권력(high child power)'은 부모들의 낮은 결혼 만족도와 관련이 있음을 발견했다. 그들은 이러한 결과가 아버지는 주도적이어야 한다는 사회적 기대와 아버지가 주도하지 못할 경우는 주도권을 자녀에게 빼앗겼다고 느끼기 때문이라고 생각한다. 반대로 어떤 부모들은 자녀들에게 장래의 책임감을 길러 주기 위하여 의사결정에 영향을 미치거나 의사결정을 주도할 기회를 의도적으로 마련해 주기도 한다. 그러므로 자녀가 가족의 의사결정에 영향을 미친다는 것을 알 수 있다.

(2) 개인의 자원

의사결정상의 의사소통은 아동이 성장하고 자아존중감을 발전시켜 감에 따라 크게 변화할 수 있다. 그것은 큰 변화와 성장을 경험하는 부모도 마찬가지이다. 부모가 문제해결에 점차 익숙해지고, 여러 가지 문제상황에 접하게 됨에 따라 가족체계 내의 분리나 응집의 정도가 변화하면서 가족 간의 의사소통은 더욱 원만히 이루어진다. 이러한 분위기가 반복되면서 부모는 위의 자녀와 했던 의사결정에서는 경험했던 실패와 성공으로 아래 자녀와의 의사결정에서는 위의 자녀와 매우 다른 의사소통을 사용할 것이다. 높은 응집력을 지닌 가족의 구성원들은 전체 가족에게 영향을 주는 중요한 결정에 시간을 투자하는 경향이 있다. 그러므로 가족은 결코 정지해 있지 않기 때문에 각 구성원은 가족 내부와 외부의 몇 가지 의사결정 문제를 동시에 접할 수 있다. 아울러 결정을 요하는 문제는 그 중요성에 따라서 가족구성원에게 영향을 주어 능동적으로 또는 수동적으로 그 결정에 정도를 달리하여 관여하도록 이끈다.

(3) 외부의 영향

각 가족은 많은 사회 체계 중의 하나인 투과적인 하위체계이기 때문에 정부, 기업, 사회는 가족에게 영향을 주는 정책 등 모든 종류의 외부요인이 의사결정에 영향을 준다. 가족체계의 결정은 종종 다른 사회체계와 절충하거나 그에 적응한 것이 된다. 학교, 회사, 정부체계 등은 가족의 결정에 영향을 준다. 가족이 다른 체계와 접촉하여 문제해결이 쉽게 될 수도 있고 어렵게 될 수도 있다. 다른 체계에도 역시 그 체계를 유지하기 위한 규칙, 이미지 그리고 경계가 있으며, 생동하는 체계로 지속하기 위한 변화과정이 있다. 예를 들어, 부모가 일하는 직장이 의사결정에 어떻게 영향을 주는지 알아보자. 만약 어머니가 출장을 간다든지, 야근한다든지, 저녁시간에 밖에서 고객 접대를 해야 할 경우, 그 가족은 그런 일이 없는 가족과는 다른 의사결정을 하게 될 것이다. 특히 부모가 모두 직장을 다니거나 한 부모가 가족의 수입과 아동양육 모두를 담당하면 그러한 조정이 필요하다. 이것은 방과 후부터 부모가 집에 돌아올 때까지 혼자 있는 자녀는 학교에서 돌아오면 부모가 맞아 주는 아이들과는 다른 의사결정을 해야 하기 때문이다.

3) 가족갈등을 다루기 위한 의사결정 영향 요인

가족의사결정에 관련된 하나의 관심은 실제로 의사결정을 내리는 개인이나 집단이 누구인가 밝혀내는 것이다. 예를 들어, 전체 가족이 어느 정도 의사결정을 함께하는가? 의사결정은 남편과 아내에 의해 공동으로 이루어지는가? 아니면 가족을 위해 배우자의 어느 한쪽에 의해 결정되는 특정 선택인가? 가족 중 한 사람 또는 일부에 의해 의사결정이 이루어질 때, 다른 가족구성원들의 의견 또는 선호가 어떤 영향을 미칠 것인가에 대한 대답들은 가족의 생활양식과 구체적인 의사결정 유형에 따라 변할 것이다.

가족수준에서 의사결정은 순간적인 사건이기보다는 사고와 행동의 연속인 진행하는 과정으로 간주해진다. 가족이라면 누구든지 의사결정의 어떤 단계에서라도 영향을 주려 하기 때문에 가족갈등을 다루는 데는 의사결정에 이르기까지 미치는 영향 요인이 무엇인가에 대해 알아보는 것이 선결조건이라 하겠다.

(1) 권력(power)의 유형

권력은 비록 상대의 반대에 부딪히더라도 원하는 행동을 취하는 개인의 잠재력이다. 가족 의사결정과정에서 발생하는 갈등상황에서 누가 의사결정을 하는가, 누구에게 유리한 방향으로 의사결정을 하는가는 가족 내 권력에 의해 결정된다. 따라서 가족 내 권력이란 한 가족원이 다른 가족구성원의 행동에 영향을 미칠 수 있는 능력으로 가족 내에서의 의사결정능력과 관련된다. 가족 내 권력의 유형은 합법적 권력과 비합법적 권력 두 가지 유형으로 나눌 수 있다.

합법적 권력(legitimate power)은 가족 내에서 그 구성원에게 순종해야 한다는 내재화된 가치와 신념을 지킬 때 주어지는 것을 의미한다. 합법적 권력에는 보상적 권력, 준거적 권력, 전문가적 권력으로 나뉜다. 다른 가족구성원의 행동에 대해 보상을 줄 수 있는 능력 때문에 권력을 의미하는 보상적 권력과 다른 가족구성원이 그 성원처럼 되고 싶어 하므로 주어지는 권력을 의미하는 준거적 권력, 다른 가족원이 그 성원의 지식에 대해 전문가라고 인정할 때 주어지는 권력인 전문가적 권력 등이 있다.

비합법적 권력(illegitimate power)은 다른 가족구성원이 그 구성원의 요구가 과하다고 느끼거나 요구를 들어주는 보상이 충분치 않은 채 요구되는 상황에서 강압적으로 갈등상황을 해결할 때의 권력을 의미한다.

(2) 부부간 권력

가족 내의 권력에 대한 문화적인 유산에 따르면, 전통적인 부부들은 가족에 있어서 남편의 이익이 가장 중요하며, 남성들보다 여성들이 자신의 이익보다는 가족의 복지를 먼저 생각하는 경향이 있다. 그래서 이러한 상황에서의 남편은 가족의 우두머리, 중요한 의사결정자로 간주한다. 이런 부류의 사람은 집단의 다른 사람을 대신하여 자신이 의사결정을 할 수 있다.

진보적인 견해를 가진 사람들은 그들 자신의 관심사와 다른 가족구성원들의 관심사 둘 모두의 중요성을 인식할 것이다. 이러한 분위기의 체제는 여성들로 하여금 경제적인 자원과 인적 자원을 개발하기 위한 더 많은 기회를 가지게 함으로써 여성의 권력향상 기반은 증가시키게 된다.

한편, 로드만(Rodman, 1972)에 의하면 사회유형에 따라 가부장제 사회, 수정된 가부장제 사회, 과도기적 평등주의 사회, 평등주의 사회 등 네 가지 사회유형에 따른 부부 권력 양상에 대해 제시하고 있다. 먼저 가부장제 사회에서는 가부장제 규범 때문에 지위계층에 상관없이 남편에게 권력이 집중되는 사회이며, 수정된 가부장제 사회에서는 상류계층은 가부장제 규범보다는 부부간의 자원이 권력에 더 큰 영향을 미치지만, 하류계층은 강한 가부장제 규범이 지배하여 남편 권력이 절대적인 사회이다. 우리 사회가 여기에 속하며 구체적으로는 생활 영역별로 차이가 난다. 즉, 남편과 아내의 생활 영역에 따라 그에 대한 결정권이 높다는 것이다.

미국으로 대표되는 과도기적 평등주의 사회는 부부간의 자원이 권력을 좌우하는 사회이며, 마지막으로 평등주의 사회는 지위계층에 따라 권위의식 자원과 상관없이 부부간의 권력 공유가 높은 사회로 덴마크, 스웨덴 등이 여기에 포함된다고 한다(문숙재 외, 2005).

(3) 권력사용의 과정

가족이 토론할 때 각 개인은 하나의 대안을 제안할 수도 있다. 토론의 방향은 휴가를 보낼 장소에 관한 것일 수도 있고 가족구성원 간의 임무를 더욱 공정하게 배분하는 절차일 수도 있다. 만일 다른 가족구성원들이 의견을 같이 한다면, 그 가족은 의사결정이 공동으로 결정되었다고 말할 수 있을 것이다. 그러나 실제로 대안을 제시한 사람이 결과에 가장 큰 영향을 준 것이다. 다른 가족구성원들이 '아니오'라고 말함으로써 그 제안을 거절하거나 그 생각을 무시하는 것 또한 가능하다. 그러한 거절은 배우자 중 한쪽이 전통적 사고방식을 가지고 있고, 다른 한쪽은 평등주의자라면 더욱 일어나기 쉽다. 그 생각을 반대한 사람은 또 다른 대안을 제안할 수 있으며, 혹은 발의자가 처음의 제안을 수정하거나 독립적으로 행동할 수도 있다. 이러한 행동은 한 집단으로 지속해야 하는 단위에 대한 명백한 위협이 된다.

협상을 이끌어 낼 수 있는 또 다른 반응은 '예…. 그러나'로 시작할 것이다. 휴가의 예를 살펴볼 때, 그 반응은 "예, 일주일간의 캠핑은 좋습니다. 그러나 집으로 돌아오는 도중에 여동생 집에서 하룻밤 보냈으면 좋겠습니다."일 수도 있다. 이 제안에 대해 발의자는 세 가지 방법 즉, 긍정, 부정 또는 부가적인 선택을 제공하는 것 중 어떠한 형태로든 반응할 것이다. 이러한 상황에서 목표에 대한 심각한 불일치가 나타난다면, 권력이 행사된다. 이러한 차이점을 해결하기 위한 전략은 설득, 강제, 또는 폭력을 포함할 수 있다.

전통적 역할을 가진 가족이나 취학 전의 자녀가 있는 가족은 의사결정 시 불일치의 해결 방법으로 설득을 더 많이 사용하는 경향이 있다. 설득 기법의 예는 정보의 선택적인 공유, 분노와 침묵과 같은 감정표시, 그리고 전문적인 지식을 포함한다.

이러한 전략은 하나 또는 둘 이상으로 결합해 사용되며, 권력이 약한 사람들로 하여금 직접적 대결을 피할 수 있도록 도움을 주기도 한다. 교섭에 관계된 모든 사람이 선택으로부터 어떤 것을 얻으므로 교섭은 특별한 이점을 가질 것이다. 외관상 권력이 없는 가족구성원에 의한 성가신 잔소리를 듣는 것은 부모나 배우자를 지치게 한다. 아이들과 같이 그들의 제한된 영향력을 가지고 있다고 생각하는 가족 역시 특정 의사결정을 하는 데 참가할 수 있다.

가족에서의 강제(coercion)의 한계 또는 강요된 동조는 가정폭력에 대한 법률에서 입증된 것처럼 문화적인 규범에 의해 영향을 받을 것이다. 위협과 직접적인 폭력과 같은 강제적인 행동은 집단 구성원 간의 권력 간에 불균형이 심할 때 더 많이 일어난다. 권력은 이렇게 사용하여 결정된 선택의 결과로서 그 집단의 일부는 승리하고, 다른 일부는 아무것도 얻지 못하거나 패배한다.

(4) 갈등과 의사소통

갈등상황에서 가족은 서로의 행동을 변화시키려는 의도로 통제를 시도하는데, 이를 권력과정이라고 한다. 이때 갈등이 해결되는 결과를 가져올 수도 있고, 단순히 통제되는 예도 있다. 합법적 권력을 통해 갈등을 해결하는 경우를 갈등해결이라 하고, 비합법적인 권력을 통해 갈등을 해결하는 경우를 갈등통제라고 하는데, 갈등통제 시 가족구성원 간의 관계는 불안해지고, 부당하게 당했다고 여기는 쪽에는 새로운 해결을 모색하게 된다. 즉, 가족구성원은 원하지 않은 상황으로 압력을 받아 끌어들여졌다고 느낌으로써 고통호소하고, 처벌, 손해감을 느낀다.

갈등을 다루는 과정에서 상대방과 협상하기 위해서나 통제하기 위해서 상호작용기술을 사용하게 되는데, 이것이 의사소통(communication)기술이다. 그런데 잘못되거나 단절된 의사소통일 때 갈등이 잘 해결되지 못하고 더 심화할 수 있다. 예를 들면, 서로의 의사가 잘못 전달되는 경우가 여기에 해당되는데, 남자와 여자가 차를 사는 문제로 갈등상황이 제시됐을 때 남자는 차를 원하고 여자는 돈을 아끼려 한다. 남자는 아마도 그냥 싼 차를 살 생각인데, 여자는 대형차를 사겠다는 의미로 받아들인다. 즉, 잘못된 부부간 의사소통 과정은 다음과 같다.

한쪽 배우자가 상대 배우자에게 대화를 시도하나 받아들여지지 않는다.
큰 소리로, 강력하게 말한다.
비언어적 행동을 취한다(폭력 또는 침묵).
다른 사람의 도움을 청한다(친척, 친구, 전문가 등).

* 잘못된 부부간 의사소통 과정

갈빈(Galvin)과 브리옴멜(Briommel, 1995)은 잘못된 가족간 의사소통 경로를 다음의 몇 가지로 말하고 있다.

첫째, 권위자로부터 아래로 향하는 의사소통의 위계가 있는 경우가 있는데, 예를 들면 아버지→어머니→아들→딸 순으로 위계로 이 관계망의 끝에 있는 아버지나 딸은 정보교환이 단절되어 가족에게서 멀어질 수 있다.

둘째, 특정한 사람을 통하여 가족구성원들에게 의사전달이 이루어지는 경우가 있는데, 이 사람만이 모든 상황을 파악하고 있으며, 다른 사람들끼리의 연결이 어렵다. 그러므로 중심에 있는 사람들이 의도적으로 정보를 여과 또는 왜곡시킬 수 있다.

이러한 합리적이지 못한 방법에도 불구하고 첫 번째와 두 번째 의사소통 경로가 질서 유지에는 적절하였기 때문에 가부장제 사회에서 대가족을 통제하기 위해 사용되었던 것이다.

갈등해결은 개인간 의사소통의 가장 어려운 면이다. 갈등상태에 있을 때 사람들은 민감해지고, 화가 나 있으면 정상적인 의사소통에 영향을 끼칠 수 있다.

갈등에 대해서 적극적으로 의사소통을 하는 데는 위험성도 따르지만 어떠한 해결도 하지 않으려는 태도는 더 큰 갈등을 낳을 수 있다. 개인간 관계와 개인적 욕구 둘 다 모두 중요하므로 갈등에 관한 의사소통에서 지켜야 할 수칙을 다음과 같이 제시하고자 한다.

첫째, 문제와 차이점을 명확히 하기 위한 의사소통을 이용하면서 감정과 사실에 대하여 이야기하라. 자신의 것을 솔직하게 드러내고 대해야 하며 이중적인 메시지를 사용하지 않는다.

둘째, 상대의 관점에 대한 이해를 얻어내기 위하여 타인의 관점과 감정에 귀를 기울여라. 사람들은 '좋습니다.'라고 말하지만, 그들의 어조와 자세는 다른 뜻을 전하고 있을 수 있다. 의사소통의 각 형태는 특정한 메시지를 전할 수 있고 그 메시지는 언제나 시종일관된 것만은 아니다. 사람들은 비언어적 메시지를 통하여 자기감정을 나타내며 자신에 대하여 더 많은 것을 드러낸다. 예를 들면, 공간을 사용하는 방법에서 관계의 본질에 대한 정보를 제공하기도 하는데, 친근한 관계를 맺은 사람들은 서로 매우 가까이 서거나 앉는 반면에, 적대적인 관계의 사람들은 서로 외면한다. 이런 의사소통의 형태에는 문화와 나이를 바탕으로 한 차이점이 있고 일시적인 관찰보다는 꾸준한 행위가 비언어적 행위의 뜻을 파악하는 데 더 좋은 지침이 될 수 있다. 이외에 문제를 밝히기 위해 가끔 질문하고 다른 사람의 메시지를 언어로서 다시 전하는 것은 메시지 해석에 실수를 줄여준다.

셋째, 차이점을 탐구할 준비를 하고 의욕을 가져라. 이러한 의사소통을 위한 적절한 시간과 장소를 선택하라. 지쳐 있거나 배고프고 졸리든지 아니면 다른 곳에 정신이 팔려 있는 사람은 협상할 수 없거나 그렇게 할 의사가 없을 것이다.

넷째, 사람이 아니라 문제를 공격하라. 만일 사람들이 소중한 참가자로 다루어진다면, 그들은 발전될 수 있는 선택을 고려하는 것에 더욱 적응할 것이다. 이전의 사건, 관계 혹은 애완동물에 대한 알레르기와 같은 변화할 수 없는 신체적 특징보다 특별히 변화 가능한 행동이 무엇인지에 대해 강조함으로써 이용 가능한 선택과 핵심에 접근할 수 있다.

다섯째, 문제가 해결되면 언쟁, 싸움 혹은 토론도 끝내도록 해라. 이것은 해결책이 언제나 발견된다는 것을 뜻하는 것이 아니고 당분간 긴장이 해소된다는 것을 뜻한다. 그러나 문제가 오랫동안 해결되지 않고 있으면 더이상 휴전은 지속되지 않는다.

갈등이 건설적으로 해결되려면 다소의 시간이 걸린다. 만약 오랜 시간에 걸쳐 의견 불일치가 진전되어 왔다면 그 원인을 결정하는 일과 변화를 주는 시간과 인내 모두를 취할 것이다. 진지하고 사려 깊은 상호작용을 통하여 사람들은 그들의 차이점에 대해 전적으로 새롭고 수락할만한 해결책을 개발해 나갈 수 있으며, 어느 정도 범위의 대안이 존재하여야 타협할 수 있다. 그런 상황에서 각 참여자는 타인의 요청이나 요구 몇 가지를 들어준다.

전형적으로 의사소통을 단절시키는 대화유형

대화유형	예시	반응결과
지시, 명령, 요구	• 울지마. • 더 열심히 해. • 조용히 해.	• 두려움, 자기방어욕, 저항 등으로 반항적이거나 소심한 태도를 야기시킨다.
위협, 경고, 처벌	• 당신 그러면…해. • 당신… 하는 게 좋을걸.	• 분노, 공포, 저항, 반항적이거나 수동적, 조작적인 태도를 불러일으킨다.
설교, 설득, 강의, 충고, 제의	• 좋은 아내라면… • 나이가 들면 알게 될 거야. • 왜 이걸 안 하지? 당신이 할 일은 말야.	• 자신의 정당성, 우월감을 기본으로 깔기 때문에 상대방의 자존심을 손상시키며, 자기방어를 증가시켜 역 논란이 일어난다. 심지어는 마음을 터놓지 못한다. 그리고 의존적이 되기도 한다.
비평, 비난	• 당신 때문이야. • 당신은…못해. • 당신은 항상 그래. • 거짓말쟁이. • 도둑놈! • 당신은 전형적인…야.	• 자존심 손상, 죄의식을 불러일으켜서 자기 개방성을 감소시키고 심지어는 그대로 이러한 부정적인 이미지를 받아들이게 한다.
조롱, 비꼼	• 그래 너 잘 났다.	• 거부당하는 느낌, 분개 및 적대감을 불러일으킨다.
임상, 정신분석, 독심술	• 당신이 피곤해서 그런 거야. • 누구나 그럴 땐 그래. • 당신은 남자에게 적대적이야.	• 프라이버시에 대한 위협, 분노, 기본적인 자기신뢰의 손상을 가져온다.
철회	• 더 이상 그에 대해 말하지 말자. 그만.	• 상대에 대한 존중의 결함. 또는 처벌을 위함으로 이는 이후의 상호작용을 왜곡시키고, 기분이 나쁘다.
심문, 사실추궁	• 당신 틀림없이 그랬어. • 정말 사실대로 이야기하는 거야?	• 상대의 감정을 무시. 과거의 일을 잘 끌어온다. 현재의 목적, 감정보다는 과거를 끌어들인다. 불신감을 전달한다.

출처: 스캔조니와 스캔조니(1988).

부모-자녀의 긍정적인 의사소통의 8가지 유형

1. 100% 수용적인 언어표현

부모와 자녀가 상호작용할 때 일어난 일에 대해 부모가 긍정적인 언어표현을 사용하면 자녀는 그 상호작용의 의미를 잘 이해하게 된다.

2. 차례대로 대화에 참여하기

가족구성원 모두 의사를 표현할 기회를 갖고 다른 가족으로부터 적절한 관심을 받는다. 대화에 참여하지 못하는 가족이 없도록 한다.

3. 약한 의사표현 강화하기

아동이든 성인이든 의사소통에서 상호작용과 자기주장을 잘하지 못하는 구성원이 있으면 더 적극적으로 참여하도록 격려한다.

4. 따라서 반응해 주기

부모가 자녀와 상호작용을 할 때 자녀의 언어적 또는 비언어적 표현에 뒤이어 반응을 보인다. 이때 부모는 자녀에게 평가적인 표현을 하면서 자녀를 바라본다.

5. 긍정적으로 표현하기

부모는 자녀가 해야 할 일을 지시할 때 모든 가능성을 고려해 긍정적인 말로 표현한다. 가령, "외투를 잘 들고 가라."라고 말하지, "외투를 바닥에 끌지 마라."라고 말하지 않도록 한다.

6. 자발적인 행동 지지하기

자녀가 무언가 배우려는 의도에 대해 부모가 긍정적인 반응을 보인다.

7. 이끌어 가기

부모가 행동의 모범을 보여서 자녀의 행동을 이끌어 가고 무엇이 기대되는지 그리고 부모가 무엇을 책임질 수 있는지를 자녀가 알도록 한다.

8. 즐거운 순간들을 공유하기

부모는 자녀와 즐길 시간을 갖고, 즐거운 순간들을 함께 한다.

이 여덟 가지 활동은 자녀의 나이와 상관없이 충분히 포괄적으로 적용될 수 있지만, 어린 자녀보다 나이가 많은 자녀나 사춘기 청소년은 긍정적으로 표현을 약화하고, 더욱 지도적인 측면을 강화할 수 있을 것이다.

출처: Weiner A., Kuppermintz H., & Guttmann D.(1994). "Video Home Training(The Orion Project): A Short-Term Preventive and Treatment Intervention for Families of Young Children." Family Process, 33.

잠깐만! 함께해요

부모역할 만족도 질문지

본 설문지는 부모가 느끼는 부모역할 만족도를 알아보기 위한 것이다. 여기에는 옳고 그른 답이 없으며, 만일 한 문장이라도 응답을 하지 않으면 설문지 전체를 사용할 수 없으므로 성실하게 응답해 주기를 요청한다.

매우 그렇다	약간 그렇다	보통이다	거의 그렇지 않다	전혀 그렇지 않다
1	2	3	4	5

문 항	1	2	3	4	5
1. 나는 남편(부인)과 아이들의 관계에 대해 만족한다.					
2. 남편(부인)은 아이들의 문제에 관심을 두고 나와 의논하는 편이어서 기쁘다.					
3. 나는 아이들과 사이가 좋은 편이어서 기쁘다.					
4. 아이들은 나를 좋은 부모로 여기는 것 같다.					
5. 아이들과 함께 있으면 대부분 즐겁고 재미있게 시간을 보낸다.					
6. 남편(부인)이 비교적 아이들과 많은 시간을 보내므로 나는 만족한다.					
7. 나에 대한 아이들의 태도에 나는 만족한다.					
8. 나는 나 자신의 자녀양육방식에 만족한다.					
9. 나는 아이들이 내 생활에 활력을 불어넣어 주기 때문에 기쁘다.					
*10. 나는 가끔 아이들에게 지나치게 비판적이라는 생각이 든다.					
11. 나는 남편(부인)이 자녀양육에 참여하는 정도에 대해 만족한다.					
12. 나는 자녀가 매우 협조적인 것이 만족스럽다.					
13. 나는 아이들과 충분한 시간을 보낸다고 생각되어 만족한다.					
14. 자녀양육에 대해 남편(부인)이 많은 책임감을 느끼고 있는 편이어서 기쁘다.					
15. 남편(부인)이 아이들에게 많은 관심을 보여주고 있어 행복하다.					

*16. 아이들은 내 친구들 앞에서 나를 무척 짜증나게 한다.					
17. 나는 아이로부터 받는 애정과 사랑에 대해 만족한다.					
18. 나는 남편(부인)의 자녀양육방식에 대해 만족한다.					
19. 남편(부인)은 아동발달에 관한 충분한 지식이 있어서 부모역할 수행에 대해 자신감이 있는 것 같다.					
*20. 아이들 탓에 자질구레한 일들이 나를 괴롭힌다.					
21. 나는 아이가 나를 사랑하고 관심을 두는 정도에 만족한다.					
22. 남편(부인)은 내가 전력을 다해 부모역할을 수행하도록 도와준다.					
23. 나는 남편(부인)이 아이들의 학업을 지도하거나 훈육에 대해 지니고 있는 태도에 대해 만족한다.					
*24. 나는 아이들 때문에 근심걱정이 많다.					
*25. 아이들 때문에 일어나는 일들 때문에 화가 나고 짜증스럽다.					
26. 나에게 힘든 일이 있을 때 아이들은 날 위로해 주고 격려해 준다.					
27. 나는 아이가 성장하는 모습을 보게 될 때 뿌듯하다.					
28. 나는 아이를 가짐으로써 뭔가를 이룬 것 같은 성취감을 느낀다.					
29. 나는 아이가 있음으로써 사는 목적이 뚜렷해졌다.					
*30. 나는 아이 탓에 신경이 날카로워지거나 정서적으로 불안함을 느낀다.					
*31. 집안일을 할 때 아이들의 방해를 받는다.					
*32. 나는 부모로서의 나 자신의 가치와 능력에 대해 자신이 없다.					
33. 나는 아이가 있다는 것 자체로부터 큰 만족을 느낀다.					
*34. 아이들 위해 내 생활의 계획을 포기해야 할 때는 심리적인 허탈감이나 갈등을 느낀다.					
35. 나는 아이가 생긴 후 결혼생활이 정착된 기분을 느꼈다.					
36. 아이 때문에 부부간에 공통된 관심사가 늘었다.					
37. 주위에서 아이가 칭찬을 받을 때 부모로서 기쁨을 느꼈다.					
38. 아이가 나에게 애정표현을 할 때 기뻤다.					
39. 아이 덕분에 내가 중요하고 소중한 존재임을 깨닫게 되었다.					

40. 어려운 상황에 부딪힐 때 아이들은 날 도와준다.					
41. 아이는 나의 좋은 말상대가 되어 준다.					
42. 행복해하는 아이의 모습을 볼 때 부모인 나 역시 행복해진다.					
43. 아이와 친구처럼 서로 어려웠던 일을 이야기할 수 있어 기쁘다.					
44. 아이가 집안일을 도와주어서 기쁘다.					
45. 아이가 나의 입장을 생각해 줄 때 기쁨을 느낀다.					
*46. 나는 아이가 나를 그다지 좋아하지 않는 것 같아 불만이다.					
*47. 아이가 성장하면서 나를 무시하는 것 같아 화가 난다.					
*48. 아이 기르는 것에 대한 태도가 서로 달라 남편(부인)과 갈등이 있다.					

(* : 역채점 문항)

출처: 이영자(2007). 적극적인 부모역할훈련(APT) 프로그램과 부모의 양육태도. 숙명여자대학교 대학원. 석사학위논문.

- 부모의 부모역할만족도는 5개의 하위척도로서 일반적인 만족도(11문항: 9, 27, 28, 29, 33, 35, 36, 37, 38, 39, 42), 부모-자녀관계(10문항: 3, 4, 5, 7, 8, 12, 13, 17, 21, 46), 부모역할 갈등(11문항: 10, 16, 20, 24, 25, 30, 31, 32, 34, 47, 48), 배우자의 지지(10문항: 1, 2, 6, 11, 14, 15, 18, 19, 22, 23), 자녀의 지지(6문항: 26, 40, 41, 43, 44, 45)로 구성되어 있으며, 모두 48문항에 5점 척도로 측정하게 돼 있다.
- 점수가 높을수록 만족도가 높다는 것을 의미하며, 부정적인 내용으로 서술된 12문항(10, 16, 20, 24, 25, 30, 31, 32, 34, 46, 47, 48)에 대해서는 역으로 점수화하도록 되어 있다.

참고문헌

건강가정컨설팅연구소(2017). 결혼과 가족생활. 서울: 시그마프레스.

곽금주 외(2015). 여성심리학. 서울: 학지사.

권석만(2014). 인간관계의 심리학. 서울: 학지사.

기든스, 앤서니(1997). 현대성과 자아정체성. 권기돈 역. 서울: 새물결.

기든스(2003). 현대사회의 성, 사랑, 에로티시즘. 배은경, 황정미 역. 서울: 새물결.

김건순, 김남진, 오세일(2017). 한국 대학생의 자기계발과 삶의 질. 사회과학연구, 24(2): 259-294.

김명자, 계선자, 강기정, 김연화, 박미금, 박수선, 송말희, 유지선, 이미선(2012). 아는 만큼 행복한 결혼, 건강한 가족(5쇄). 경기: 양서원.

김명희(2011). 부모교육과 상담. 서울: 동문사.

김서중(2016). 헬조선을 심화시키는 언론 3. 황해문화. 9: 290-296.

김양희 외(2009). 신혼기 건강가정을 위한 길라잡이. 우리 방금 결혼했어요. 동작구건강가정지원센터.

김양희, 전세경, 문영소, 이영세, 김예리, 김진희, 장온정, 박정윤, 김효민, 안진경, 백선아, 최은주(2011). 결혼과 가족. 경기: 양서원.

김영희, 김경미, 조주영, 황종귀(2016). 결혼과 가족. 경기: 양서원.

김정영, 이성민, 이소은(2014). '나'의 성장과 경험으로서 연애의 재구성. 미디어, 젠더 & 문화. 29(3): 45-81.

김정옥, 박귀영, 유가효, 전귀연, 홍계옥, 홍상욱(2012). 가족관계. 경기: 양서원.

김종운, 박성실(2016). **인간관계 심리학**. 서울: 학지사.

김주은(2015). 사랑의 존재론: 오늘날의 사랑에 대한 비판적 소고. **HOMO MIGRANS**. 13: 103-123.

김초롱, 오세일(2017). 대기업 청년 퇴사자의 진정성과 자기계발: 신자유주의 시대, '개인화된 자아' 구성을 중심으로. **사회이론**. 51: 103-139.

김현경(2003). 프로젝트로서의 '연애'와 여성 주체성에 관한 연구: 여자 대학생의 경험을 중심으로." 이화여자대학교 대학원 석사학위논문.

김현주, 손은경, 신혜영(2003). **현장중심 부모교육**. 경기: 양서원.

김혜숙(1999). 집단범주에 대한 고정관념, 감정과 편견. **한국심리학회지: 사회 및 성격**, 23(2), 103-125

김혜숙(2014). **신음양론: 동아시아 문화논리의 해체와 재건**. 서울: 이화여자대학교출판부.

김효진(2012). 서울 대학가 저소득층 대학생의 연애. **도시인문학 연구**, 4(1): 175-216.

루만, 니클라스(2009). **열정으로서의 사랑. 친밀성의 코드화**. 정성훈, 권기돈, 조형준 역. 서울: 새물결.

류왕효(2009). **부모교육**. 서울: 신정.

문숙재 외(2005). **현대사회와 가정**. 경기: 교문사.

문숙재, 윤소영, 차경욱(2005). **여가문화와 가족**. 서울: 신정.

미드, 조지-허버트(2010). **정신 자아 사회: 사회적 행동주의자가 분석하는 개인과 사회**. 나은영 역. 서울: 한길사.

박소정(2016). 신자유주의 한국 사회에서 연애하기. **미디어, 젠더 & 문화**. 31(3): 173-217.

반신환, 유옥(2011). **결혼과 가족**. 서울: 동문사.

벡, 울리히(2006). **위험사회**. 홍성태 역. 서울: 새물결.

벡, 울리히, 엘리자베트-게른샤임 벡(2006). **사랑은 지독한 그러나 너무나 정상적인 혼란**. 강수영, 권기돈, 배은경 역. 서울: 새물결.
변혜정(2010). 이성애 관계에서의 자기 계발 연애와 성적 주체성의 변화: S 지역 남녀 대학생들의 섹슈얼리티 경험을 중심으로. **생명연구**, 17: 53-92.
보건복지부(2017). 통계로 보는 사회 보장 2017.
보부아르, 시몬 드(2009). **제 2의 성**. 이희영 역. 서울: 동서문화사.
서동진(2012). **자유의 의지 자기 계발의 의지: 신자유주의 한국사회에서 자기계발하는 주체의 탄생**. 서울: 돌베게.
소태영(2016). '수저계급론' 논쟁의 중심에 선 한국 청년들의 열등감(inferiority) 극복을 위한 영성교육: 아들러 심리학을 중심으로. **기독교교육정보**, 50: 119-153.
송명자(1996). **발달심리학**. 서울: 학지사.
송슬기, 곽덕주, 2016. 실존적 · 윤리적 자아정체성 교육: 찰스 테일러의 자기진실성 개념을 중심으로. **교육철학연구**, 38(1), 43-69.
송진숙, 권희경, 김순기(2006). **결혼과 가족 그리고 부모됨**. 서울: 창지사.
슐트, 크리스티안(2008). **사랑의 코드**. 장혜경 역. 서울: 푸른숲.
신용주, 김혜수(2011). **대학생을 위한 부모교육**. 서울: 학지사.
신용주, 김혜수(2017). **다음 세대를 위한 부모교육**. 서울: 학지사.
안상수, 백영주, 김인순, 김혜숙, 김진실(2007). 한국형 다면성별의식검사 개발 및 타당화 연구. 한국여성정책연구원 보고서.
오영희, 송진숙, 송영란, 양승지(2005). **최신 가족학의 이론과 실제**. 대전: 21세기사.
오찬호(2015). 이런 사회에서 대학생들이 어찌 차별을 하지 않을 수 있겠는가? **교육비평**. 36: 182-209.
우석훈, 박권일(2007). **88 만원 세대**. 서울: 레디앙.
유영주 외(2004). **새로운 가족학**. 서울: 신정.

유영주, 김순옥, 김경신(2000). **(개정판) 가족관계학**. 경기: 교문사.

유영주, 서동인, 홍숙자, 전영자. 이정연, 오윤자, 이인수(2000). **현대 결혼과 가족**. 서울: 신광출판사.

유윤영(2015). **부모와의 관계증진을 위한 실제 중심의 부모교육**. 경기: 정민사.

윤가현(2003). **성문화와 심리**. 서울: 학지사.

윤근섭 외 공저(1995). **여성과 사회**. 서울: 문음사.

이숙, 우희정, 최진아, 이춘아(2010). **부모교육**. 서울: 학지사.

이승훈(2014). 도덕적 자아, 창조적 주체: '자아에 관한 미드의 사회 이론. **사회이론, 46**: 447-479.

이영자(2007). 적극적인 부모역할훈련(APT) 프로그램과 부모의 양육태도. 숙명여자대학교 대학원 석사학위논문.

이희영(2010). 섹슈얼리티와 신자유주의적 주체화: 대중 종합여성지의 담론분석을 중심으로. **사회와 역사, 86**: 181-219.

일루즈, 에바(2013). **사랑은 왜 아픈가**. 김희상 역. 서울: 돌베개.

일루즈(2014). **낭만적 유토피아 소비하기**. 박형신 외 역. 서울: 이학사.

임옥희(2006). **주디스 버틀러 읽기**. 여성문화이론연구소.

임인숙, 윤조원(2007). **사회 변동과 여성 주체의 도전- 성불평등을 야기하는 사회구조적 조건들에 대한 비판**. 서울: 굿인포메이션.

임혜경, 이현, 안윤경, 유정선(2017). **사랑과 결혼**. 경기: 양서원.

장휘숙(1995). **가족심리학**. 서울: 박영사.

장휘숙(1999). **청년심리학**. 서울: 학지사.

전병재(2004). 개혁신학적 관점에서 본 청소년 성(역할) 정체성에 관한 연구. 총신대학교 대학원 석사학위논문.

정해숙, 최윤정, 구정화(2010). 교과서의 성차별 실태분석 및 개선방안 연구. 여성가족부 보고서.

정현백(2014). 젠더와 사회, 15개시선으로 읽는 여성과 남성. 한국여성연구소.

정혜정, 공미혜, 전영주, 정현숙(2009). 가족과 젠더. 서울: 신정.

정희선(2002). 여성을 위한 경영학. 경기: 법문사.

조옥라, 임현지, 김한결(2018). 대학생은 어떻게 '을'의식을 갖게 되었는가? 문화와 사회. 26(1): 245-295.

중앙일보(2011. 01. 10). 사랑도 리모델링되지요. 그 출발은 스킨십.

채규만(2009). 성행동심리학. 서울: 학지사.

채옥희 외(2004). 가사노동과 여성복지. 서울: 경춘사.

최규련(2008). 행복한 결혼생활을 위한 부부대화법. 서울: 신정.

최윤미 외(1998). 현대청년심리학. 서울: 학문사.

테일러, 찰스(2001). 불안한 현대사회. 송영배 역. 서울: 이학사.

통계청(2018). 2018 사회조사 보도자료.

통계청(2018). 2018년 인구동태연보(혼인, 이혼 편). 세종: 통계청.

통계청(2019). 2019년 인구동태연보(혼인, 이혼 편). 세종: 통계청.

통계청(2019). 2019사회조사 보도자료.

하킴, 캐서린(2013). 매력자본. 이현주 역. 서울: 민음사.

한겨레(2016. 11. 13) 정재승 사랑에 빠진 연인들의 뇌는 무엇이 다른가.

행복발전소 하이패밀리(2010). 건강한 가족.

허혜경, 김혜수(2015). 청년심리와 교육. 서울: 학지사.

허혜경, 김혜수, 박인숙(2013). 현대 가정의 이해. 서울: 문음사.

__________(2017). 현대사회와 가정. 서울: 동문사.

허혜경, 박인숙(2010). **사회변동과 성역할**. 서울: 문음사.

____________(2012). **사회변동과 성역할**. 서울: 문음사.

____________(2015). **사회사회와 젠더**. 서울: 문음사.

____________(2015). **현대사회와 젠더**. 서울: 동문사.

현정미(2013). 청소년이 인식한 자아존중감, 가족건강성과 성취동기와의 관계. 전남대학교 교육대학원 석사학위논문.

홍길회, 황정해(2015). **결혼과 가족 관계**. 서울: 동문사.

홍지아(2012). TV가 제시하는 사랑할/받을 자격과 한국 사회 20대 여성들이 이를 소비하는 방식. **한국방송학보**, 26(5): 307-342.

홍찬숙(2013). 한국 사회의 압축적 개인화와 젠더 범주의 민주주의적 함의. **여성과 역사**. 17: 1-25.

Ahlgren, A., & Johnson, D.(1979). Sex differences in cooperative and competitive attitudes from the 2nd through the 12th grades. *Development Psychology*, 15, 45-49.

Anderson, C. A., & Bushman, B. J.(2002). Human aggression. *Annual Review of Psychology*, 53, 27-51.

Anderson, K. J., & Leaper, C.(1998). Meta-analysis of gender effects on conversational interruption: Who, what, when, where, and how. *Sex Role*, 39, 225-252.

Antonioni, D.(1998). Relationship between the big five personality factors and conflict management styles. *International Journal of Conflict Management*, 9, 336-354.

Archer, J.(2004). Sex differences in aggression in real world settings: A meta-analytic review. *Review of General Psychology*, 8, 291-322.

Arnett, J.(2004). *Emerging Audlthood: The Winding Road from the Late Teens through the Twenties*. Oxford University Press.

Ashkinaze, C.(2005). A matter of opinion: Female pundits are still missing from the madia. *Ms. Magazine*, Summer, 17.

Barry, C. M., S. D. Madson, L. J. Nelson, and S. Badger.(2009). Friendship andromantic relationship aualities in Emerging Adulthood: Differential associations with identity development and achieved adulthood criteria. *Journal of Social and Personal Relationships,* 15: 393−409.

Baumrind, D.(1973). *Current patterns of parental authority*. Developmental Psychology Nonograph.

Belsky(1984). The determinants of parenting: A process model. *Child Development*, 5, 83−96.

Bem, S. L.(1974). The measurement of psychological androgyny. *Journal of Consulting and Clinical Psycholgy*.

Bem, S. L.(1981a). *Bem Sex−Role Inventory: Professional manual*. Palo Alto, CA: Consulting Psychologists Press.

Bem, S. L.(2008). *Transforming the debate on sexual inequality: From biological difference to institutionalized androcentrism*. In J. C. Chrisler, C. Golden, &P. D. Rozee(Eds.), Lectures on the psychology of women(4th ed., pp.2−15). Boston. MA: McGraw−Hill.

Berger, E.(1991). *Parents as partners in education: The school and home working together*(3th ed.). New York: Merrill.

Bradbury, T. N., & Karney, B. R.(2010). *Intimate relationships*. New York: Norton.

Brooks, J. B.(1981). *The process of parenting*. Palo Alto, CA: Mayfield Publishing Co.

Cota, A.A.,Reid, A., & Dion, K. L.(1991). Construct validity of a diagnostic ratio measure of gender stereotypes, *Sex-Roles*, 25, 225-235

Davis H. Olson, John De Frain, & Amy K. Olson(2007). 행복한 결혼 건강한 가족. 21세기가족문화연구소 편역. 경기: 양서원.

Dayhoff, S.A.(1983). Sexist language and person perceptions:Evaluation of candidates from newspaper articles. *Sex-Roles*, 9, 543-555

Deaux, K.,& Lewis, L. L.(1984). The sturucture of gender stereotypes:Interrelationships among components and gender label. *Journal of Personality and Social P SYCHOLOGY*, 46, 991-1004

Diekman, A.B.,&Goodfriend, W.(2006). Rolling with the changes:A role congruity perspective on gender norms. *Psychology of Women Quarterly*, 30, 369-383

Fisher, H. E.(1992). *Anatomy of love: The natural history of monogamy, adultery, and divorce*. New York: Norton.

Galinsky, E. (1980). *Between generations: The six stages of parenthood*. N.Y.: Times Books.

Gestwicki, C.(2000). *Home, school, and community relations: A guide to working with parents. Albany*. N.Y.: Delmar.

Gottman, J. M.(2007). 내 아이를 위한 사랑의 기술. 남은영 공저 및 감수. 서울: 한국경제신문.

Hall, R.L.(2008). *Sweating it out*. In J. C. Chrisler, C. Golden, &P. D. Rozee(Eds.), Lectures on the psychology of women(4th ed., pp.42-57). Boston, M.A.: Mcgraw-Hill.

Hoffman, M. L.(1970). *Moral development*. In P. Mussen(Ed.) Carmichael's manual of child psychology. Vol.2(3rd ed.). New York: John Wiley.

Hurlock, E.(1978). *Child development*. Tokyo: McGraw-Hill Kogakusha.

Kathleen M. Galvin, Bernard J. Brommel(1990). 의사소통과 가족관계. 이재연, 최영희 역. 서울: 형설출판사.

Knox, D., Zusman, M. E., & McGinty, K.(2002). College students' attitudes and behaviors toward ending an unsatisfactory relationship. *College Student Journal*, 36(4), 630-634.

Lash, Scott.(2002). *Critique of Information*. Sage.

Lewis, R. A.(1973). A longitudinal test of a development framework for premarital dyadic formation. *Journal of Marriage and Family*, 35, 16-25.

Liebowitz, M. R.(1983). *The chemistry of love*. Boston: Little Brown.

Lloyd, M. A. & Weiten, W.,(1997). *Psychology applied to modern life*(5th ed.).

Maccoby, E. E.(1988b). *Gender as a social construct. Paper presented at the Annual Meeting of the Eastern Psychological Association*, Buffalo, N.Y..

Maccoby, E. E., & Jacklin, C. N.(1974). *The psychology of sex differences*. Stanford Palo Alto, C.A.: Standford University Press.

Martin, M. W.(2012). *Genderstereotypes and other gender biases*. In LindaSchreiber-Ganster(Ed.), The psychology of women(7th ed., 35-73). Belmont, C.A.: Wadsworth.

McIntyre, Lisa.(2006). *The Practical Skeptic: Core Concepts in Sociology*. 3rd ed. McGraw-Hill.

Mischel, W.(1970). *Sex-typing and Socialization*. In Mussen, P. H.(Ed.), Carmichael's manual of child psychology(3rd ed., Vol.2). New York: Wiley.

Murstein, B. I.(1987). Feedback, a clarification and extension of the SVR theory of dyadic paring. *Journal of Marriage and the Family*, 49(4), 929-933.

New York Times(2015). A thin line of defense against 'honor killings'.

Oetzel, R. M.(1996). Anttotated bibliography, In E. E. Maccoby(Ed.), *The Development of sex differences. Stanford*: Standford University Press.

Olson & Defrain(2003). *Marriages and Families: Intimacy, Diversity, and Strengths*(4th ed.). New York: MaGraw-Hill Companies, Inc.

Paolucci, B., Hall, O. A. & Axinn, N. W.(1997). *Personal perspective: A guide to decision marking*(2nd ed.), N.Y.: John Wiley and Sons Co.

Rahim, M. A.(2010). *Managing conflict in organizations*(4th ed.). New Brunswick, N.J. :Transaction.

Ridley, C. A., Peterman, D. J., & Avery, A. W.(1978). Cohibition: Does it make for a better marriage? *Family Coordinator*, 129-136.

Salzman, M.,(2003). *The Future of Man*. 이현주 역. 남자의 미래. 서울 : 김영사.

Scanzoni & Scanzoni(1988). *Men, women, and change: a sociology of marriage and family*(3rd. ed). New York: McGraw-Hill.

Schaefer, E. S(1959). A circumplex model of maternal behavior. *Journal of abnormal and Social Psychology*, 59, 226-235.

Stein, P. J.(1981). *Single life: unmarried adults in social context*. New York: St. Martin's Press.

Sternberg, R. J.(1986). A triangular theory of love. *Psychological Review*, 93, 119-135.

Sternberg, R. J., & Barnes, M. L.(1988). *The psychology of Love*. New Heaven, CT: Yale University Press.

T.W. Julia(2005). 남녀에 갇힌 삶: 남녀, 문화, 그리고 커뮤니케이션. 한희정 역(2006). 서울: 커뮤니케이션북스.

Udry, J.(1971). *The social context of marriage*. Lippincott Company.

Weiner A., Kuppermintz H., & Guttmann D.(1994). Video Home Training (The Orion Project): A Short-Term Preventive and Treatment Intervention for Families of Young Children. *Family Process*, 33, pp. 441-453.

Yeung, King-To, and John Levi Martin.(2003). The looking glass self: An empirical test and elaboration. *Social Forces*, 81(3), 843-879.

http://www.withmom.mogef.go.kr

https://en.wikipedia.org/wiki/Parenting_styles

https://www.gottman.com

http://www.kadoptron.or.kr

http://www.moj.go.kr

https://en.wikipedia.org/wiki/Parenting_styles

https://m.sedaily.com/NewsVIew/1OH8XWMPNG#_enliple

https://news.joins.com/article/3111870

https://www.gottman.com

저자 소개

박인숙
건국대학교 대학원 졸업(교육학박사, 교육심리전공)
전 북경사범대학 객원교수
가천대학교 초빙교수
현 용인대학교 강사

저서
교육심리학, 중국교육사상의 이해, 현대사회와 여성의 이해, 사회변동과 성역할
현대사회와 젠더, 현대사회와 가정, 유아교육개론 등 다수

연애와 결혼

초판 1쇄 인쇄 / 2020년 2월 25일
초판 1쇄 발행 / 2020년 3월 3일

저 자 / 박 인 숙
발행인 / 이 중 수
발행처 / 동 문 사

서울특별시 서대문구 홍제원 1길 12
(홍제동 137-8)
Tel : 02)736-3718(대), 736-3710, 3720
Fax : 02)736-3719
등록번호 : 1974.04.27. 제9-17호
가격 : 21,000원

ISBN : 979-11-6328-162-7(93370)
E-mail : dong736@naver.com
www.dongmunsa.com